A Idade Média na imaginação POPULAR

PAUL B. STURTEVANT'

A Idade Média na imaginação POPULAR

TRADUÇÃO
UBK Publishing House

© 2018, Paul B. Sturtevant
Copyright da tradução © 2020, Ubook Editora S.A.

Publicado mediante acordo com Bloomsbury Publishing Plc. Edição original do livro, *The Middle Ages in Popular Imagination*, publicada por I.B Taurus/Bloomsbury Publishing Plc.

Todos os direitos reservados. Nenhuma parte deste livro pode ser utilizada ou reproduzida sob quaisquer meios existentes sem autorização por escrito dos editores.

COPIDESQUE	William Bastos
REVISÃO	Bia Seilhe | Juliana Marques
CAPA E PROJETO GRÁFICO	Bruno Santos
IMAGEM DE CAPA	Tomertu | iStock Photos

Dados Internacionais de Catalogação na Publicação (CIP)
(Câmara Brasileira do Livro, SP, Brasil)

Sturtevant, Paul B.
    A idade média na imaginação popular / Paul B. Sturtevant ; tradução UBK Publishing House. -- 1. ed. -- Rio de Janeiro : Ubook Editora, 2020.

    Título original: The Middle Ages in popular imagination
    Bibliografia
    ISBN 978-85-9556-220-2

    1. Civilização medieval 2. Civilização - História 3. Idade Média - História 4. Idade Média na cultura popular 5. Medievalismo I. Título.

20-33642   CDD-940.1

Ubook Editora S.A
Av. das Américas, 500, Bloco 12, Salas 303/304,
Barra da Tijuca, Rio de Janeiro/RJ.
Cep.: 22.640-100
Tel.: (21) 3570-8150

Para Betty, que acompanhou isto desde o começo.

Convenções de transcrição

Este livro contém, em sua essência, muitas citações de participantes de um estudo de grupo focal. As seguintes convenções de transcrição foram usadas para representar as ideias com precisão, mantendo a clareza de seu significado e indicar o fluxo de conversa:

- As declarações dos participantes do estudo foram ligeiramente editadas, apenas por uma questão de clareza e para remover palavras e interjeições. As interjeições removidas incluíam sons como "erm" e "uh", as palavras "tipo", "e tal" e "tipo isso", bem como palavras ou frases repetidas;
- As remoções de palavras que não são interjeições são indicadas por reticências entre colchetes, como "[...]". As adições do autor, para maior clareza, estão entre colchetes, desta maneira: [adição do autor];
- A maioria dos participantes era do norte da Inglaterra. Em muitos dialetos ingleses dessa região, pronomes plurais (por exemplo, "eles") são frequentemente combinados com um verbo na terceira pessoa singular (por exemplo, "era"). Em inglês escrito, pode parecer um erro gramatical. Mas no inglês conversacional desses participantes, não foi. Por conseguinte,

esses casos foram relatados literalmente;
- Reticências sem colchetes foram usadas para indicar que o discurso de um participante continuou em seguida;
- Colchetes entre duas linhas indicam que dois ou mais participantes falavam ao mesmo tempo. Por exemplo:

> Justin: Acho que o personagem do Orlando Bloom pode não ter existido.
> Sean: [Sim, achei que ele fosse apenas um ferreiro, e em seguida se tornou um guerreiro incrível
> Justin: É, ele foi usado como uma espécie de]
> Stephen: Foi um pouco estilizado, suponho, como Shakespeare fez com Henrique V.

- Sinais de igual (=) em duas linhas indicam que um participante interrompeu o outro. Por exemplo:

> Catherine: Acho que, quando se é criança, muitos filmes da Disney são apresentados. Então é isso que causa uma certa impressão, e à medida que você aprende mais na escola =
>
> Emma: = É, você aprende, vê tudo aquilo e então junta tudo.

Introdução

"É o mundo medieval. Saqueadores, peregrinos e trovadores errantes andam por aí. O cavaleiro está de pé em seu jardim pálido, a dama senta-se à janela de seu quarto, e o pequeno pajem leva mensagens pelo musgo da charneca. Os andarilhos cavalgam pela terra de Bateable "à luz da lua". Monges cantam em St. Mary's Kirk, trombetas sopram na cidade de Carlisle. Castelos queimam; no vale, uma emboscada, e espadas faíscam. Arcos zunem no bosque. Vinte e quatro senhoras dançam em um baile, e vinte e quatro bezerros brancos como leite estão na floresta de Glentanner — prontos para serem roubados. À época do Yule, começam as mesas redondas; a rainha olha além das muralhas do castelo, o peregrino retorna da Terra Santa, Young Waters jaz nas profundezas da masmorra de Stirling, mas Child Maurice está na floresta prateada, penteando seus cachos dourados com sua escova de prata."[1]
– Henry Beers, *A History of English Romanticism in the XVIII Century* (1899)

"What now? Let me tell you what now.[...]I'ma get medieval on your ass."[2]
– Marcellus Wallace, *Pulp Fiction* (1994)

A Idade Média está aberta a interpretações. O simples fato de a palavra "medieval" evocar ideias tão díspares e ser usada em contextos tão notavelmente diferentes parece demonstrar que há algo peculiar naquele período que lhe concede uma flexibilidade notável dentro da imaginação popular.

Ou talvez a peculiaridade esteja em nós. Os eventos que ocorreram durante a Idade Média não mudaram. Nossas interpretações e entendimentos sobre eles, sim. Reinventar a Idade Média não é um fenômeno novo. A prática tem sido articulada e rearticulada por culturas acadêmicas, políticas e populares desde que a noção da "Idade Média" foi popularizada por humanistas e historiadores do século XV.[3] Cada nova geração tem o potencial de mudar a forma como a Idade Média é compreendida da maneira que o período foi. Considerada tanto um antepassado próximo como uma fonte de inspiração, paixão e beleza, esta época é tida como magnífica *e* imoral, sábia *e* bárbara, divertida *e* sombria. É o ponto de origem de muitas das histórias, identidades, mitos e lendas da Europa. É também o cenário de uma miríade de histórias contemporâneas de aventura de baixa qualidade em todos os meios possíveis. É, ao mesmo tempo, História (com H maiúsculo) e um fantástico parque de diversões. Essas articulações pós-medievais da Idade Média, sejam elas acadêmicas ou populares, sérias ou lúdicas, são chamadas de "medievalismos".[4]

Leslie Workman, amplamente considerada uma das vozes fundamentais nos estudos sobre medievalismos, forneceu uma definição elegante ao termo: "Medievalismo é o processo de criação contínua da Idade Média."[5] Elizabeth Emery expande essa definição, chamando o medievalismo de "um constante processo autorreferencial e em desenvolvimento que estabelece uma Idade Média sempre ficcional".[6] O que há de comum nas duas ideias é que o medievalismo não é o processo de *re*criar a Idade Média como realmente foi, mas reinventá-la de modo contínuo e de novas formas. Ela está perdida; toda tentativa de explorá-la ou restaurá-la por acadêmicos, antiquários ou artistas rende apenas uma *nova* versão daquela época, *ficcional*, e *não* a Idade Média em si. As definições de Workman e Emery implicam que aqueles que vestem armaduras e passam os fins de semana encenando a Batalha de Agincourt não são, como são vulgarmente conhecidos, *recriadores históricos*, mas *atores* de sua própria Idade Média, participantes de uma tradição que permeia as culturas acadêmicas, políticas e populares — uma que nos atrai e entretém em todos os meios. Essa tradição pode ser considerada uma expressão do que se convém chamar de "memória coletiva" ou "consciência histórica". Maurice Halbwachs foi o primeiro sociólogo a usar o termo *mémoire collective* para descrever como um grupo — em vez de um indivíduo — recorda eventos.[7] Sua obra e a dos seus sucessores (como Pierre Nora, Eric Hobsbawm, David Lowenthal e muitos outros), no campo em constante expansão de estudos de memória, explora como essas memórias do passado são construídas, ensinadas e usadas.[8] Essas memórias coletivas são cruciais para o desenvolvimento de identidades individuais, laços sociais e instituições maiores, e estão no coração de culturas grandes e pequenas. Posteriormente, Peter Seixas e outros autores relacionaram produtivamente a memória coletiva com o campo da educação histórica, cunhando a expressão "consciência histórica".[9] A consciência histórica é, para Seixas, "a interseção entre memória pública, cidadania e educação histórica".[10] Em outras palavras, é uma visão expansiva da memória coletiva, que integra as histórias populares e acadêmicas, bem como a interação entre identidades políticas e pessoais. Esse campo de estudo tenta compreender a percepção individual da memória coletiva e como o coletivo é percebido pelo indivíduo.

    O tema deste livro se encontra em uma interseção entre os medievalismos contemporâneos e a consciência histórica. Indivíduos do mundo contemporâneo decretam e criam seus próprios mundos medievais todos os dias, seja em um estúdio de cinema, na internet, em conversas casuais, em um museu, na sala de aula ou simplesmente em suas próprias imaginações. Este livro difere, no entanto, de muitos outros estudos sobre o medievalismo (cujo campo de estudo cresce vigorosamente), já que não se concentra em instâncias ou categorias de medievalismo na cultura, mas nos mundos medievais mais amplos que existem na consciência histórica, o que eu chamo de "medievalismo público".[11] É a consciência histórica do mundo medieval que está na origem das instâncias do medievalismo. E é sobre a consciência histórica que o medievalismo tem impacto.

O medievalismo público, em constante mutação, é a principal influência sobre as expressões individuais do medievalismo. As audiências são atraídas por novas representações de Robin Hood ou do rei Arthur, ao menos em parte, por conta de suas memórias dessas histórias. Da mesma forma, jornalistas e políticos só podem descrever princípios ou pessoas como "praticamente medievais" devido a uma compreensão mais ou menos comum do que isso significa — independentemente de essa compreensão se basear, ou não, em fatos. E os produtores culturais — até mesmo os produtores acadêmicos de cultura — também são membros do público. A citação de *Pulp Fiction* no início deste capítulo ajudou a redefinir "medieval" como parte de um verbo ativo (*"tornar-se"* medieval, em vez de *"ser"* medieval) a tal ponto que o *Oxford English Dictionary* agora cita o filme em seu verbete para "medieval".[12]

No entanto, a redefinição da palavra nunca teria criado raízes se não fosse a expressão — ou consolidação, talvez — de uma ideia já existente. A compreensão pública da Idade Média está em constante mudança; as noções acerca daquela época não são estáticas nem monolíticas, mas se modificam à medida que encontram novas iterações. Releituras da Idade Média, inevitavelmente, transmutam as visões públicas. E a evolução dos pontos de vista do público induz uma nova geração de conceitos.

Dito tudo isso, o que o público entende sobre a Idade Média? Qualquer profissional que trabalhe com pessoas em questões de história, incluindo historiadores públicos, educadores, acadêmicos e entusiastas, coleciona casos curiosos sobre o estado do conhecimento público sobre o passado. No entanto, não basta discutir o tema apenas a partir de conjecturas ou anedotas. Apesar disso, há poucas tentativas estritamente acadêmicas para explorar a percepção do público sobre o passado medieval, e questões pertinentes seguem completamente inexploradas.

Ao discutir noções sociais sobre o passado, é crucial notar que o entendimento do público sobre a Idade Média — semelhante ao entendimento popular de qualquer coisa — é culturalmente específico, moldado pela educação e pelos pais, bem como por culturas populares e políticas. O entendimento sobre o período entre os italianos é diferente da percepção de americanos, britânicos ou bengalis. Da mesma forma, as ideias sobre o passado podem diferir com base na faixa etária, religião, etnia, classe ou gênero. Repentinamente, a questão assume dimensão sociológica, e as possibilidades de estudo se tornam quase infinitas. Já não se trata de encontrar a opinião pública, mas de perguntar: "Que público?"

Este livro descreverá uma abordagem sociológica para estudar a compreensão pública sobre o passado medieval. Para demonstrar esta abordagem, apresentará também os resultados de um desses estudos, realizados pelo autor ao longo de seis meses entre 2008 e 2009. A tese explorou como grupos de jovens adultos britânicos entendiam o período em questão, quais experiências influenciavam suas concepções e como suas ideias sobre o passado moldaram suas visões sobre o mundo. Além disso, o estudo buscou compreender a influência que o cinema, em particular, teve na consciência deles dos mundos medievais.

O cinema, devido à sua popularidade duradoura, narrativas convincentes e reprodutibilidade infinita, pode atuar como um poderoso propagador de conhecimento. Alison Landsberg apelidou os meios de comunicação de massa de "memórias protéticas" — o que significa que os meios de comunicação permitem que as pessoas experimentem, e até "recordem", eventos dos quais não participaram.[13] As imagens da história nos meios de comunicação social podem conceder "memórias" semelhantes; enquanto eu não estava vivo para enfrentar os exércitos de Saladino em 1193, *Cruzada [Kingdom of Heaven]* dá a quem quer que tenha assistido ao filme "memórias" específicas daquele acontecimento. Talvez seja por isso que, como Robert Rosenstone afirma, "um século após a invenção dos filmes cinematográficos, os meios visuais se transformaram, indiscutivelmente, nos principais portadores de mensagens históricas em nossa cultura".[14] Expandindo o fundamento de Landsberg, então, filmes sobre o passado medieval distante (ou fantasias medievalescas) podem agir como uma "imaginação protética". Já não somos obrigados a imaginar o mundo medieval, Nárnia ou a Terra-média. Os cenários estão servidos, totalmente *processados digitalmente*, em *blu-ray*.

No entanto, isso traz à tona um ponto preocupante: em que instante a memória e a imaginação protética se cruzam e se confundem? Eu guardo a recordação da verdadeira Batalha de Azincourt através dos olhos de Laurence Olivier, ou a imagino por meio da interpretação de seu filme? Até que ponto a imaginação de Olivier sobre Azincourt — ou de Kenneth Brannagh, ou de Bernard Cornwell — *imperceptivelmente* complementa e suplanta a minha? O poder do cinema de criar narrativas históricas — não importando o quão ficcionais sejam — tornou-o objeto de particular preocupação entre educadores e estudiosos, de forma que muitos cinéfilos consideram verdadeiro o anacronismo. Mas são relativamente poucas as pesquisas empíricas produzidas para demonstrar como as audiências *realmente* interagem com filmes históricos — se aprendem com eles ou não. Até que ponto o público julga verdadeiro o "baseado em fatos reais"?

Este livro aborda a questão de frente. Recentemente, houve um aumento repentino de iniciações científicas sobre o "cinema medieval". Os filmes são tipicamente examinados como *objets du cinema*; sua estética é investigada, seus gêneros esquematizados, e sua proveniência, modos de produção e posicionamento ideológico discutidos. Essa vertente acadêmica tem sido produtiva e útil. Porém, este livro foca menos no que são estes filmes, de onde vêm ou como são, e mais em seus efeitos sobre a nossa consciência histórica. Ao fazê-lo, a pesquisa se aproxima de estudiosos do medievalismo, como Helen Young e Andrew B.R. Elliott, que, recentemente, uniram seus estudos acerca do âmbito do medievalismo à teoria da recepção.[15]

A fim de cumprir o objetivo de explorar o impacto dos filmes na consciência histórica, este livro relata e discute os resultados de um estudo que representa uma abordagem metodológica diferente. Esta abordagem é de natureza sociológica e produz dados empíricos sobre o medievalismo público e filmes medievais. É importante mencionar que a interpelação pode ser adaptada e implantada por qualquer estudioso que deseja estudar a ampla gama de temas relacionados à consciência histórica.

Em primeiro lugar, este livro se inicia com a exploração de como (e como não) estudar a compreensão pública do passado. O empreendimento, necessariamente, envolve teorias e métodos de pesquisa desenvolvidos por campos interdisciplinares de estudos de memória, história pública, psicologia e sociologia — e demonstra como esse campo tem sido pouco estudado.

O segundo capítulo apresenta o conjunto de resultados do estudo qualitativo que são cerne deste livro. Ele começa com a discussão e análise da compreensão dos participantes da pesquisa sobre a Idade Média e, em seguida, articula sobre os seus relatos de onde aprenderam sobre o período: na escola, através da cultura pop ou pelo consumo da indústria do patrimônio cultural.

O terceiro capítulo examina de perto as teorias extraídas da sociologia e da educação — particularmente, a sociologia do conhecimento e as teorias do esquema — que oferecem *insights* sobre como os indivíduos aprendem História a partir dos filmes.

Já o quarto capítulo introduz o filme medieval como tópico de estudo, delineando a riqueza de pesquisas produzidas nos últimos anos sobre o tema — e como é necessária uma abordagem diferente neste campo sobre o foco no que os filmes *fazem* em vez de o que eles *são*.

O quinto capítulo destaca como os participantes do estudo assistiram aos filmes mencionados e aborda uma variedade de tópicos: desde o uso do CGI em *Beowulf* e línguas medievais, passando por masculinidades medievais em *Cruzada*, até a percepção de "medievalidade" em *O Senhor dos Anéis: O retorno do rei*.

Por fim, o sexto capítulo considera como os participantes aprenderam com os filmes que assistiram, além de examinar os temas comuns identificados através dos três longas-metragens e como as visões da Idade Média neles correspondiam a (ou diferiam de) seus conceitos pré-concebidos. Apesar de os filmes serem diferentes, os participantes do estudo notaram muitas semelhanças na forma como abordam classe, raça, religião, cultura material, gênero e sexualidade. O capítulo final apresenta conclusões e implicações gerais do estudo para os campos aos quais se refere: História Pública, Estudos Medievais e Estudos de Mídia.

Trata-se de como as compreensões da história medieval se desenvolvem através da infância e são influenciadas por representações da cultura pop relacionadas ao período. Na mesma medida, propõe orientações a fim de que outros medievalistas interajam melhor com o público seja em currículos educacionais, instituições públicas de História ou através da cultura popular. Finalmente, discute o processo evolutivo e regenerativo pelo qual o cinema (e outros elementos culturais) influencia o público, que, então, demanda e produz novas e ligeiramente diferentes iterações da mesma cultura popular.

Este livro se destina a ser útil a públicos que se sobrepõem. Em primeiro lugar, é parte do corpus crescente de trabalhos produzidos por estudiosos do medievalismo. As explorações das representações e adaptações da Idade Média se tornam cada vez mais frequentes à medida que esta disciplina continua a ganhar força. No entanto, este volume representa uma inversão da abordagem habitual; a maioria dos estudos sobre medievalismos aborda seus objetos a partir da perspectiva de sua produção, fundamentos teóricos, impacto ou representação de mudanças culturais mais amplas. A presente publicação, em vez disso, examina os medievalismos a partir da perspectiva de sua recepção na sociedade e oferece evidência empírica do seu impacto.

Este livro também pretende ser útil para aqueles que trabalham e estudam a apresentação do passado ao público. Nos Estados Unidos (e, cada vez mais, em nível internacional), este termo é vulgarmente conhecido por "história pública"; no Reino Unido, por "patrimônio" ou "arqueologia pública". Incluem-se aqueles que trabalham em galerias, bibliotecas, locais históricos e museus. Além disso, cada vez mais, a alçada da "história pública" se expande para incluir os produtores de cultura popular, tanto de formas tradicionais quanto *on-line*. Tal como os intérpretes linguistas, que devem estar familiarizados tanto com o idioma que ouvem quanto com a língua para a qual estão traduzindo, os intérpretes de História trabalham melhor quando bem versados não só na história que apresentam, como também em ideias preconcebidas sobre o passado de seu público.

Este livro também oferece *insights* para qualquer pessoa interessada na representação da História (especialmente a história medieval) na cultura popular. Há um aumento no interesse pelo estudo das representações midiáticas da História, e este livro busca contribuir produtivamente para as discussões neste campo. Da mesma forma, desde a década de 1960, há uma intensa exploração acadêmica dos públicos midiáticos realizada por estudiosos de mídia e comunicação — e alguns deles utilizam métodos semelhantes aos sociológicos empregados aqui.

Por fim, este estudo pretende ser conveniente aos educadores que ensinam a Idade Média — seja em nível primário-escolar ou universitário. Conhecer as ideias presentes na imaginação do público é útil para o envolvimento com os alunos. Dominar esse conhecimento pode ajudar os educadores a enquadrar discussões e destacar as diferenças entre o que um aluno pensa que já sabe e as realidades históricas (muitas vezes completamente divergentes). Compreender a fundo as ideias culturais comuns preexistentes acerca do assunto é, sem dúvida, tão importante como ser um especialista, uma vez que o ensino é um exercício de revisão de antigas ideias tanto quanto de cultivo de novas.

Assim, como Marcellus Wallace disse: "E agora? Eu vou te mostrar o 'e agora'." Desde os "saqueadores, peregrinos e trovadores errantes" de Beers até ao "par de alicates e maçarico" de Tarantino, o "medieval" não é apenas uma parte da nossa herança. Não se trata apenas de manuscritos, castelos e livros de História. É uma parte ativa e vibrante da nossa cultura atual. Imaginamos, criamos e consumimos a Idade Média. Ao fazê-lo, entramos em um diálogo ora sério, ora lúdico sobre o que foi o nosso passado e o que queremos que tenha sido o nosso passado. Quando decretamos nossa própria Idade Média, inevitavelmente nos envolvemos nela, e a remodelamos à nossa própria imagem. Seja bom ou mau, é um subproduto inevitável da compreensão pública do passado e digno de um estudo expressivo.

Capítulo 1
A compreensão pública do passado

O passado é importante para a sociedade contemporânea. Deixando de lado o valor econômico literal da História (ou, mais precisamente, da indústria do patrimônio cultural),[1] os fundamentos de como os indivíduos pertencentes a uma sociedade entendem a si mesmos e aos outros são formados por suas percepções sobre o passado. Há um impasse contínuo entre políticos, historiadores e educadores de História no que tange às ementas e aos estudos sociais. O xis da questão reside no propósito da educação histórica — seja (por um lado) voltado para a socialização, formação da identidade e construção do patriotismo de uma população, ou seja (por outro) para um estabelecimento de competências e mentalidades de pensamento crítico e histórico.[2] Conduzir esse impasse sobre o propósito da História é simples: a forma como o público compreende — e faz uso — do passado é essencial. Essa questão possui um impacto profundo nas visões de mundo de uma cidadania: suas percepções de si mesmo e dos outros, do presente e do futuro e da maneira como o mundo é e como deve ser.

Apesar da importância do tópico, há relativamente poucas evidências baseadas no que (e em como) o público pensa o passado. Essa lacuna em currículos escolares talvez se deva à natureza interdisciplinar do tema, que requer uma base teórica que atravessa campos de estudo e metodologias de pesquisa. Pesquisadores que abordam a compreensão do público sobre o passado precisam de uma base em História e Historiografia, assim como em teorias e métodos de Ciências Sociais. A pergunta "o que o público sabe sobre o passado?" já foi feita antes, só que mais por jornalistas e políticos do que acadêmicos. Invariavelmente, os resultados de seus "estudos" não são válidos cientificamente, deixando o campo aberto para futuras pesquisas. Este capítulo separa os estudos úteis, notadamente válidos, daqueles que não o são. Ao longo do caminho, fornecerá também uma introdução aos métodos de pesquisa utilizados pelos pesquisadores que trabalham neste campo. O objetivo é ser prático, bem como informativo; o acadêmico interessado deve ser capaz não só de seguir produtivamente esta linha de investigação largamente inexplorada (os modos são explicados detalhadamente no Apêndice A), mas também de avaliar criticamente outros estudos realizados nesse ramo.

Como não estudar a consciência histórica
Na introdução de seu artigo "Historical Thinking and Other Unnatural Acts: Charting the Future of Teaching the Past" ["Pensamento histórico e outros atos não naturais: traçando o futuro do ensino do passado"], Sam Wineburg identifica uma tendência no estudo empírico da consciência histórica: a do levantamento da ignorância histórica.[3] Em 1917, J. Carleton Bell e David F. McCollum publicaram um estudo que testou 668 alunos do ensino médio no Texas sobre "os fatos mais simples e óbvios da História americana".[4] A nota média: 33 de 100. Wineburg ilustra ainda os vários problemas teóricos e metodológicos dessa pesquisa. Mas, como ele aponta, esses problemas não impedem que os estudos sejam produzidos continuamente. Ao menos três foram feitos pelo *The New York Times*: um em 1942, mostrando que os estudantes eram "demasiado ignorantes acerca da História americana", e outro,

em 1976, com resultados semelhantes.[5] Outra pesquisa foi realizada em 1987, afirmando que os resultados dos seus testes de História os tornavam "passivos de serem considerados seriamente incapacitados".[6] Estudos como esses, que testam a lembrança de fatos históricos "básicos", são metodológica e teoricamente falhos. Em primeiro lugar, fundamentalmente deturpam o que é a História e a sua finalidade. Como disse Peter N. Stearns:

> uma das razões pelas quais a História ocupa seu lugar na educação atual é porque os líderes anteriores acreditavam que o conhecimento de certos fatos históricos ajudava a distinguir os educados dos não educados; a pessoa capaz de se lembrar da data da conquista normanda da Inglaterra (1066) ou o nome de quem idealizou a Teoria da Evolução aproximadamente na mesma época que Darwin (Wallace) foi considerada superior — um melhor candidato à faculdade de direito ou mesmo a uma promoção empresarial. O conhecimento dos fatos históricos tem sido usado como um dispositivo de triagem em muitas sociedades, da China aos Estados Unidos, e o hábito ainda está conosco até certo ponto. Infelizmente, esse uso pode encorajar a memorização sem sentido — um aspecto real, mas não muito atraente da disciplina. A História deve ser estudada porque é essencial aos indivíduos e à sociedade, e porque possui beleza.[7]

A História é mais do que uma coleção de fatos, e o sentido de aprendê-la é muito maior do que apenas gravar nomes e datas para recitação, a fim de parecer inteligente — seja para professores, empregadores ou pesquisadores.

Em segundo lugar, esses estudos não suportam um escrutínio metodológico mais refinado: suas amostras são, frequentemente, muito pequenas; as perguntas são formuladas de forma ambígua; e há pouca explicação sobre a amostragem. Em resumo, não podem ser utilizados para julgar o amplo nível de conhecimento de uma geração ou nação, apenas indicam quão bem aquele grupo de pessoas realizou um teste específico em um determinado momento.

Apesar disso, de alguma forma, os levantamentos sobre a ignorância histórica são *tão* perenes *quanto* alarmistas. Cada qual produzindo novas afirmações de que a geração atual está repleta de pessoas sem instrução alguma. E tais pesquisas não são um fenômeno americano, apenas. Uma delas foi encomendada em 2001 pela Osprey Publishing, editora popular de livros de História militar.[8] Ela foi conduzida como parte do marketing de *Osprey's Essential Histories, a new series of books designed to make the history of war accessible to all* [*As Histórias Essenciais de Osprey, uma nova série de livros projetados para tornar a história da guerra acessível a todos*].[9] O estudo testou duzentas crianças britânicas entre onze e dezoito anos sobre questões básicas da História militar. A editora descobriu, como descreve, que:

- 4% das crianças em idade escolar acreditava que Hitler liderou a Grã-Bretanha na Segunda Guerra Mundial.[10]
- Quase uma em cada dez crianças em idade escolar considerava que a rainha Vitória governava na época da Armada Espanhola, em 1588, enquanto 6% acreditava que a monarca reinante era a atual rainha Elizabeth II.
- 17% ligou Oliver Cromwell à Batalha de Hastings em vez da Guerra Civil Inglesa, enquanto 6% o relacionaram à Batalha da Grã-Bretanha, em 1940.[11]

Esses resultados foram largamente reproduzidos na imprensa britânica, incluindo o *Daily Express, Daily Mail, Daily Telegraph, The Times, The Times Educational Supplement* e *BBC History Magazine*.[12] O *Times Educational Supplement* chamou a pesquisa de "um inquérito que evidencia as lacunas terríveis no conhecimento dos alunos".[13] Apesar de seu recorte negativo, essas amostragens, na verdade, indicam um grupo de jovens com notas consideravelmente altas. Se, por exemplo, um em cada vinte não reconhecesse o Império Romano tal como existia há 150 anos (talvez o confundindo com o Império Britânico), significaria que 95% dos entrevistados responderam corretamente. Não se trata de uma falta de conhecimento "terrível" e, devido à reduzida dimensão da amostra, está dentro da margem de erro.[14] Em suma, a pesquisa possui problemas metodológicos que a tornam pouco significativa e apenas "útil" como ferramenta de marketing.

Esse tipo de pesquisa não se limita às empresas com fins lucrativos, nem às crianças em idade escolar. Um estudo semelhante foi realizado pela BBC, em 2004, em conjunto com o lançamento de sua série de TV, *Battlefield Britain*.[15] Eles relataram, entre outras descobertas, que:[16]

> Quase metade dos jovens entre 16 a 34 anos entrevistados não sabia que Sir Francis Drake lutou na batalha contra a Armada Espanhola [...] Gandalf, o mago de O Senhor dos Anéis, foi a escolha de mais de um em vinte jovens de 16 a 24 anos.

O *The Guardian*, então, usou os resultados para atacar o sistema educacional do Reino Unido:

> A pesquisa, realizada para marcar o lançamento da série da BBC 2, *Battlefield Britain*, sobre os principais conflitos da História britânica, deixou os tradicionalistas da educação horrorizados com a falta de conhecimento dos jovens acerca do passado de seu país [...] Nick Seaton, presidente da Campanha pela Educação Real, disse sobre a pesquisa: "Mostra claramente que o nosso sistema de ensino público tem muito pelo que responder."[17]

O laboratório de ideias Civitas também utilizou a pesquisa para reforçar os seus próprios ataques ao sistema educacional: "Quinze por cento desses jovens pensavam que os Orangemen celebravam a vitória no Abismo de Helm" e "Será que isso interessa? Certamente sim. De fato, é muito importante — não apenas por uma boa educação para os nossos filhos, mas também pela estabilidade futura e coerência da nossa sociedade multirracial. Conhecer a História de um país é um direito de nascença."[18]

No entanto, o setor privado não é a única fonte desse tipo de levantamento. Derek Matthews, da Universidade de Cardiff, produziu um artigo intitulado "The Strange Death of History Teaching (Fully Explained in Seven Easy-to-Follow Lessons)" ["A estranha morte do ensino de História (explicado inteiramente em sete lições simples)"].[19] Seu estudo se constituiu em um *pop quiz* entre os seus alunos de graduação com as "cinco perguntas de História mais fáceis que eu poderia pensar e o que eu considerava que qualquer jovem bem-instruído (fossem quais fossem) de dezoito anos de idade deveria saber."[20] Talvez previsivelmente, os alunos tiveram um desempenho fraco. O autor, então, usou o resultado como evidência para criticar a política educacional do governo e os professores de escolas primárias e secundárias. Mais problemático ainda: em 2011, esse mesmo estudo foi utilizado pelo então secretário de Educação britânico, Michael Gove, em seus apelos por uma reforma nacionalista da política educacional. Como relatado no *The Guardian*:

> Referindo-se a uma pesquisa de alunos de graduação realizada pelo professor Derek Matthews da Universidade de Cardiff, Gove disse que o dobro de estudantes acreditava que Nelson comandou as forças britânicas em Waterloo do que (corretamente) Wellington — enquanto nove estudantes pensavam que era Napoleão. O secretário de Educação afirmou, após a conferência, que a História deveria "dar às pessoas a oportunidade de se orgulhar do nosso passado e, em particular, dos heróis e heroínas que lutaram pela liberdade ao longo do tempo."[21]

Essa não foi a única vez que Gove empregou pesquisas de ignorância histórica como prova da necessidade de sua reforma reacionária do Currículo Nacional Inglês. Em 2013, ele afirmou ao *The Daily Mail*: "Pesquisas e mais pesquisas revelaram uma ignorância histórica perturbadora, com um a cada cinco adolescentes acreditando que Winston Churchill era um personagem ficcional, enquanto 58% achando que Sherlock Holmes era real."[22] Após a publicação dessa matéria, um professor e ativista local exigiu a fonte da informação ao Departamento de Educação através de um pedido de Liberdade de Informação. Com isso, foi revelado que as fontes de Gove eram pesquisas encomendadas pela UKTV Gold (um canal de TV de comédia clássica), Premier Inn (uma cadeia de hotéis), Sea Cadet Corps (uma organização de juventude náutica) e por lorde Michael

Ashcroft (um conservador) para comemorar aniversários históricos.[23] O problema com estes estudos não está apenas em suas metodologias falhas (e, portanto, seus resultados), e sim no fato de serem utilizados de forma acrítica em debates nacionais por políticos como Gove.[24]

Empregar tais métodos não científicos para avaliar a ignorância pública sobre fatos históricos resulta, sem novidades, em pesquisas com irregularidades sérias. Essas falhas possuem consequências ímpares, visto que os estudos são usados para contribuir, ou influenciar, debates públicos acerca de reformas educacionais.

FAZENDO O CERTO: *THE PRESENCE OF THE PAST*
Entre os problemas fundamentais da legião de estudos acima descritos estão duas questões. Primeiro, as pesquisas presumem que o conhecimento de fatos históricos isolados é a melhor (ou única) métrica para julgar a compreensão do público sobre o passado. Em segundo lugar, declaram uma posição explicitamente negativa no que tange à formulação dos resultados — optando, por exemplo, por tagarelar que uma pequena minoria de pessoas não estava informada sobre um fato histórico, em vez de apontar para a vasta maioria de pessoas que o conhecia. A questão básica para as pesquisas é: "O público (não) sabe [Inserir Fato Histórico]?" Estudos que pretendessem verdadeiramente compreender como o público entende o passado fariam, em vez disso, perguntas como: "O que o público sabe sobre o passado e o que faz com esse conhecimento?", "Como o público aprende sobre o passado?" ou "Como e por que o passado é significativo para o público?"

Uma pesquisa realizada por Roy Rosenzweig e David Thelen nos Estados Unidos, na década de 1990, fez exatamente essas perguntas. Com isso, Rosenzweig e Thelen inauguraram um campo inteiramente novo de estudos que explora as percepções populares do passado utilizando métodos de pesquisa empíricos extraídos das ciências sociais.[25] O estudo consistiu em uma pesquisa nacional por telefone com aproximadamente mil americanos de diferentes idades, gêneros e etnias.[26] O foco geral foi um contraste convincente com a abordagem usual para a compreensão do passado por parte do público:[27]

a verdadeira questão não era, como os especialistas estavam declarando, o que os americanos não sabiam sobre o passado, mas o que eles *sabiam* e *pensavam*. Surpreendentemente, como muitos comentaristas haviam pesquisado a ignorância americana, ninguém havia, de fato, investigado como os americanos entendiam o passado. E acreditávamos que precisávamos buscar e ouvir as vozes das pessoas que estavam sendo denunciadas por sua ignorância.

Em vez de se concentrarem no que os americanos sabiam ou não sabiam, Rosenzweig e Thelen começaram a explorar as inúmeras maneiras pelas quais o público interage com o passado em suas vidas diárias: por meio de conversas com parentes, viagens a museus, leitura de livros, comparecimento a aulas e/ou assistir a filmes e programas de TV sobre a História. Eles pesquisaram com que frequência seus entrevistados se envolveram nessas atividades, quão conectados eles se sentiram com o passado ao fazê-lo e qual importância eles atribuíram a uma variedade de diferentes "passados" (por exemplo, histórias nacionais, familiares ou étnicas). Os resultados foram conclusivos: ao contrário do quadro pintado pelos estudos citados anteriormente, o público se envolve com o passado de forma frequente e vigorosa. O foco e o veículo principal dessa interação são a história em primeira pessoa — pessoal e familiar. Como Rosenzweig relata:[28]

> Eles preferem o pessoal e o relato em primeira mão, porque se sentem em casa com aquele passado: vivem com ele, revivem-no, interpretam-no e reinterpretam-no; usam-no para definir eles mesmos, o seu lugar em suas famílias e o lugar das suas famílias no mundo.

Além disso, os pesquisadores descobriram que as pessoas usam o passado para moldar suas interações com o mundo:[29]

> Os indivíduos se voltam para suas experiências pessoais para lidar com perguntas sobre de onde vêm e para onde estão indo, quem são e como querem ser lembrados [...] eles reúnem suas experiências em

padrões, narrativas que lhes permitem dar sentido ao passado, estabelecer prioridades, projetar o que pode acontecer em seguida e tentar moldar o futuro.

Os participantes da pesquisa relataram que a História ensinada em salas de aula a eles — particularmente a história da nação (como a privilegiada nas pesquisas descritas acima) — era "monótona" e "irrelevante" para as suas vidas. No entanto, viram seus passados em primeira pessoa dentro de contextos históricos e sociais maiores, seja esse contexto o passado público ou o passado de seus grupos raciais/ étnicos e religiosos.[30]

Esses resultados foram publicados em um livro intitulado *The Presence of the Past: Popular Uses of History in American Life* [*A presença do passado: usos populares da história na vida americana*], e em um site relacionado.[31] O estudo é de importância profícua. Foi a primeira investigação em larga escala da compreensão e interação do público com o passado. E muitas das suposições e resultados de Rosenzweig e Thelen são fundamentais para *A Idade Média na imaginação popular*. A principal é esta — e nunca é demais destacá-la: "É imperativo abordar a compreensão pública do passado a partir da perspectiva do público, e não do historiador."[32]

Os autores desenvolveram duas outras posições teóricas, que são de crucial importância ao estudar a compreensão pública do passado. Primeiro: "Para o público, o passado é muito mais do que apenas História." Como dito por Rosenzweig e Thelen:[33]

> História é a palavra que os acadêmicos privilegiam ao descrever como se aproximam do passado [...] os entrevistados disseram que a História era formal, analítica, oficial ou distante. O passado era o termo que melhor convidava as pessoas a falar sobre família, raça e nação, sobre de onde vinham e o que tinham aprendido ao longo do caminho.

E em segundo lugar: "O tema da compreensão do passado pelo público é muito mais amplo e complexo do que apenas a sua compreensão da História, como uma medida dos fatos aprendidos ou não aprendidos."

Além disso, a compreensão do passado pelo público é mais importante do que a memorização dos fatos históricos. Rosenzweig e Thelen foram incrivelmente perspicazes ao dizer que:[34]

> alguns leitores, talvez historiadores profissionais em particular, não irão compartilhar da definição ampla do passado usado neste estudo, mas nossos entrevistados pensam sobre o passado nesses termos elásticos. À acusação de que as nossas instruções e perguntas incentivavam as pessoas a falar sobre o passado em termos mais expansivos e menos convencionais profissionalmente, nós nos declaramos culpados — deliberadamente.

LIÇÕES DE *THE PRESENCE OF THE PAST* E SEUS SUCESSORES

O estudo inovador de Rosenzweig e Thelen não encerrou a discussão sobre a interação do público com o passado — apenas a iniciou. Ele inspirou trabalhos significativos nesse campo, mas, por várias razões, ainda há muito por fazer. Em primeiro lugar, os seus resultados são especificamente voltados às interações americanas com o próprio passado. Apenas dois grandes estudos nesse sentido foram realizados, desde então, em nível nacional: um na Austrália e outro no Canadá.

O estudo *Australians and the Past* [*Australianos e o estudo do passado*], conduzido no final dos anos 1990 e início dos anos 2000, foi explicitamente baseado no estudo americano e esquadrinhou como os australianos abordavam, de forma similar ou distinta, as questões sobre a consciência histórica. O trabalho foi publicado em formato de livro, em 2010, com o título *History at the Crossroads: Australians and the Past* [*História em um impasse: australianos e o passado*].[35] Nos anos 2000, outro estudo relevante foi completado pelo The Pasts Collective, um grupo de sete pesquisadores universitários e dezenove historiadores públicos colaboradores, todos canadenses. Foi a maior pesquisa já realizada, com 3.419 respostas, bem como amostras de acompanhamento de pessoas das Primeiras Nações em Saskatchewan, Acadianos em New

Brunswick e recém-imigrantes em Ontário. O trabalho foi publicado como uma coleção sob o título *Canadians and their Pasts* [*Canadenses e seus passados*].[36]

Cada estudo subsequente tem uma dívida reconhecida para com os anteriores e é construído sobre uma fundação previamente lançada. Embora cada um tivesse uma abordagem diferente, em sua essência, cada pesquisa abordou quatro questões primárias:
1. Que tipo de passado (familiar, nacional, regional, religioso etc.) o público acha mais importante.
2. Com quais atividades relacionadas ao passado (por exemplo, olhar fotografias antigas, assistir filmes históricos, ir a museus etc.) as pessoas se envolvem, com que frequência e por quê.
3. Como se sentem ligados ao passado enquanto se envolvem nessas atividades.
4. Quão confiáveis várias fontes de informação histórica são para o público (ou seja, professores universitários, filmes históricos, museus etc.).

Embora essas mesmas perguntas estivessem em seu cerne, cada estudo se utilizou de uma abordagem diferente para respondê-las. As metodologias surgiram a partir de um cenário intelectual em mudança e de diferentes perspectivas de pesquisa, além de ser um resultado do(s) público(s) específico(s) e do(s) passado(s) particular(es) em cada país. Aplicar os resultados desses estudos a outros contextos nacionais e históricos, como o tópico investigado neste livro — a interação britânica com o passado medieval e, em particular, com representações cinematográficas acerca dele —, exige alguma adaptação. Embora, de certa forma, os britânicos interajam com o passado medieval de forma semelhante às formas como americanos, australianos e canadenses se comunicam com a sua história, é importante não presumir que o fazem.

Por exemplo, as perguntas de estudos anteriores examinaram de perto as interações com as histórias pessoais, familiares, étnicas e nacionais. Uma das perguntas feitas em *The Presence of the Past* foi: "Conhecer o passado de qual das quatro áreas ou grupos seguintes é mais importante para você: o passado de sua família, o passado de seu grupo racial ou étnico, o passado da comunidade em que você vive agora ou o passado dos Estados Unidos?" A resposta "Sua família" foi considerada a mais importante por 66% dos participantes americanos. O "passado nacional" ficou em segundo lugar, com 22%; o "passado racial/étnico", com 8%; e o "passado comunitário", com 4%.[37] *Canadians and their Pasts* tomou um rumo diferente. Não foi solicitado aos entrevistados que classificassem esses passados uns contra os outros, mas sim que categorizassem a importância individual em uma escala de "muito importante", "mais ou menos importante", "não muito importante" ou "nada importante". No entanto, os resultados são semelhantes: a "família" levou a classificação mais elevada, de "muito importante", com 66%, seguida de "Canadá" (para os canadenses de nascimento), com 42%, e "país de nascimento" (para os nascidos fora do Canadá), com 59%. A "Província de residência" e a "Religião ou tradição espiritual" seguiram com, respectivamente, 35% e 32%.[38]

Mas, quando olhamos para o Reino Unido e para a Idade Média, essas categorias não se aplicam, de fato. Em termos de história familiar, rastrear a história de alguém até a Idade Média é um ato violento, tanto quanto restaurador. Esse ato envolve tantos fios genealógicos que uma pessoa deve escolher quais seguir e quais cortar de sua identidade — devido aos quinhentos anos entre o final da Idade Média e o presente, a verdadeira investigação genealógica (não importando o quanto os vendedores de heráldicas fraudulentas reclamem) se torna, em grande parte, sem sentido, por causa do grande número de ancestrais que cada pessoa tem. O estatístico Joseph Chang mostrou ser muito provável que *cada* pessoa de ascendência europeia tenha um antepassado comum "há cerca de 32 gerações — ou de quinhentos anos".[39] Embora seja surpreendente, trocando em miúdos, contar o número de antepassados diretos de qualquer pessoa com mais de 32 gerações é relativamente simples. Dois (já que todo mundo tem dois pais biológicos), multiplicado por dois 32 vezes (já que há 32 gerações), equivale a 4.294.967.296 pessoas. Mesmo considerando que muitos desses 4,2 bilhões de ancestrais sejam a mesma pessoa (ainda mais porque não havia 4,2 bilhões de pessoas vivas no mundo naquela época), isso significa que a probabilidade estatística de que qualquer europeu branco não seja diretamente descendente de Carlos Magno, do profeta Maomé (através da filha de Emir de Sevilha, que se converteu ao catolicismo por volta de 1200 d.c.) ou de qualquer outra pessoa bem estabelecida no quadro genético europeu é pequena. Para uma pessoa estrangeira não estar relacionada a esse quadro genético mais amplo seria necessária uma quantidade impressionante de consanguinidade.[40]

A História Medieval pode, assim, ser considerada, consciente ou inconscientemente, uma história em terceira pessoa — a história do "eles", e não do "nós"; não da "minha" história ou da "minha" família, mas, na melhor das hipóteses, da "nossa história". Cada pessoa medieval pode não ser uma parte das nossas próprias famílias extensas, talvez devido ao fato de, ironicamente, a maioria delas o ser geneticamente. As pessoas medievais estão tão distantes de nós quanto alienígenas. Comprimindo essa distância, na Grã-Bretanha contemporânea, uma parcela da população é descendente de imigrantes originários do Sul da Ásia, do Caribe ou da China — fora dos limites geográficos habituais da "Idade Média". Como resultado, olhar para a História Medieval em termos de história pessoal ou familiar faz pouco sentido mesmo nos países tipicamente incluídos sob a égide histórica da "Idade Média". Mas, ainda que aleguem ascendência medieval, essas afirmações oferecem à maioria dos britânicos algo mais do que trivialidades pessoais — ou são elididas com histórias raciais/étnicas, religiosas, regionais ou nacionais?

Mesmo olhar para a Idade Média em busca de histórias raciais, étnicas, regionais ou nacionais é problemático. A Idade Média é descrita por muitos medievalistas como o período em que a ideia de nação e das identidades nacionais tomavam forma.[41] O Currículo Nacional Inglês ensina explicitamente a Idade Média dentro de um contexto nacional (falaremos sobre isso mais tarde). No entanto, a complicação está no fato de haver quatro (ou cinco) identidades nacionais separadas que compreendem o Reino Unido, para além dos "britânicos": inglês, escocês, galês, irlandês do Norte (em si uma questão de múltiplas identidades) e, para alguns, cornualho.[42]

A identidade britânica, como um artigo recente de Eric Weiskott explora, tem uma história complexa e diversificada que remonta à colonização romana da ilha.[43] Hoje, o termo "britânico" engloba as histórias das nações menores que compõem a União, muitas vezes em conflito umas com as outras, e dos reinos ainda menores que as precederam. Essa malha torna a identidade nacional britânica contemporânea complexa, particularmente quando se aborda a forma como a Idade Média contribui para a identidade britânica. As histórias raciais, étnicas e religiosas do Reino Unido complicam ainda mais a situação. Será que uma pessoa britânica de ascendência paquistanesa se envolveria com o passado medieval como parte da "sua" história? Além disso, apesar das tentativas dos nacionalistas brancos na Europa e nos EUA de reivindicar a Idade Média como um lugar-tempo nostálgico de pureza étnica, o período não só não era tão "puro" como eles esperam, como também as categorias raciais a que se apegam teriam sido insignificantes para as pessoas medievais.[44]

E então, a religião: talvez um católico considere a Idade Média parte de sua herança religiosa. Mas e um membro da Igreja da Inglaterra? Ou um metodista, ou um *sikh*? No Reino Unido, a Idade Média pode ser considerada parte de passados nacionais, étnicos ou comunitários (não importando se essas conexões são tênues ou não), mas não se sabe até que ponto o público britânico se envolve ativamente com seu passado medieval dessa forma. Assim, enquanto os estudos canadenses, americanos e australianos publicados são trabalhos fundamentalmente impressionantes para a disciplina, a maneira como concebem e categorizam a História exclui inerentemente a Idade Média (bem como quaisquer histórias mais afastadas no tempo ou no espaço). O seu formato de pesquisa — ao se centrar nos passados pessoais, nacionais, étnicos e religiosos, parece implicar que o público não considera (ou talvez não possa considerar) o passado medieval importante e não se envolve com ele de forma significativa.[45]

Mas isso não é verdade. Se o público não tivesse interesse na Idade Média, os inúmeros livros, filmes, programas de TV e *videogames* lançados a cada ano ambientados em mundos medievais ou medievalescos lutariam por uma audiência; grupos de reconstituição e feiras medievais deixariam de existir; departamentos de Estudos Medievais em universidades de todo o mundo fechariam por falta de matrículas de estudantes.[46] No entanto não é isso que acontece. Algo impulsiona o público a consumir voraz e continuamente a Idade Média. Talvez a discrepância seja explicada pelo uso da palavra "importante" nas perguntas feitas nas pesquisas nacionais, como, por exemplo, nesta do estudo americano: "Saber sobre o passado de qual das seguintes quatro áreas ou grupos é *mais importante* para você?"[47] Quando lida de perto, a palavra "importante", neste caso, implica um sentido de autoridade — talvez para alguns dos entrevistados, signifique que o período tem relevância para questões contemporâneas. Para outros, pode ter significado que é central para o seu sentido de identidade, ou foi para a criação do mundo que veem à sua volta. Assim, talvez a Idade Média não fosse "importante" para essas pessoas — mas talvez fosse "excitante", "significativa", "fascinante" ou "divertida".

A questão em torno da palavra "importante" revela uma das limitações dos métodos de investigação escolhidos por questionários nacionais de grande escala. Cada um deles utilizou principalmente métodos de investigação quantitativa.[48] Suas razões para fazê-lo estão implícitas no propósito de sua pesquisa: capturar as percepções de toda a nação e comparar, usando estatísticas, diferentes subgrupos (por raça/etnia, religião, região etc.). A maioria das perguntas dos questionários era fechada (por exemplo, perguntas de múltipla escolha, verdadeiro/falso ou sim/não). Isso permite uma tabulação relativamente rápida e interpretação dos resultados utilizando estatísticas. A base estatística para as conclusões permite a sua generalização a públicos maiores e confere a esses métodos validade matemática e reprodutibilidade que os tornam peças de investigação convincentes.

No entanto, a principal limitação dos levantamentos quantitativos (e de todos os levantamentos desse tipo) é que os participantes da pesquisa respondem às questões desenvolvidas por pesquisadores. Algumas perguntas dos grandes inquéritos nacionais permitiam respostas abertas, como por exemplo: "Qual o nome ou onde fica o último local histórico que você visitou?", ou "Por que, para você, [A Fonte Mais Confiável] é uma fonte de informação confiável sobre o passado?"[49] Porém, mesmo estas perguntas são estruturadas de forma a obter respostas relativamente breves e objetivas. Os participantes respondem a uma estrutura intelectual — tal como a ideia da importância já referida — estabelecida pelos investigadores no âmbito dessa estrutura. Embora os questionários nacionais sejam muito superiores em todos os aspectos concebíveis aos produzidos acerca da ignorância histórica, algumas das mesmas questões surgem: os pesquisadores definem o que é importante, e como falar sobre o assunto em questão. Esse escopo em foco pode ou não refletir a forma completa das questões, e não permite que essas questões sejam exploradas com a maior profundidade, detalhe ou nuance possíveis.

Outra abordagem: métodos qualitativos

Como abordagem alternativa, é possível aplicar métodos de pesquisa qualitativa para estudar a compreensão pública do passado. Embora opcional, o método qualitativo talvez seja melhor classificado como complementar, já que pode responder a diferentes questões. Pesquisas qualitativas se utilizam de entrevistas, observações, gráficos étnicos, questionários abertos e grupos focais, além de oferecer profundidade e nuances que os métodos quantitativos não conseguem. Quando justapostas a estudos quantitativos, cada abordagem pode ajudar a contextualizar melhor os resultados do outro. Ao passo que são recolhidos mais dados de cada participante em uma pesquisa de método qualitativo, menos dados são necessários para um estudo bem-sucedido, ao contrário de uma pesquisa quantitativa. Em vez de examinar aspectos da amplitude de uma grande população (como fazem os métodos quantitativos), a pesquisa qualitativa trabalha, em grande profundidade, com uma amostra menor, escolhida criteriosamente. Os métodos qualitativos exploram melhor questões ambíguas e difíceis, ou tópicos com pouca pesquisa prévia. São úteis quando o enquadramento intelectual é determinado pelos próprios participantes. Em outras palavras, a modalidade é perfeita para explorar questões de consciência histórica e a compreensão pública do passado.[50]

Sendo assim, quais perguntas captariam as melhores respostas sobre a compreensão pública do passado? O método qualitativo está mais bem aparelhado para explorar a questão básica "o que o público entende sobre o passado?", especialmente se "o público" for definido de forma significativa. Um estudo, por exemplo, que explore como os sobreviventes dos *blitzkrieg* interpretam o passado (tanto o próprio como o de outros), ou como recriadores históricos compreendem o período que eles encenam pode ser convincente. Estudos qualitativos bem concebidos também exploram e adicionam nuances a uma miríade de aspectos da consciência histórica. Como as pessoas relacionam a História — tanto o passado recente como o passado distante — com a sua identidade de gênero, racial, nacional ou religiosa? Por que pessoas participam de peregrinações modernas a locais históricos? De que modo consumir fantasias históricas de cultura de massa afeta a compreensão do passado de um indivíduo? Como as narrativas históricas podem contribuir para o preconceito e o ódio no mundo contemporâneo? Métodos qualitativos também podem ser usados para saber como o ensino de História na educação primária, secundária ou pós-secundária influencia as interpretações de eventos atuais. Em suma, estudos desse tipo poderiam nos ajudar a desenvolver uma resposta à pergunta: *por que* o passado é importante, emocionante, significativo, fascinante ou divertido?

A IDADE MÉDIA NA IMAGINAÇÃO POPULAR E SUA METODOLOGIA

Como mencionado na Introdução, este livro relata os resultados complexos de um estudo qualitativo que realizei entre 2008 e 2009, intitulado *A Idade Média na imaginação popular*. Descrições detalhadas dos métodos de pesquisa e estratégias de amostragem usados no estudo, bem como as razões por trás deles, estão disponíveis no Apêndice B. Dito isso, é importante introduzir, de forma resumida, o que foi feito para que os resultados que se seguem a este capítulo sejam plenamente compreendidos.

Os métodos de pesquisa qualitativa, como visto anteriormente,

permitem que os pesquisadores perguntem e respondam uma ampla gama de questionamentos sobre consciência histórica e medievalismo público. O foco deste estudo esteve em dois tópicos abrangentes:
1. O que o público sabe sobre a Idade Média?
2. Como os filmes moldam o conhecimento público?

Essas duas questões são bem amplas para serem exploradas na íntegra em apenas um estudo. Assim, o "público" se limitou a "jovens britânicos" e "filmes", definidos como "grandes produções de filmes medievais hollywoodianos entre 2000 a 2009".

Os participantes do estudo

Dezenove jovens britânicos (Tabela 1.1), estudantes da Universidade de Leeds, foram recrutados para o estudo e divididos em quatro grupos. Um grupo começou em novembro de 2008, e os outros em abril, maio e junho de 2009 (vou me referir a cada um deles como os grupos de "novembro", "abril", "maio" ou "junho", respectivamente). As únicas restrições à participação eram que esses jovens:
1. Tivessem estudado exclusivamente na Inglaterra (significando que todos estivessem sujeitos ao Currículo Nacional Inglês).
2. Não poderiam ter estudado academicamente a Idade Média além do nível do GCSE (significando que não foram irreversivelmente influenciados por ideias acadêmicas relativas ao período).[51]
3. Tivessem assistido ao menos três filmes medievais em algum momento (significando familiaridade básica com o tema e interesse por medievalismo cinematográfico).

Os jovens foram recrutados entre a comunidade da Universidade de Leeds em sessões não curriculares após seus deveres acadêmicos.

Os participantes recrutados representaram uma diversidade de idade, sexo e currículos de estudo (Tabela 1.1). Onze mulheres e oito homens participaram. Oito estavam matriculados em disciplinas de artes, e doze, de ciências (um participante é contado em ambas as categorias, já que havia se matriculado em música e matemática). Àquela altura, os participantes tinham entre 19 e 24 anos de idade. Os mesmos receberam pseudônimos para fins de anonimato.

Cada grupo abrangeu uma composição social diferente. O grupo de junho era composto por amigos (o que resultou em uma discussão mais livre), enquanto os outros três grupos consistiam em estranhos entre si. Embora alguns participantes tenham sido mais receptivos com as suas opiniões do que outros, tentei assegurar que a análise nos próximos capítulos captasse as opiniões de todos os participantes, não importa quão prolixos ou reticentes fossem.

Pseudônimo	Grupo	Gênero	Ano de nascimento	Curso
Catherine	Novembro	F	1989	Design de Moda
Eleanor	Novembro	F	1988	Farmacologia
Elizabeth	Novembro	F	1988	Matemática
Emma	Novembro	F	1989	Psicologia
Jane	Novembro	F	1989	Direito
Carin	Abril	F	1988	Teologia e Estudos Religiosos
Chloe	Abril	F	1985	Medicina
Erica	Abril	F	1985	Zoologia
Rob	Abril	M	1988	Filosofia
Dan	Maio	M	1990	Matemática
Jake	Maio	M	1988	Design de Produto
Jess	Maio	F	1986	Física
John	Maio	M	1988	Física
Laura	Maio	F	1990	Linguística e Fonética
Mark	Maio	M	1990	Matemática
Justin	Junho	M	1989	Biologia
Katy	Junho	F	1988	Inglês e História
Sean	Junho	M	1988	Biologia
Stephen	Junho	M	1989	Música e Matemática

Tabela 1.1 Detalhes demográficos dos participantes da pesquisa.

Os filmes

Este estudo se preocupou, sobretudo, com o impacto que o cinema tem na consciência histórica em geral. Como tal, os três filmes escolhidos para a análise foram selecionados por seu impacto público. O impacto cultural é difícil de quantificar. Assim, embora seja uma medida imperfeita de impacto popular, os três longas-metragens foram escolhidos por serem os medievalismos cinematográficos com as maiores bilheterias do Reino Unido entre 2000 a 2009: *Beowulf*, *Cruzada* e *O Senhor dos Anéis: o retorno do rei*.[52]

A escolha desses três filmes para o estudo levantou implicações importantes. Um é a adaptação de uma História medieval, outro uma adaptação de literatura medieval e o terceiro uma adaptação de uma obra relevante de fantasia épica medievalista. Os dois fundamentados no mundo real acontecem há cerca de setecentos anos, e cada um apresenta uma visão muito distinta da Idade Média que reúne algumas "visões" comuns daquele período — os vikings e as Cruzadas. Em suma, embora os três filmes não retratem todas as formas de representação da Idade Média no cinema, são ao menos uma amostra dessa diversidade.

Cada grupo se reuniu três vezes. Na primeira e segunda sessões, os participantes foram conduzidos a uma discussão sobre suas percepções do passado medieval, começando com um jogo de associação de palavras para ajudar a quebrar o gelo. Então, os filmes *Beowulf*, na primeira sessão, e *Cruzada*, na segunda, foram exibidos. Posteriormente, foi realizada uma discussão aberta sobre suas reações aos filmes, como eles se relacionavam com suas percepções da Idade Média, e o que pensavam ser necessário para torná-los "mais medievais". A terceira sessão foi realizada de forma semelhante, embora, por conta da longa duração de *O Senhor dos Anéis: o retorno do rei*, tenha começado com a projeção do filme e terminado com uma longa discussão geral, que abordou tanto as suas reações sobre *O retorno do rei* como uma comparação dos três diferentes filmes em instâncias temáticas.

Os dados

Os dados para este estudo são derivados das transcrições dessas entrevistas, utilizando-se codificação qualitativa padrão e métodos de classificação — em outras palavras, etiquetando seções das transcrições com temas que emergiram das discussões (como, por exemplo, "o papel das mulheres", "fidalguia" ou "realismo"), e então agrupando e comparando a forma que esses temas foram expressos a fim de compreender suas nuances. As falas dos participantes são reproduzidas nos capítulos seguintes, literalmente e, por vezes, em longas citações, ou complexas conversas de ida e volta. O formato foi escolhido de forma a comunicar melhor as gradações de seus discursos à medida que emergiram (ou, em alguns casos, irromperam) ao longo das entrevistas. As ideias complexas, quando comparadas e contrastadas entre diferentes indivíduos e grupos, revelam as principais linhas a respeito da questão sobre o que o público entende da Idade Média e o papel dos filmes medievais. A comparação matizada das ideias — juntamente com os métodos rigorosos de coleta de dados — eleva os resultados para além do nível de meras conjecturas, revelando implicações mais amplas sobre a consciência histórica dessas pessoas e, sem dúvida, de seus iguais.

Os resultados do estudo estão divididos em três seções. A primeira é, simplesmente, o que o conhecimento sobre a Idade Média dos participantes era antes da influência dos filmes. A segunda seção examina como eles reagiram aos filmes individualmente, e respondeu aos vários aspectos exclusivos de cada obra cinematográfica (como se o CGI de *Beowulf* o tornou mais ou menos crível como um filme medieval). A terceira e última seção envolve as percepções dos participantes sobre o mundo medieval relacionadas ao que assistiram nos filmes. A análise implicou uma complexa comparação de imagens, ícones e ideias apresentadas no filmes com suas expectativas da realidade e seus conhecimentos prévios.

Conclusão

Em resumo, a compreensão do público contemporâneo sobre o passado é um tema digno de estudo em confluência com os melhores métodos de pesquisa disponíveis. Os resultados dessa pesquisa — especialmente quando bem feita — podem ter implicações abrangentes, não apenas no mundo acadêmico, mas também em informar diversas áreas de atuação, como o setor de patrimônio cultural, debates políticos e práticas educacionais. Além de correr o risco do exagero: podendo abrir um precedente sobre como as pessoas dentro de uma determinada cultura em um determinado momento compreendem a si mesmas, suas origens, seu lugar no mundo e seu futuro. O campo da compreensão pública contemporânea do passado foi aberto por uma série de projetos de pesquisa quantitativa de referência e de grande amplitude. Esses trabalhos deixam bastante espaço para que outros tópicos sejam explorados através de diferentes metodologias (como os métodos qualitativos utilizados neste livro) e suscitar diferentes perguntas. O estudo *A Idade Média na imaginação popular* espera abrir caminho em um terreno intelectual pronto para ser explorado. O próximo capítulo iniciará esse esforço aprofundando as percepções complexas, matizadas e até mesmo autocontraditórias dos participantes do estudo sobre o passado medieval.

Capítulo 2
A compreensão dos participantes sobre a Idade Média

"Não vemos as coisas como elas são. Nós as vemos como somos."[1]
– Anaïs Nin, Sedução do minotauro

Este capítulo explora as ideias sobre a Idade Média expressas pelos participantes do estudo *A Idade Média na imaginação popular* antes de terem assistido aos três filmes. Explora ainda as suas ideias complexas, muitas vezes contraditórias, sobre o passado medieval sem qualquer influência.[2] Suas percepções (e percepções erradas) frequentemente apontam para mitos culturais enraizados e crenças comuns. Eles podem indicar onde a cultura popular e a cultura acadêmica podem convergir, ou entrar em conflito; podem também indicar como a História é entendida "na natureza", por assim dizer, onde o conhecimento acadêmico é posto em um diálogo inconsciente com o conhecimento adquirido de uma infinidade de fontes.

Escolhendo palavras com cuidado: "medieval" ou "Idade Média"?[3]

No início da sessão, os participantes receberam um exercício de associação de palavras. O objetivo era fazer com que pensassem sobre o assunto e lhes dar algo a que pudessem se referir em conversas sinalizadas posteriormente. O exercício proporcionou também outra fonte de dados, que se basearia apenas em suas opiniões individuais e entendimentos preexistentes, em vez de influenciadas por qualquer pensamento em grupo. Para esse exercício, os participantes tiveram cinco minutos para escrever cada palavra que associavam à Idade Média em um pedaço de papel em branco. No entanto, ao planejar o projeto, surgiu uma pergunta: a página deve ser intitulada com a palavra "medieval" ou "Idade Média"? E como o moderador deve se referir ao período em questão?

Em um primeiro momento, os dois termos podem parecer sinônimos. E, tecnicamente, são: "medieval" foi um neologismo criado em meados do século XIX derivado do latim *medium aevum*, que significa "Idade Média".[4] Mas os termos são sinônimos para os participantes, ou brincam com a consciência histórica de diferentes maneiras? Considerando que a metodologia especificamente utilizada para essas entrevistas[5] pretendia dar aos participantes a maior autonomia possível não só para decidir o que dizer, mas também como definir os seus próprios termos, caso alguém lhes perguntasse sobre um, como tal escolha poderia direcionar ou estruturar uma discussão? Mesmo um ponto metodológico tão pormenorizado revela quão pouco se sabe sobre as percepções populares desse período.

A fim de explorar essa possível lacuna de conhecimento básico, decidiu-se utilizar os dois termos. Assim, o exercício de associação de palavras foi realizado duas vezes em cada grupo. Em um primeiro momento, metade do grupo recebeu uma folha com o termo "medieval" no topo e a outra metade dos participantes recebeu uma folha intitulada "Idade Média". Ao fim de cinco minutos, uma nova folha com o segundo termo para cada grupo foi entregue e lhes foi pedido que repetissem o exercício. O grupo discutiu, então, o conteúdo de suas folhas, a importância relativa das palavras que escreveram para a sua percepção do que os termos significavam para eles e se sentiam algumas diferenças entre eles.

As fichas foram coletadas ao fim da sessão com os grupos focais e a frequência das respostas foi contada.[6] As Tabelas 2.1 e 2.2 ilustram uma lista dos termos que foram mencionados por mais de três pessoas em todos os grupos para os termos "medieval" e "Idade Média".

Algumas categorias e padrões emergem ao ler essas listas: em ambas, a guerra (cavaleiros, castelos, armaduras, espadas, Cruzadas) dominou. Os valores associados às classes sociais (reis, rainhas, camponeses) também apareceram nas duas listas. A desigualdade social (pobreza, divisão entre ricos e pobres) também se mostra, embora mais na lista "Idade Média". Cada uma apresenta sujeira e desagrado, seja no ambiente (lama), nas pessoas (má higiene), ou nas condições sociais (pobreza, guerra, tortura). Personagens lendários (rei Arthur, Robin Hood) e criaturas (dragões) foram mencionados com mais frequência do que figuras históricas. A única pessoa real em ambas as listas é Henrique VIII — o que é surpreendente, uma vez que ele é frequentemente associado por estudiosos ao início do período moderno.[7] No entanto, por alguma razão, ele é um elemento mais notável em "Idade Média" do que qualquer outra personalidade medieval. A Igreja recebe alguma menção, mas apenas em termos gerais ou no contexto específico das Cruzadas. Algumas diferenças são observadas na frequência das respostas nas duas folhas, mas, como a amostra é pequena, as possíveis conclusões que podem ser tiradas desse exercício são limitadas. Contudo, quando foi pedido aos participantes que explicassem as suas ideias para além da simples associação de palavras, um quadro muito mais completo começou a surgir.

"Medieval"	Número de menções
Castelos	10
Cavaleiros	10
Armadura	7
Doenças (incluindo praga, peste negra)	6
Batalhas	5
Cruzadas	5
Reis	4
Rainhas	4
Camponeses	4
Roupas	4
Espadas	4
Festas (incluindo banquetes)	4
Sujo (incluindo lama, má higiene)	4
Religião (incluindo Igreja, cristianismo)	3
Dragões	3
Bobo da corte	3
Tortura	3
Justa	3
Guerra	3
Rei Arthur	3
História	3
Cavalos	3

Tabela 2.1 Respostas aos exercícios de associação à palavra "medieval" e frequência (3+).

"Idade Média"	Número de menções
Doença	10
Cavaleiros	8
Castelos	8
Justa (no sentido de Duelos)	5
Pobreza	5
Batalhas	5
Sujo (incluindo lama)	5
Religião (incluindo Igreja, cristianismo)	5
Armadura	4
Guerra	4
Camponeses	4
Cruzadas	4
Rei Arthur	4
Robin Hood	4
Espadas	4
Agricultura	4
Henrique VIII	4
Vikings	3
Reis	3
Idade das Trevas	3
Cavalos	3
Divisão entre ricos e pobres	3

Tabela 2.2 Respostas aos exercícios de associação de palavras da "Idade Média" e frequência (3+).

A "Idade Média" "medieval"

A princípio, dois participantes tiveram dificuldades em observar qualquer distinção entre os dois termos. Quando foi solicitada pela primeira vez que escrevesse uma lista de associação de palavras para o termo "Idade Média", tendo já completado uma para "medieval", Emma

hesitou: "Eu não sei a diferença." Sean também apresentou dificuldades: "Eu não vejo qualquer diferença entre 'medieval' e 'Idade Média'."
A maioria dos outros participantes não partilhou da hesitação. Cada um dos quatro grupos desenvolveu formas independentes de definições entre "medieval" e "Idade Média". Curiosamente, essas definições foram notavelmente semelhantes entre os quatro grupos.

HISTÓRIA E FANTASIA

A principal distinção dos participantes entre os termos "medieval" e "Idade Média" residia ao longo da linha — reconhecidamente difusa — entre fantasia e História. Quase todos os participantes disseram que o termo "Idade Média" se refere a um período da História real, enquanto "medieval" se refere a um cenário de fantasia e lenda. John disse:[8]

> John: Sinto que "medieval" se refere a algo que existe mais hoje em dia. Como uma visão retrospectiva. E também se liga a um pouco mais de fantasia, que as pessoas pensam como fantasia medieval. Mas "Idade Média", para mim, é um termo muito mais oficial dado a um período, o período real do tempo.

Os participantes de outros grupos aderiram à avaliação de John, dizendo "Associo medieval mais às lendas do que à história verdadeira" e "Idade Média... Pensei mais na linha dos arsenais reais e coisas históricas, enquanto com medieval penso em contos de fadas e lendas, e no rei Arthur". Essa ampla associação de "medieval" à fantasia e "Idade Média" à História teve uma série de efeitos resultantes na compreensão e interpretação desses termos por parte dos participantes.

Muitos deles também limitaram "medieval", em termos geográficos, apenas à Grã-Bretanha, ao passo que aplicaram "Idade Média" a uma geografia mais vasta. Fizeram-no frequentemente com base num sentimento de que, sendo mais histórica, a "Idade Média" era geograficamente mais diversificada, ao passo que a sua familiaridade com as lendas britânicas — tendo sido criados no Reino Unido — fez com que fossem mais estreitamente associadas ao termo "medieval".

Alguns também acrescentaram uma dimensão moral a suas definições. Os participantes comumente descreviam "Idade Média" sendo pior do que "medieval". A "Idade Média", para eles, tinha conotações de pobreza, sujeira, barbárie e opressão. Chloe chamou de "mais primitiva" a era evocada por "Idade Média" em comparação à era "medieval". Ao descrever suas associações de palavras com "Idade Média", Stephen e Justin disseram:

> Stephen: Bem, no topo [da classificação da sua folha para a "Idade Média"] temos doenças, basicamente. Só o associamos à doença, ao desagrado geral. E depois temos agitação e castigo por trás, como sempre.

> Justin: Sim, "medieval" é essencialmente mais focado em coisas glamourosas, enquanto o outro ["Idade Média"] está mais nas ruas, e é meio horrível e sarnento, basicamente.

O fato de Stephen se referir ao foco em doença, agitação e punição usando "como sempre" enfatiza o nível em que ele sente que essa ideia é comumente aceita. E, ao menos entre esses grupos, ele não estava errado — houve muitas outras respostas nesse sentido: "Na 'Idade Média' nós tínhamos [...] todos os tipos de coisas desagradáveis", "[quando] penso [na] Idade Média, penso em pessoas mais sujas, mais malcheirosas que as medievais", "Idade Média... Acho realmente atrasada e suja".

Em contraste, a palavra "medieval" mais comumente atraía conotações românticas. Jess pensava que "medieval" se referia a uma época em que "é tudo uma espécie de festa em que fazem banquetes e têm roupas decentes". Elizabeth, Emma e Catherine também tiveram uma troca animada sobre roupas medievais:

> Catherine: [Quando penso nos trajes medievais
> Emma: Medievais, sim.][9]
> Catherine: São os grandes vestidos esvoaçantes dos ricos e as grandes toucas =[10]
> Elizabeth: = Mas com Idade Média penso em lama e sujeira primeiro.

Outros exemplos de conversas entre as três incluem: "em 'medieval' havia mais romances, monstros e banquetes, batalhas, justas, esse tipo de coisa", "[medieval] era tudo sobre cavaleiros e castelos", e "medieval era mais imponente". Esse sentido de "medieval", que indica uma visão brilhante e alegre da Idade Média, contrasta diretamente com a definição da palavra no *Oxford English Dictionary* — que o atribui à barbárie e ao atraso. Também contrasta com a ideia popular de algo descrito como "praticamente medieval", ou a fala de *Pulp Fiction*, "*get medieval on your ass*".[11] "Medieval", para os participantes do estudo, suscita conotações românticas de aventura aristocrática, grandes festas e fantasias luxuosas. Em vez disso, foi "Idade Média" que evocou barbárie, sujeira, pobreza e doença. Embora contraditórias, ambas as definições existem simultaneamente nas mentes dos participantes sem qualquer dissonância cognitiva aparente.

Duas visões da Idade Média

Vários estudiosos identificaram as duas imagens mencionadas pelos participantes (fantástico alegre e histórico sombrio) ao construir taxonomias de medievalismos populares. No entanto, cada estudioso descreve essas imagens de formas um pouco diferentes, e nenhuma corresponde precisamente às definições propostas pelos participantes. Por exemplo, em relação à visão sombria, Umberto Eco descreve uma de suas famosas *Dez pequenas Idades Médias* como:[12]

> A Idade Média como uma era bárbara, uma terra de sentimentos elementares e fora da lei [...] são também a Idade Média do início de Bergman. As mesmas paixões elementares poderiam existir igualmente nas costas fenícias ou no deserto de Gilgamesh. Essas eras são Negras por excelência [...]. Com apenas uma ligeira distorção, pede-se que se celebre, nessa terra de virilidade, força bruta, as glórias de um novo arianismo. É um medievalismo hirsuto, e quanto mais hirsutos seus heróis, mais profundamente ideológica a sua *naïveté* superficial.

Essa imagem também aparece na segunda entrada da taxonomia de David Williams de representações populares do período:[13]

Qualquer que seja a data pretendida, estas Idades são sombrias, sujas, violentas, politicamente instáveis ou ameaçadoras. Aqui estão *O senhor da guerra*, *Conan, o bárbaro* e *Lang's Nibelungs and Huns*. Estes são os tempos de Bergman e dos *Vikings* de Richard Fleischer, apesar da grande alegria da sua violência heroica.

Andrew B.R. Elliott chama a Idade Média de:[14]

> o mundo da barbárie e da miséria em que as forças das trevas varrem sem controle as aldeias indefesas, assolam mosteiros e invadem os anais da História. É também o mundo da superstição e do zelo religioso [...] e sabemos — graças aos anos de condicionamento — o que esperar do obscuro primitivismo da Idade Média.

Elliott é particularmente astuto em destacar o elemento sociocognitivo dessas compreensões e expectativas da Idade Média. Gerações após gerações têm sido condicionadas sobre o que esperar ao se deparar com a Idade Média — um processo que começa na primeira infância. A maioria dos participantes deste estudo havia sido preparada para esperar exatamente isso: sentiram que o termo "Idade Média" se referia especificamente à visão desagradável do período. Concentraram-se em um punhado de aspectos--chave interrelacionados. Para eles, a Idade Média denotou um tempo repleto de guerra, violência, pobreza e desigualdade social; as pessoas dessa época eram impuras, insalubres e seus governos eram autocráticos e opressivos.

Williams e Elliott também abordam o imaginário atribuído à palavra "medieval": aventura romântica e opulência, a localização da Floresta de Sherwood, Camelot e os medievalismos da Disney. Essa visão é a ancestral dos medievalismos do período romântico, de *Ivanhoé* e do Torneio de Eglinton de 1839.[15] Eco não tem uma categoria pronta para isso em seu texto *Dez pequenas Idades Médias*, mas Williams descreve o fenômeno dessa maneira: "Essa Idade Média é brilhante, limpa, nobre, desportiva e alegre. Isso é Hollywood, e, muitas vezes, Sherwood. É Douglas Fairbanks e Robert Taylor. Apesar dos fora da lei, a política é de assentamento."[16] Elliott descreve a icônica procissão de cavaleiros em armaduras e vestimentas brilhantes, impecáveis [...] as bandeiras coloridas que adornam os castelos vibrando alegremente à brisa. Uma princesa emerge de uma torre nas paredes do castelo [...]. Vemos seus torneios, suas grandes proclamações de lealdade ao rei, e de reverência à linda rainha; a sua honra e a sua intrepidez...[17]

Muitos participantes relataram a sensação de que a palavra "medieval" estava relacionada a mito, lenda, conto de fadas e fantasia.[18] Jane deixou isso bem claro: "Com as medievais [palavras sobre o seu exercício de associação] pensei em contos de fadas e lendas como o rei Arthur". Para Elizabeth, "medieval" evocava associações a um período de tempo a que chamava "lendário antigo, que significava, para ela, não apenas mitos e lendas, mas um gênero específico de contos de fadas sobre mitos e lendas: um que contém feiticeiros, dragões, bruxas, reis e rainhas atemporais. Quando o grupo foi perguntado que tipo de lendas se encaixavam dentro dessa categoria, Jane listou: "Rei Arthur e Merlin, Chaucer, Heath Ledger."[19] Outras figuras mencionadas por participantes incluíram "cavaleiros", "Robin Hood" e "Shrek". Shrek, em um primeiro momento, pode parecer uma inclusão estranha nessa lista de nobres heróis (e os homens que atuam como heróis). No entanto, é uma disparidade esclarecedora — embora Shrek seja a lamacenta, suja e malcheirosa Idade Média por excelência, ele é um forasteiro em seu mundo. Em suas aventuras, ele rompe o muro entre o medieval e a Idade Média para fins cômicos. Ele representa uma exceção que prova a regra.

Além do binário emergente de um medieval "fantástico alegre" e uma Idade Média "histórico-tenebrosa", os participantes também desenvolveram uma variedade de formas para definir e discutir o período. Estudiosos geralmente entendem a "Idade Média" de duas maneiras: temporal e geograficamente. Enquanto muitos limitam o período à região europeia e de aproximadamente 500 d.C. a 1500 d.C. (embora com variações significantes, como será discutido abaixo), os participantes do estudo tiveram maneiras muito diferentes de entender a questão de "quando" e "onde" o mundo medieval existia.

Quando foi a Idade Média?

> "Penso em "medieval" como há muito, muito, muito, muito, muito tempo atrás."
> – Catherine, grupo focal de novembro

Os próprios participantes tiveram dificuldades em expressar exatamente quando ocorreu a Idade Média. Embora isso pareça uma lacuna de conhecimento surpreendente (considerando que talvez seja a pergunta mais básica sobre qualquer período histórico), não é inteiramente assombroso, já que estudiosos têm o mesmo problema. Há um debate acadêmico em curso sobre como devem ser traçados os limites temporais da "Idade Média", e sob quais fundamentos. Os méritos relativos a essas delimitações acadêmicas do período não são importantes aqui. No entanto, é interessante compreender as principais periodizações acadêmicas (ao menos na educação anglófona) para que possam ser comparadas com as expressas pelos participantes deste estudo.

O limite inferior da Idade Média é relativamente simples. O historiador italiano do século XV Leonardo Bruni foi um dos responsáveis pela divisão da História no quadro tripartido de "antigo" (ou "clássico"), "médio" e "moderno".[20] Ele situou o fim do período "antigo" (e o início da Idade Média) a partir da deposição do último imperador do Império Romano Ocidental, em 476 d.C. Embora o ponto de partida em 476 d.C. seja reconhecidamente arbitrário, é um intervalo que tem sido comumente empregado por historiadores subsequentes como um delimitador para o fim do Império Romano Ocidental — e, assim, o início do período medieval — com relativamente pouca mudança até os dias de hoje.[21]

O fim, por outro lado, é mais controverso, e depende muito da perspectiva de cada acadêmico. Cada uma das diferentes perspectivas acadêmicas está enraizada em uma ideia de mudança fundamental que ocorreu entre o "medieval" e o "moderno". Isso é imprescindível para suas perspectivas acerca da definição de características da Idade Média. Bruni encerrou o período medieval em meados do século XIII, considerando a queda do Sacro Império Romano uma grande influência na política italiana. Isso ficou claro porque ele era um estudioso da História política italiana.[22] O *Oxford English Dictionary*, no entanto, situa o limite em 1453, quando o Império Otomano conquistou Constantinopla, considerando, assim, as Cruzadas um conceito unificador central, já que não haveria mais possibilidades de o movimento sobre-existir.[23] Muitos historiadores recentes estão menos dispostos a estabelecer uma ruptura tão clara entre o medieval e o moderno. Alguns historiadores da Inglaterra veem o fim do medieval na ascensão da Dinastia Tudor, ou a dissolução dos mosteiros. Outros apontam, em vez disso, para as grandes tendências culturais: a Reforma Protestante, o florescimento da Renascença, o advento da cultura impressa ou as viagens através do Atlântico que deram início à colonização das Américas.[24] Alguns não enxergam um momento crucial, mas preferem entender os séculos XV e XVI como um período de mudanças culturais graduais, porém profundas, que encerraram a Idade Média. Essa fluidez coloca em xeque apenas o que distinguiu a Idade Média, e torna mais fácil entender por que os não especialistas encontram dificuldades para definir o período.

Subdividindo a Idade Média: arcaica, ápice, tardia, das trevas

Para complicar ainda mais a ideia, estudiosos subdividem a Idade Média de várias maneiras. O paradigma mais comumente empregado divide os mil anos em três partes: a Idade Média "arcaica" (cerca de 500 – 1000 d.C.), "ápice" (cerca de 1000 – 1300 d.C.) e "tardia" (cerca de 1300 – 1500 d.C.). Confusamente, há também algumas variantes nacionais; arqueólogos britânicos (e alguns historiadores) às vezes chamam o período de cerca de 500 – 1050 d.C. de "anglo-saxão", reservando "medieval" para os anos entre cerca de 1050 – 1500 d.C. A principal ruptura é a Conquista Normanda, que, enquanto é certamente significativa para a História das Ilhas Britânicas, tem pouca relevância fora daquele território. Os estudiosos da Idade Média Escandinava utilizam por vezes a "Era Viking" (fim do século VIII d.C., meados do século XI d.C.).[25] Já os estudiosos da Idade Média Arcaica desenvolveram o termo "Antiguidade Tardia" (meados do século III d.C. ao século VIII d.c.) como uma forma de simbolizar a continuidade (especialmente no Oriente), em vez do colapso total do modo de vida romano. Cada um desses termos acadêmicos tem se infiltrado na consciência histórica popular. Mas, de forma lenta e desigual — mesmo que, por exemplo, a indústria do patrimônio cultural, o setor de educação ou a indústria cinematográfica lessem os mais recentes estudos e aceitassem os novos paradigmas —, leva tempo para reescrever os sinais em campos históricos. É necessário esforço significativo para reescrever livros didáticos e requalificar professores. Além disso, antigos e amados livros e filmes nunca morrem. Isso turva consideravelmente até mesmo as águas mais claras da cronologia e terminologia medieval.

Veja, por exemplo, a "Idade das Trevas". Embora o termo tenha sido abandonado por historiadores contemporâneos, permanece comum na linguagem pública. Ele foi reinventado por Petrarca (anteriormente havia sido usado para se referir a um tempo antes da vinda de Cristo) e popularizado por humanistas italianos no século XV.[26] Essa medida foi uma forma de distinguir os próprios humanistas do que eles entendiam como um período de fanatismo religioso e "escuridão bárbara", da qual eles tentavam se emancipar.[27] O termo "Idade das Trevas" mudou, então, de significado, mesmo ao longo do século XX. Como Fred C. Robinson argumenta:[28]

> Em enciclopédias populares e em muitos dos dicionários mais antigos, a Idade das Trevas é definida como simples sinônimo de Idade Média. Em 1904, porém, W.P. Ker, em seu livro *A Idade das Trevas*, disse que os dois termos "vieram a ser diferenciados, e a Idade das Trevas é agora não mais do que a primeira parte da Idade Média, enquanto o termo medieval é frequentemente restrito aos séculos posteriores, cerca de 1100 a 1500 [...]". Esta é uma distinção que foi por um tempo cuidadosamente observada por alguns historiadores.

Robinson conclui que "Idade das Trevas" saiu da linguagem acadêmica devido às suas conotações de "estagnação intelectual". Ele propõe

reabilitar o termo associando "trevas" à "nossa fraca percepção do período (devido à limitada evidência documental sobre ele)".[29] Então, "a Idade das Trevas" é um termo estranhamente carregado, que também significa:
- A Idade Média em sua totalidade.
- Apenas a Idade Média arcaica.
- Um período de escuridão intelectual.
- Um período sobre o qual pouco se sabe ou é reconhecível.

Examinar os vários termos concorrentes e suas definições ilustra quão turvas essas águas podem estar. Porém, ainda mais importante, cada um desses termos e definições foram usados pelos participantes ao descrever o período. A sua confusão não é surpresa.

EM QUE PERÍODO OS PARTICIPANTES ACHAVAM QUE A IDADE MÉDIA SE SITUA?

A pergunta "quando você acha que a Idade Média ocorreu?" nunca foi direcionada aos participantes, uma vez que a metodologia de pesquisa subjacente permitiu que eles fossem autorizados a definir o período, seja de que forma fosse. No entanto, talvez sem surpresa, muitos discutiram cronologia ao definir o período. Dito isso, poucos tiveram uma ideia segura de quando a Idade Média ocorreu. Muitos só tinham a sensação de ser "há muito tempo". Alguns a situaram dentro de um intervalo de algumas centenas de anos ou, mais comumente, ancoravam-na em eventos históricos significantes.

Elizabeth não tinha certeza sobre a cronologia específica: "Eu não associaria quatrocentos anos atrás com o medieval; associaria, talvez, há mil anos atrás ou algo assim [...]. Isso é o que eu penso. Não sei se está certo." Elizabeth estava correta, embora seja difícil saber por que escolheu esses números, e ela teve dificuldades em explicar a sua resposta. Jess estava um pouco mais confiante. "Acho que a Idade Média foi em, não sei, 800 d.C., em algum lugar no meio do milênio. [...] No meio do que nós passamos." Assim como Elizabeth, Jess estava (mais ou menos) correta. Mas esse é o aspecto menos interessante de sua declaração. Ela posicionou a Idade Média como um período *literalmente no meio* da História da civilização humana, o que indica sua concordância fundamental com a divisão tripartida da civilização em "clássica", "média" e "moderna". A Pré-história está fora do âmbito da História, e, portanto, fora do seu sentido de experiência humana. Além disso, o seu uso do pronome em primeira pessoa — "aquilo por que *nós* passamos" — parece implicar que Jess intuitivamente se identifica com os seus antepassados históricos. Ela vê um sentido de continuidade com os povos do passado — pelo menos aqueles que fazem parte da "civilização". Mais tarde, Jess limitou a sua definição do termo "Idade Média" especificamente à Grã-Bretanha após 1066: "Tendo a pensar no povo normando da Grã-Bretanha, depois da invasão normanda. É o que penso ser a Idade Média." Em contraste, ela define a palavra "medieval" como o fim do período, "pouco antes da Era Elizabetana".

Mark define o início do período não por datas no calendário, mas por um sentido de culturas dominantes na Inglaterra, juntamente com uma visão pejorativa da cultura do início da Idade Média:

> Mark: Bem, eu diria que medieval, para mim, começou logo depois que os romanos se retiraram e vieram todos os anglo-saxões [e] vikings. Há muita luta, muita opressão. Não havia muita criatividade permitida. E as pessoas, em geral, estagnaram por centenas de anos.

Em vista disso está a ideia de regressão intelectual e cultural na Idade Média, apesar das recentes tentativas acadêmicas de corrigi-la.[30] Fazendo eco ao que Jess comentou em outro grupo, Mark também diferenciou "medieval" e "Idade Média", mas de maneira oposta. Para ele,

> Idade Média, eu diria, é quando tudo [...] quando as pessoas começam a pensar mais livremente. Há um pouco mais de avanços tecnológicos. Há catapultas; há castelos adequados sendo construídos em vez de apenas derrubar árvores e enfiá-las no caminho de seu oponente.

Mark era um estudante de matemática com uma cabeça voltada para tecnologia, além de afinidade com jogos de computador ambientados em guerras medievais (tal como será discutido mais tarde). Por esse motivo, talvez não seja inesperado que ele equipare o progresso não apenas à tecnologia, mas especificamente à tecnologia *militar*. Mark também (sem declarar o fato) se identifica como um cristão evangélico rigoroso (isso será abordado também mais tarde). Isso provavelmente estrutura a visão de mundo de Mark, em que a Idade Média é uma era antes do que ele acredita haver liberdade de pensamento, possível apenas após a Reforma.

O termo "Idade das Trevas" foi reservado para as conversas (talvez mais informais) sobre os filmes exibidos (como discutido nos capítulos 5 e 6). De fato, em suas discussões posteriores, os participantes usaram todos os quatro significados do termo: como sinônimo de Idade Média, como referência apenas à Idade Média, como um período de "estagnação intelectual" e como um período escassamente documentado da História. Para esses participantes, "a Idade das Trevas" não é um termo obsoleto. Pelo contrário, está sobrecarregado de significados.

Onde estava a Idade Média?

Há também um amplo desacordo entre os estudiosos sobre outras formas de delinear a Idade Média. Na linguagem popular — e entre alguns acadêmicos — "a Idade Média" é usada para descrever um período de tempo (cerca de 500 – 1500 d.C.), não importando em que parte do globo, seja Paris, Machu Picchu ou Antártida. No entanto, latente nas definições descritas anteriormente, é a ideia de que "a Idade Média" é um período de tempo em um determinado lugar. Ao contrário de "século XVII", que é apenas um delimitador de tempo, "a Idade Média" (como "a Idade Vitoriana" ou "o período Meiji") descreve um tempo, um lugar, e cultura. Esta é a razão de haver dificuldade em definir o fim do período entre os estudiosos; se vista como um movimento cultural, a Idade Média terminou em épocas diferentes, em países diferentes, por razões diferentes.

Todas as variadas definições da Idade Média, seja em termos de império, cruzada, religião, colonialismo ou tecnologia define, de modo aproximado, a Idade Média geograficamente delimitada por: Islândia,

Inglaterra, Escócia, Irlanda e Escandinávia, ao norte; Lituânia e as partes ocidentais da Rússia a nordeste; Oriente Médio, Terra Santa, Egito e, sem dúvidas, Etiópia e Núbia, a sudeste. Por fim, estendendo-se pelo norte da África até Marrocos, a sudoeste.

É por essa razão que as viagens de Marco Polo, Leif Eriksson e Cristóvão Colombo (ou as alegadas viagens de John Mandeville) foram, e ainda são, consideradas extraordinárias — viagens do conhecido para o desconhecido, atravessando, assim, fronteiras geográficas e culturais não transpostas da Idade Média para outro lugar e, em certa medida, para outro momento. Dito isso, há um esforço significativo entre os medievalistas em ampliar a ideia de onde estava a Idade Média ou, no mínimo, onde estavam as pessoas medievais. Isso vem sendo feito pondo em foco o início de uma rede global de comércio e troca de conhecimentos centrada nos impérios islâmico e budista da Ásia.[31]

Onde eles pensavam que estava a Idade Média?

Talvez inesperadamente, os participantes estiveram confiantes e foram mais específicos em nomear *onde* estava a Idade Média do que *quando*. Mas, ao contrário da típica definição da Idade Média, com poucas exceções, eles projetaram suas próprias criações inglesas sobre os que entendiam da Idade Média, localizando-as apenas na Europa Ocidental, Grã-Bretanha ou Inglaterra.

John e Dan notaram que a ideia de periodização histórica implicava limites geográficos — mesmo para um único país ou região. John começou: "Quando você fala em 'idades', elas nunca se referem ao mundo inteiro. Cada uma, não necessariamente em um país, mas todas têm as suas próprias linhas do tempo." Dan concordou: "'Idade Média' é referente apenas a [um] país ao mesmo tempo. O tempo ainda está passando em países diversos." Outros participantes traçaram os limites de forma muito estreita: Jane falou da sua folha de associação de palavras: "Eu escrevi 'Inglaterra.'" Da mesma forma, Chloe, como parte da explicação de uma ideia mais ampla (em que ela sentia que "medieval" se referia ao lendário, enquanto "Idade Média" apenas ao histórico), pensou que "a maior [diferença entre a sua definição e a dos outros participantes] era que pensávamos que 'medieval' era o bretão, o britânico e o inglês, enquanto a 'Idade Média' era um pouco mais generalizada". Mais tarde, Chloe definiu a "Europa Ocidental" sendo "um pouco mais generalizada". Robert, na qualidade de porta-voz de seu grupo, concordou: "Quando dissemos 'medieval', o associamos à Grã-Bretanha."

Elizabeth disse: "Eu não escrevi sobre a Inglaterra, mas estava apenas pensando sobre a Inglaterra. Eu não pensei em, bem, coloquei Cruzadas, mas cavaleiros ingleses... Não pensei em mais nada." Aqui, as Cruzadas são mencionadas como uma exceção à regra, em vez de serem centrais a ela — a regra permanece apenas pela participação inglesa. Isso foi comum. No grupo de junho, Justin e Stephen reafirmaram isso:

> Justin: Quando penso na Idade Média, acho que provavelmente se passa na Grã-Bretanha, para falar a verdade. Para mim.
> Stephen: Ou envolve a Grã-Bretanha.
> Justin: Ou envolve a Grã-Bretanha de alguma forma, sim.
> Stephen: Como a guerra em Jerusalém, e coisas assim.
> Justin: Quero dizer, sei que deve haver alguma coisa, sabe =
> Stephen: = há outras coisas =
> Justin: = há outras coisas acontecendo e deve haver outros lugares, mas
> Moderador: Então como a guerra em Jerusalém envolve a Grã-Bretanha?
> Stephen: Hm... porque eles mandaram pessoas para as Cruzadas.

A ideia de que a Inglaterra foi uma matriz nas Cruzadas é um conceito errôneo que permeia a cultura popular inglesa, provavelmente um resultado da centralização da Terceira Cruzada na imaginação popular inglesa sobre o movimento. A participação inglesa na história das Cruzadas como um todo foi menor em comparação às contribuições francesas ou alemãs, especialmente no período inicial. Christopher Tyerman escreve: "À primeira vista, o envolvimento inglês na Primeira Cruzada foi mínimo e periférico."[32] Os confrontos entre Ricardo Coração de Leão e Saladino ganharam enorme popularidade no século XIX como parte do fascínio cultural com a Idade Média, que gerou medievalismos como o romance de Sir Walter Scott, *O talismã*.[33] Esse fascínio permanece até hoje: todos os cinco filmes lançados até a data de publicação deste trabalho, que retratam as Cruzadas na Terra Santa como a chave de seu enredo, incluem Saladino como personagem. Todos, exceto um, incluem Ricardo I.[34]

Essa definição geográfica que limitou a Idade Média à Inglaterra influenciou até mesmo as percepções dos participantes relativas às fantasias medievalescas. Por exemplo, Jane considerou o cenário de *Aladdin*, de 1992, exclusivo entre os filmes animados da Disney, porque *não* é ambientado na Inglaterra.

> Jane: Eu estava apenas pensando. Há exceções, como Aladdin. [...] É óbvio que isso não foi lá... na Inglaterra, na floresta e esse tipo de cenário, foi transferido para...
> Moderador: Ah, você quer dizer que não é ambientado na [Inglaterra e na floresta
> Jane: É,] tem um cenário completamente diferente =
> Moderador: = Então os outros se passam na Inglaterra e em florestas, e coisas assim?
> Jane: Ou na França, suponho eu, tecnicamente.

A paisagem arborizada é aqui identificada tanto com a Idade Média em geral como com a Inglaterra especificamente. A França é mencionada, mas apenas hesitantemente, como um aparte e tecnicidade — provavelmente em referência a *Bela e a Fera*. A França foi citada inúmeras vezes dessa forma por este grupo, e também por Jess no grupo de maio. Eleanor continuou a explicar a sua lógica para incluir a França na Idade Média: "Eu também pensava na França, mas isso por causa da guilhotina e de coisas referentes a Maria Antonieta." Há diversos pontos interessantes nesta afirmação: primeiro, o fato de que ela precisava explicar, sem ser solicitada, por que a sua Idade Média incluía a França mostra como a ideia da Idade Média sendo a Inglaterra está enraizada em sua consciência histórica. Além disso, o seu equívoco de que o período da guilhotina e de Maria Antonieta se passar na Idade Média é inusitado.

Pode ser explicado por suas associações paralelas. Maria Antonieta é um ícone da opulência e da riqueza real, da monarquia absolutista e dos resultados horríveis de tais excessos de riqueza e poder. Essa imagem se encaixa ordenadamente com muitas associações esquemáticas que Jess — e os outros participantes — teve com a Idade Média. A guilhotina, além de ser um objeto simbolicamente ligado ao destino de Antonieta, é também símbolo da pena capital e da execução pública.[35] Isso coincide perfeitamente com as fortes associações populares entre a tortura e a execução pública com a Idade Média. A presença de Henrique VIII nos exercícios de associação pode ser resultado de ligações semelhantes. Como Maria Antonieta, Henrique VIII também é comumente associado à monarquia absolutista, opulência e execução. Ele é perenemente popular na cultura popular britânica, e os grupos focais foram realizados enquanto a popular série de TV *The Tudors* estava no ar, o que pode ter levado à ocorrência imediata em suas mentes.[36] Assim, enquanto a declaração de Eleanor é obviamente anacrônica, ela lança uma luz decisiva sobre a imagem da Idade Média que começa a surgir. Embora Maria Antonieta não tenha morrido na Idade Média, sua morte pode ter sido "medieval". Embora Henrique VIII não tenha vivido na Idade Média, levou uma vida "medieval".

John disse que os filmes são ao menos parcialmente responsáveis por seu senso de que a Idade Média estava limitada a alguns locais na Europa Ocidental:

> Em termos de filmes, de qualquer forma, não parece haver nada definido neste tipo de período fora de algumas partes da Europa. Não consigo imaginar como teria sido a Itália nesses períodos, porque nunca se discutiu realmente [...] e, obviamente, qualquer outro continente também. É óbvio que há outras coisas acontecendo, mas nada me vem à mente.

Jess imediatamente continuou com uma delineação bastante extrema:

> Acabei de perceber que o resto do mundo não existe. [...] Não pensei em nada sobre a África, só penso na Inglaterra. E não vou dizer Escócia,

apenas literalmente a Inglaterra, é tudo que lembro quando penso nesse período [...] e um pouco do País de Gales.

Essa é uma distinção importante — John e Jess não necessariamente associam o período somente à Grã-Bretanha, mas lutam para concatená-lo com qualquer outro assunto devido à falta de conhecimento. Além das suas próprias fronteiras, o mundo desaparece na obscuridade.

Percepções da religião medieval e das Cruzadas

Ao longo do estudo, muitos participantes também discutiram suas visões dos elementos icônicos da Idade Média (por exemplo: gênero, realeza, guerra, classe, cavalaria). No entanto, fizeram-no com muito mais detalhes quando discutiram os três filmes que viram — portanto, isso será discutido como parte dos capítulos 5 e 6. Contudo, como os detalhes eram tão primordiais para o segundo filme, *Cruzada*, os participantes foram conduzidos no segundo dia a uma discussão pré-sessão sobre suas percepções de dois elementos particulares da Idade Média: a religião e as Cruzadas.

Apesar de ser uma das principais características do período, muito poucos participantes discutiram espontaneamente a religião medieval no primeiro dia. As exceções notáveis foram aqueles poucos participantes que tinham opiniões pontuais sobre a religião medieval, enraizadas em sua fé pessoal e afiliações religiosas intrínsecas. Mark tinha, por exemplo, particularmente, um foco em questões religiosas. Como um autodenominado "batista carismático", ele não teve dificuldades em falar sobre a religião medieval.[37] Em seus exercícios de associação de palavras, tanto ele como Dan (que não compartilhou a sua identificação ou histórico religiosos) focaram na religião. Mark descreveu os resultados das associações de palavras dele e de Dan: "papistas, pré-Reforma, temos as Cruzadas, temos bruxas queimando novamente, a cisão, mas também coisas como catedrais, [...] monges e freiras". Ele e Dan também usaram o epíteto anticatólico "papista" para se referir à religião medieval. Para Mark, as maiores diferenças entre a Idade Média e os dias de hoje são as reformas de Martinho Lutero: "[a] Idade Média terminou na era de Lutero, as Reformas, quando havia muito mais liberdade de pensamento [...] passamos para a Idade do Iluminismo, onde a ciência era permitida a prosperar". Ele também disse que não havia "liberdade de pensamento" naquele período. Com essas declarações, Mark se opôs à Idade Média, tanto como protestante quanto como um estudante de matemática de mente aberta. Para ele, a fronteira entre o medieval e o moderno é religiosa, intelectual e científica. A cultura medieval era citada principalmente por sua religião "atrasada" e cultura intelectual reprimida. Embora os outros participantes não tenham expressado pontos de vista semelhantes aos de Mark nas discussões anteriores ao filme, vários o fizeram depois de assistir *Cruzada*.

A religião largamente ignorada nas discussões iniciais pode ser um produto da perspectiva cada vez mais secular por parte da sociedade britânica em 2008 e 2009. Estudos anuais realizados pela British Social Attitudes, a principal pesquisa de investigação social na Grã-Bretanha, revelaram que, em 2009, 51% dos britânicos se identificaram como tendo "nenhuma religião", seguindo uma tendência crescente de 34% em 1989 e 44% em 1999 (Figura 2.1).³

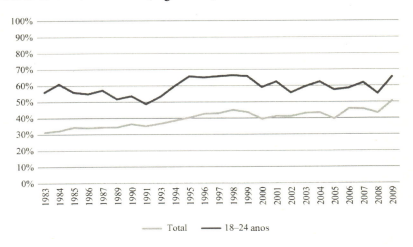

Figura 2.1 Britânicos que se identificam com "Nenhuma Religião", 1983 – 2009.

Dito isso, a idade demográfica dos participantes do presente estudo, de 18 a 24 anos, oscilou entre 50% e 65% no mesmo período, sem nenhuma tendência específica.

Descobrir os efeitos que as perspectivas religiosas pessoais podem ter na consciência histórica de indivíduos e nas percepções do passado medieval requer um estudo adicional.

O QUE SIGNIFICA "CRUZADA"?

Outro exercício de associação de palavras foi feito no início da segunda reunião — dessa vez utilizando a palavra "cruzada" (Tabela 2.3).

Para "cruzada", o padrão geral que emergiu foi o de cavaleiros cristãos que viajavam a Jerusalém enviados pelo Papa para lutar contra os muçulmanos; em outras palavras, as Cruzadas da Terra Santa. Surgiu também a ideia de que não foi apenas uma guerra de cristãos contra muçulmanos, mas de cristianismo contra o islamismo — um conflito de religiões em vez de indivíduos ou nações. Sem surpresa, dada a sua popularidade perene em ficção popular (por exemplo, *O código Da Vinci*), os cavaleiros templários também foram mencionados, assim como Saladino.

Como no dia anterior, os participantes foram questionados sobre o que a palavra significava para eles. Em geral, os participantes relataram duas definições coexistentes, mas contraditórias. Uma delas está enraizada nas Cruzadas históricas — o conflito característico entre cristãos e muçulmanos durante a Idade Média. A outra era sobre o sentido mais geral de cruzada, muitas vezes usado metaforicamente para descrever pessoas ou movimentos políticos nos dias de hoje. Curiosamente, alguns participantes fundiram essas duas ideias, afirmando que as cruzadas históricas eram um empreendimento não violento, e alguns projetaram nelas políticas contemporâneas e enfrentamentos.

Cavaleiros	7
Jerusalém	6
Guerra	6
Viagem	5
O Papa	5
Cristianismo x Islamismo	5
Batalha	4
Muçulmanos	4
Ordens sagradas (especialmente "Templários")	4
A Terra Santa	4
Guerra Santa	3
Armadura	3
Religião	3
Cristãos	3
Saladino	3

Tabela 2.3 Respostas aos exercícios de associação de palavras "Cruzada" e frequências (3+).

CRUZADA HISTÓRICA

As definições históricas orientadas de "cruzada" — que abrangem a série de embates entre a Cristandade da Europa Ocidental e o Oriente Médio durante a Idade Média — também estavam carregadas de conotações adicionais. Em primeiro lugar, quase todos os que definiram a cruzada dessa forma se referiram apenas às Cruzadas na Terra Santa. A grande maioria dos exemplos oferecidos se refere à Terceira Cruzada, destacando sua preeminência na consciência histórica de cada um. Apenas Chloe fez referência a quaisquer outras cruzadas: "Penso nelas [as Cruzadas] mais como cristãos que marcham para defender a sua religião contra, principalmente, muçulmanos, mas pode haver outras seitas."

Tal como em "Idade Média", os estudiosos têm discordado sobre uma série de questões básicas em torno da "cruzada" (por exemplo, quantas cruzadas houveram, o que constitui uma cruzada, por que começaram e terminaram etc.).[39] Muitas dessas questões complexas ainda não entraram na consciência histórica popular, como evidenciado pelo foco na Terceira Cruzada entre a maioria dos participantes. Mas a declaração de Chloe tomou duas posições contrárias:
1. As "Cruzadas" não se limitaram ao cenário do Oriente Médio;
2. Consistiam em defesa.

Não se sabe onde ela aprendeu essas ideias, mas incluir conflito sectário no significado trai uma compreensão bastante sofisticada das Cruzadas. Talvez sem se dar conta, Chloe faz parte da escola de pensamento "pluralista" ou "generalista" entre os historiadores da Cruzada. Em contraste aos historiadores "tradicionalistas" do movimento, os pluralistas argumentam que uma cruzada não precisa necessariamente rumar ao Oriente. Assim, é possível incluir também cruzadas posteriores contra hereges e protestantes.[40] Essas cruzadas posteriores foram apresentadas em alguns medievalismos populares recentes, como a trilogia de romances *Languedoc*, de Kate Mosse.[41] No entanto, cruzadas posteriores ainda permanecem bastante obscuras — pelo menos em contraste às realizadas na Terra Santa. Além disso, embora a ideia de que uma cruzada seja defensiva pareça bizarra hoje em dia, esse é um dos conceitos mais antigos da ideologia das Cruzadas. Foi a posição que o próprio Papa Urbano II teria tomado — ao apelar à Primeira Cruzada, exortou os cavaleiros a "se apressarem o mais depressa possível na defesa da Igreja Oriental", que estava, para Urbano, sob a ameaça dos turcos.[42] Essa postura contrasta diretamente com as percepções culturais contemporâneas, que veem as Cruzadas tipicamente como agressivas (e, portanto, moralmente indefensáveis), e não o contrário. Chloe não se lembrou de onde aprendeu o que disse, e é bem possível que tenha se confundido ou misturado noções de outros conflitos. Mas, de qualquer forma, Chloe parece ter chegado a um entendimento mais acadêmico das Cruzadas do que pode parecer.

Além de Chloe, as compreensões específicas dos participantes acerca das Cruzadas foram quase totalmente extraídas da Terceira Cruzada. Todos os participantes disseram que o objetivo era a aquisição ou defesa de Jerusalém pelos cristãos, e as únicas figuras históricas mencionadas foram Ricardo Coração de Leão e Saladino. Alguns disseram que sua familiaridade com as Cruzadas surgiu das histórias de Robin Hood, como Jess, que disse: "Ricardo Coração de Leão sempre aparece no final, porque ele estava lutando nas Cruzadas."

Aliás, a ligação de Robin Hood ao rei Ricardo I (e, por associação, à Cruzada) é, em si mesma, pós-medieval. Foi invenção de Anthony Munday, dramaturgo de duas peças sobre Robin Hood: *The Downfall* e *The Death of Robert, Earl of Huntington*, que escreveu no final do século XVI. Além de criar o papel típico de Robin Hood como um nobre despossuído, A.J. Pollard relata que "Munday foi responsável também por [...] transpor a trama para o reino de Ricardo I enquanto ausente, na Cruzada, deixando seu reino sob os cuidados de seu perverso irmão, John".[43] Tornou-se padrão; todos os filmes hollywoodianos que retratam Robin Hood o situam durante os reinados de Ricardo I ou John, e muitos (do *Robin Hood* estrelado por Douglas Fairbanks aos mais recentes, como *Robin Hood: o príncipe dos ladrões* [*Robin Hood: The Prince of Thieves*], *A louca, louca história de Robin Hood* [*Robin Hood: Man in Tights*] e *Robin Hood*, estrelado por Russell Crowe) incluem narrativas em que Robin empreende, escapa ou lamenta a participação nas Cruzadas.[44]

Os participantes também descreveram o cavaleiro cruzado como protagonista de suas ideias sobre os movimentos. Suas visões sobre o que era um cavaleiro cruzado eram relativamente singulares. Chloe pensou em "muitas pessoas com capas gigantes". Robert, então, expandiu a noção: "cavaleiros a cavalo e aquelas capas [...] nos cavalos ... não sei qual é a palavra, mas um tipo de casaco". Aqui provavelmente se referem ao sobretudo desenvolvido para uso dos cavaleiros europeus sobre suas armaduras durante as Cruzadas, e a um enfeite semelhante para seus cavalos — uma característica comum na representação dos cruzados nos medievalismos contemporâneos.

Por causa dessa vestimenta, Justin identificou São Jorge erroneamente como um cruzado: "São Jorge, porque eu o vejo vestindo a armadura com a cruz vermelha, com barba e outras coisas, além de usar uma cota de malha." Ele disse que assimilou a imagem de São Jorge como o típico cruzado a partir da cena clímax de *Indiana Jones e a última cruzada*, quando Indy encontra "o Santo Graal, assim que entra ele se depara com São Jorge", que tem "traja a pequena armadura de São Jorge, e a barba, e [...] a cota de malha na cabeça". Justin se confundiu — o cruzado nessa cena de *Indiana Jones e a última cruzada* não é São Jorge. A cruz exibida por esse personagem tem o aspecto estilizado de um cálice sobreposto a uma versão da cruz templária. Justin talvez tenha confundido o cavaleiro do Graal e São Jorge porque ambos são, muitas vezes, retratados vestidos com coifas, armadura, malha e túnica (geralmente adornados com uma cruz). São Jorge não era um cruzado, nem está associado às Cruzadas. A cruz vermelha sobre um fundo branco é apenas coincidentemente utilizada tanto pelos Cavaleiros Templários como por São Jorge (e, portanto, as cores da bandeira britânica). Essa confusão entre cruzados e o santo padroeiro de Inglaterra pode reforçar a ideia incorreta de que as Cruzadas eram um empreendimento predominantemente inglês.

Cruzada "moral"

A segunda definição de Cruzada que os participantes discutiram foi o sentido metafórico da palavra: uma luta (muitas vezes política) para alcançar um objetivo, frequentemente acompanhada pelo adjetivo "moral". Essa última foi usada quase exclusivamente para discutir lutas modernas, indivíduos ou na origem de movimentos políticos. Erica explicou a palavra como uma jornada de autodescobrimento: "uma longa jornada para se conhecer, para difundir a sua mensagem, mas não a guerra [...], e você sempre acaba se conhecendo no fim das contas". Chloe concordou, dizendo que, para ela, as Cruzadas "eram pacíficas, uma viagem, e não um conflito" e que consistia em "lutar pela sua religião, mas de uma forma não violenta".

Por sua vez, Lara detalhou o termo como um esforço em conjunto:

"um grupo de pessoas com [um] propósito único em mente [...] em uma jornada para atingi-lo, para cumpri-lo". O grupo focal de junho concordou em sua avaliação de que a política da "cruzada" dos tempos modernos era "muito conservadora" e começou com os— nas palavras de Stephen — "*little englanders*" e "pessoas que vão à igreja e que [...] estão suscetíveis à indignação".[45] Depois, associaram as cruzadas morais ao direcionamento dos jornais de direita *Daily Mail* e *Daily Express*. Stephen reiterou a confusão sobre São Jorge — que aparece no cabeçalho do *Daily Express* — com as cruzadas, porque "o logomarca do jornal é São Jorge, não é? Com o escudo e a cruz vermelha. Então há um símbolo da cruzada na marca do jornal todos os dias." Embora São Jorge seja exibido no papel como um ícone nacionalista britânico em vez de um ícone cruzado, pode ser interessante para pesquisas futuras investigar quão difundida está a falsa ligação de Jorge (e, por associação, do nacionalismo inglês) à Cruzada, e quais implicações isso pode ter na consciência histórica inglesa.

Alguns se referiram a "cruzada", sem o adjetivo "moral", aplicando a noção também à política liberal, como em, por exemplo, "Al Gore avança em sua cruzada ambiental". Para Jess, a ideia moderna de cruzada pode ter conotações positivas: "Há mais pontos positivos sobre elas, as cruzadas. Se olharmos para trás na História e para o legado das cruzadas medievais reais, veremos que possui mais conotações negativas." Indivíduos modernos que lutam por suas crenças apresentam nobreza em suas causas, ao passo que indivíduos medievais, que faziam o mesmo, não tanto.

Noções misturadas: uma cruzada moral e histórica? Cruzadas modernas violentas?

Alguns participantes uniram os dois conceitos. Eles projetaram a ideia moderna de uma cruzada moral e pacífica na Idade Média — acreditavam que as Cruzadas medievais não objetivaram a guerra, mas eram, principalmente, lutas culturais. Erica supôs que as Cruzadas (e, para ela, a "guerra santa" em geral) tinham particularmente a evangelização como finalidade, para "defender e espalhar a palavra de sua religião". Chloe concordou: "Eu acho que era bastante pacífica, mais como uma viagem e não um conflito [...] a intenção inicial era que fosse pacífica." Justin imaginou que o confronto era principalmente cultural, e não violento: "Digo, há uma certa porção de guerra, provavelmente. No entanto, mais como a deposição de certos aspectos do outro lado em vez de, de fato, destruí-lo [...] para tentar desmembrar sua cultura de alguma forma." Stephen pressupôs que o embate entre ideias era primordial: "Parece um choque de ideologias, um vaivém que não é resolvido sozinho." Embora se referisse às Cruzadas históricas nesse ponto, Stephen usou o tempo presente para descrevê-las, traçando, talvez, ligações inconscientes entre cruzados do passado e os atuais. Essa percepção de que as Cruzadas medievais foram lutas originalmente pacíficas, culturais, religiosas ou ideológicas é intrigante. Alguns pareciam juntar as ideias de "peregrinação" e "cruzada". Outros consideravam "cruzada" a primeira iteração do paradigma extremamente problemático do "choque de civilizações", promovido por pensadores conservadores como Samuel P. Huntington, ou neoconservadores como Niall Ferguson, que posiciona o "ocidente" em contradição ao resto do mundo.[46]

De mãos dadas a esta ideia, o grupo focal de junho projetou a sua compreensão dos recentes enfrentamentos no Oriente Médio sobre as Cruzadas medievais. Katy ponderou que, implícita na palavra "cruzada", estava uma noção de guerra desigual: "Eu sempre a associo a um lado ser muito mais forte que o outro." Justin foi mais explícito: "Não sei se entendo como uma guerra real." Em vez disso, referiu-se a ela como "guerrilha histórica". Sean imaginou que a cruzada fosse "algo esmagador [...] para mim, [o lado esmagador] é o cristianismo". Para Justin, a oposição muçulmana às Cruzadas foi uma insurreição ou uma resistência: "Os cristãos chegam, e em seguida todos entram em suas casas. É como usar a força contra pessoas [...] e ter certa dose de resistência porque há obstinação em suas crenças" — a resistência é, para ele, um resultado de tenacidade cultural em vez de nobreza. Esses participantes pareciam suprir as lacunas em seus conhecimentos acerca das Cruzadas com o que parecia, para eles, uma analogia apropriada: as guerras contemporâneas no Oriente Médio. As Cruzadas não foram guerrilhas históricas ou a ocupação de uma força esmagadora. Dito isso, pode haver várias razões para os participantes a considerarem assim. Talvez essa analogia se baseie na retórica utilizada pelos envolvidos nas guerras atuais (como George W. Bush, Osama bin Laden, Saddam Hussein ou Muammar al-Gadaffi), que compararam as contendas modernas às Cruzadas. Como argumentam Finke e Shichtman, o uso da palavra como um dispositivo retórico por essas figuras "levanta questões importantes sobre como justificar a decisão de ir para a guerra, mas responde, perturbadoramente, quase que de modo exclusivo através da tese do 'choque de civilizações', de Huntington. A analogia das cruzadas sugere 'nada menos que um apocalíptico conflito entre culturas irreconciliáveis'".[47] Talvez seja o paradigma do "choque de civilizações" que os participantes veem em ambos: Oriente contra Ocidente, Cristandade contra Dar al-Islam — ou talvez, em vez disso, Cristianismo contra Islamismo. Talvez resulte de seu entendimento (discutido mais adiante) de que o mundo muçulmano durante a Idade Média não era realmente "civilizado" e, portanto, incapaz de estipular uma defesa eficaz. Ou, talvez, tenham uma perspectiva presentista — em que sua posição intelectual padrão é acreditar que o passado é exatamente como o presente.

A ideia de que as Cruzadas são análogas a conflitos contemporâneos é duplamente curiosa quando comparada à imagem típica das Cruzadas trazida pelos participantes: a do confronto entre Ricardo I e Saladino durante a Terceira Cruzada. Os participantes nunca descreveram Saladino como o líder de uma insurgência ou guerrilheiro, mas um rei de status igual ao de Ricardo. Apesar da contradição, os participantes projetaram suas noções do presente sobre o passado como forma de justificar ou racionalizar suas visões de mundo. Projetar o presente no passado lhes permitiu acreditar que o presente é lógico, até inevitável, porque as batalhas que existem hoje sempre existiram. Por extensão, o passado e o presente serão perpetuados em um futuro infinitamente repetido que é, ao mesmo tempo, re-

confortante e estável.
    Como visto acima, até mesmo as questões mais básicas sobre a Idade Média — o que era, quando foi e onde ocorreu — e algumas de suas principais características são debatíveis. Estudiosos discutem essas questões há décadas — parece que, compreensivelmente, o público também apresenta uma similar falta de clareza até mesmo em relação a ideias básicas. Isso não quer dizer, como a percepção popular poderia sugerir, que as pessoas não sabem nada. Se quer dizer alguma coisa, é que sabem demais — ou talvez, mais especificamente, que seu conhecimento se baseia em uma série de informações fragmentadas, e, às vezes, autocontraditórias. Suas mentes suturam as lacunas no conhecimento da mesma forma que a mente sempre faz: aplicando paradigmas sobre os quais têm mais ciência (como as guerras vigentes no Oriente Médio) a áreas sobre as quais têm menos entendimento (por exemplo, as Cruzadas). Grande parte dessa ambiguidade dentro da consciência histórica popular surge do fato de que há uma ampla gama de fontes de qualidade diferentes. Estudiosos deixaram de usar o termo "Idade das Trevas" há anos, mas o conhecimento acadêmico é apenas uma entre muitas fontes.

Aprender a Idade Média

Um componente-chave para uma melhor compreensão da consciência histórica dos participantes reside em entender melhor suas fontes de conhecimento. Em essência, se acadêmicos ou educadores estão interessados em moldar a consciência histórica popular, é crucial entender quais disseminadores de conhecimento histórico têm mais impacto. Foi perguntado a todos os participantes onde adquiriram os seus conhecimentos sobre a Idade Média.[48] Em uma discussão no segundo dia, Stephen e Sean não ficaram satisfeitos com suas próprias respostas:

> Stephen: Não sei. Por um lado, seria interessante saber de onde vêm todos os nossos preconceitos. Mas, por outro, não podemos. Todas as vezes que você fez essa pergunta, não soubemos, ele vem de algum lugar.

Sean: Vem de montes e montes de coisas.
Stephen: Então não sei. Poderia ter sido numa idade muito, muito jovem que ganhamos essas noções, e que, tal como dissemos ontem acerca das reações instintivas, sabemos que, de alguma forma, é verdade.

É impossível, mesmo para alguém mais introspectivo, conhecer todas as fontes de seu conhecimento sobre um determinado tópico. Nossa consciência histórica nunca é gravada em pedra, mas, pelo contrário, está em constante formação, e as fontes de informação são muitas vezes esquecidas ou relembradas erroneamente ao longo do tempo.[49] Portanto, as afirmações dos participantes não podem ser consideradas definitivas ou completas. Elas permanecem uma janela útil para as suas memórias de aprendizagem sobre a Idade Média e o que eles julgam, *post hoc*, ser fontes importantes de conhecimento histórico. A seção seguinte explorará as ideias sobre a Idade Média adquiridas dentro e fora da sala de aula, como crianças e como adultos.

MEDIEVALISMOS DA INFÂNCIA

Quando perguntados onde adquiriram educação sobre a Idade Média, a maioria dos participantes respondeu inicialmente contando experiências de aprendizagem no período escolar durante a infância. Como a amostra excluía qualquer pessoa que tivesse aprendido sobre a Idade Média no nível do GCSE ou acima, o aprendizado escolar sobre a Idade Média esteve apenas nos níveis primário e secundário (aproximadamente de 5 a 16 anos). Alguns participantes (como John e Mark) não puderam diferenciar suas memórias de aprendizado da escola de seu aprendizado informal da cultura popular. No entanto, muitos outros relataram experiências negativas de aprendizagem da História na escola. Por exemplo, Dan argumentou: "Acho que posso separar isso [aprender a partir da cultura pop ou da escola] nesse caso, porque sinto que não aprendi nada sobre na escola." Emma fez coro à queixa de Dan: "Lembro-me de aprender [sobre a Idade Média] na escola, mas [apenas] um pouquinho só, e tenho certeza de que não guardei nada." Os participantes também criticaram a ênfase dada a certos aspectos da História por outros nas escolas. Dan, por exemplo, disse: "Em História, vamos aprender sobre os nazistas. Vamos esquecer qualquer coisa antes disso [...] parece que esse período [a Idade Média] e outros tópicos, como os romanos, por exemplo, ou saxões, ou a maior parte da história — parece que nos ensinaram sobre isso no primário meio que menosprezando esses assuntos."

Essa é uma alegação séria — embora talvez compreensível, visto que a educação recebida sobre um tópico importante tenha sido dada apenas nos níveis primário e secundário da escola. Também é possível que os participantes possam ter cultivado uma aversão casual à sua escolaridade anterior ante seus pares no grupo focal, em uma tentativa de promover sua superioridade intelectual no presente, ou aumentar seu status com o grupo ou o moderador. Dito isso, seria impróprio descartar suas críticas ao currículo sem questionar a forma como o Currículo Nacional Inglês atualmente aborda a História Medieval.

No que diz respeito à escolaridade, a maioria dos participantes relatou que a sua compreensão da História havia sido compartimentada em períodos bem definidos. Por exemplo, Stephen listou: "Você tinha: os anglo-saxões e os vikings, e então a Idade Média, e em seguida os Tudors." Logo após, perguntei que outros períodos históricos haviam aprendido na escola. Os únicos mencionados — quer em resposta a essa pergunta, ou em outros contextos — foram "Barroco", "Reforma", "Renascença", "Vitoriano" e a "Segunda Guerra Mundial" (por vezes referida pelos participantes como "os nazistas"). Quaisquer períodos entre esses ou qualquer sentido de transição de uma era para outra não foram mencionados. Também aqui se estabelece novamente a distinção entre os pré-medievais anglo-saxões, os vikings e a "Idade Média". Dan achou útil essa periodização estrita em segmentos facilmente nomeados: "Eu poderia relacionar outros eventos que sei que aconteceram por volta daquela época a quando aconteceram. E quando não sei com precisão que esses outros eventos ocorreram, não consigo saber o que houve."

Apesar do desprezo que muitos aparentaram por sua escolaridade, várias das ideias desenvolvidas sobre cronologia e geografia, previamente detalhadas, podem ser rastreadas, pelo menos em parte, de volta ao Currículo Nacional Inglês. Devido ao fato de que o Currículo é aplicado a todo o país, ele oferece uma linha de base comum útil para discutir a escolaridade dos participantes.[50] O Currículo Nacional Inglês, conforme ensinado a esses estudantes, foi estabelecido em 1991 e revisto em 1999 (embora sem mudanças relevantes acerca de seu currículo medieval).[51] Em suas diretrizes históricas, a História é dividida em módulos com títulos como "Eras Tudor e Stuart", "Bretanha Vitoriana", "O Império Romano" e "A Era da Segunda Guerra Mundial".[52] A História Medieval deve ser ensinada em duas ocasiões distintas: uma vez durante o Período Fundamental Dois [1](idades de 7 a 11 anos) e outra durante o Período Fundamental Três (idades de 12 a 14 anos). No Período Fundamental Dois (Key Stage 2, ou KS2), os alunos aprendem sobre a Idade do Ferro através da História medieval britânica arcaica em: "Invasores e colonos: romanos, anglo-saxões e vikings na Grã-Bretanha". Depois disso, ainda no KS2, os alunos não procedem cronologicamente para aprender sobre a Idade Média posterior, mas saltam para "Eras Tudor e Stuart". Os alunos retornam à Idade Média no Período Fundamental Três (KS3), em um módulo intitulado "Reinos Medievais: Bretanha de 1066 a 1500". Isso pode explicar a ideia que os participantes carregavam de que a Idade Média arcaica não fazia parte da Idade Média. Em primeiro lugar, é compreensível que os estudantes não associem os anglo-saxões e os vikings à Idade Média, uma vez que foram ensinados em conjunto com os romanos, e não no período posterior. Além disso, chamar esse último módulo de "medieval" dita implicitamente que qualquer assunto fora destes limites não faz parte do período. Para ser justo, se houvesse escolha, agrupar os anglo-saxões aos romanos (de um lado) ou com os

---

1. Nota da revisora: O Key Stage 2 (KS2) corresponde ao que compreendemos como Ensino Fundamental I no Brasil, assim como o KS3 remete-se ao Ensino Fundamental II.

normandos (de outro) poderia oferecer oportunidades pedagógicas igualmente ricas. Mas não é de surpreender que, uma vez ensinados em conjunto à Grã-Bretanha Romana, os participantes aprenderam a ideia ultrapassada de que anglo-saxões não eram medievais, ou a confusão geral sobre o que é, e o que não é, medieval.

Outra característica da provisão de História do Currículo Nacional Inglês é como ele se concentra na história nacional das Ilhas Britânicas, com exclusão do resto do mundo. A Idade Média fora da Grã-Bretanha raramente é abordada e, quando é, trata apenas da forma como o mundo em geral é relevante para a Grã-Bretanha. Por exemplo, na subseção "A Grã-Bretanha e o resto do mundo", do módulo KS3, "Reinos Medievais: Bretanha de 1066 a 1500", é recomendado: "Os alunos devem ser ensinados sobre [...] a ideia de cristandade e até que ponto as Ilhas Britânicas faziam parte de um mundo europeu mais vasto".[53] No Relatório de Consulta do Conselho Nacional de Currículo de 1990, esse enfoque é ainda mais claro. Lê-se: "Os alunos devem ser ensinados sobre a principal característica do passado medieval britânico e o legado da Idade Média ao mundo moderno. A tônica deve ser colocada no desenvolvimento da monarquia medieval e no modo de vida dos povos das Ilhas Britânicas."[54]

Além disso, a própria estrutura das unidades curriculares pode ter influenciado as percepções dos participantes sobre o período de tempo da Idade Média. As "unidades de estudo complementares" facultativas do currículo incluem "Castelos e catedrais: 1066 – 1500", "Relações entre Inglaterra e Escócia da Conquista Normanda ao Tratado de União" e "As Cruzadas". Essa estrutura unitária (bem como o módulo requerido "Reinos Medievais") pode ajudar a explicar por que alguns participantes pensavam que a Idade Média ocorreu após 1066 — é menos provável que tais ideias de periodização especificamente fossem estabelecidas pela cultura popular. Isto posto, o Currículo também segue correntes culturais subjacentes. Embora tenha o poder de influenciar ideias futuras, é tanto um reflexo da consciência histórica britânica quanto as declarações dos participantes.

De forma geral, a modularização e a periodização apresentadas pelo Currículo não parecem ajudar os alunos a compreender movimentos ou fenômenos históricos mais amplos, nem a encarar a transição entre períodos como algo mais do que uma ruptura cognitiva completa. Isto é corroborado pelo fato de a História não lhes ter sido ensinada sequencialmente, mas sim aos saltos ao longo dos séculos. Como resultado, as transições entre eras históricas são perdidas. Esse paradigma educacional torna 1066 e 1500 datas naturalmente importantes para a história medieval britânica. E, uma vez que a história medieval fora da Grã-Bretanha não é ensinada, implica que essas datas são igualmente importantes além das costas britânicas, e que a Grã-Bretanha foi o centro do mundo medieval. Ainda que muitos participantes não achassem que a educação em História Medieval recebida durante o ensino primário e secundário fosse grande coisa, os paradigmas estabelecidos pelo currículo de sua instrução foram repetidos frequentemente em suas discussões e pareceram dar forma à origem de sua consciência histórica. E esse paradigma educacional influencia o público em geral — a pesquisa de 2010 de Siobhan Brownlie sobre a população britânica, relatada em seu *Memory and Myths of the Norman Conquest* [*Memória e mitos da conquista normanda*], constatou que a maioria esmagadora de britânicos vê a Conquista Normanda como um evento importante em sua história.[55]

Aprender fora da sala de aula

O relatório final do *National Curriculum History Working Group*, de 1990, fez uma estimativa positiva do valor da aprendizagem experiencial como forma de gerar interesse das crianças pela História:[56]

> É importante que as aulas de campo e visitas a museus e locais históricos sejam parte integral do currículo escolar de História [...] O uso de todos os sentidos pode transmitir uma imagem viva do passado de uma forma que o relato narrativo pode não conseguir.

Os participantes concordaram. Muitos afirmaram persistentemente que a aprendizagem experiencial desse tipo era mais memorável do que a sua aprendizagem em sala de aula. Alguns citaram o impacto de experiências do tipo "viver a História" ou viagens a locais históricos, enquanto outros relataram aprender fora da sala de aula com suas famílias.

Por exemplo, Katy disse que uma fonte importante do seu conhecimento sobre as Cruzadas era aprender através dos quadros que seu avô havia pendurado na parede de casa, e sobre os quais ele contava histórias. Ela disse: "Sempre que penso nas Cruzadas, lembro desses quadros." Chloe citou uma visita ao castelo de Winchester onde viu "a távola redonda".[57] Elizabeth disse que algumas de suas associações à Idade Média vieram de uma viagem "ao castelo de Warwick, onde havia justa e [...] ferreiros! E coisas assim. Pensei que era mesmo a Idade Média/medieval. Acho que cada vez que vejo um castelo, eu o associo a esse tipo de história." Carin e Jane também citaram viagens ao museu local Royal Armories como uma influência memorável.

Os participantes ficaram mais entusiasmados ao descrever memórias de lições históricas vivenciadas, especialmente aquelas em que usavam roupas medievais ou comiam alimentos medievais. Jane fez um relato animado: "Nossa turma foi para a Abadia de Westminster e [nós] nos vestimos como monges, e fomos forçados a comer um mingau estranho", que ela positivamente contrastou com "sentados na sala de aula ouvindo algo lido em um livro didático que passava direto... [gesticula com a mão sobre a cabeça]". Eleanor também contou seus relatos: "Costumávamos nos vestir e fazer nossas próprias fantasias, e... preparar a comida antiga que eles consumiam." Jane e Elizabeth carinhosamente lembraram experiências similares, em que "foi divertido, nos vestimos como vikings", e "fomos a um castelo; nos fantasiamos". Eles contaram essas experiências com uma paixão intensamente animada — difícil transmitir aqui por meio do texto. A ternura que essas memórias inspiram — mesmo depois de vários anos — ilustra como as experiências foram memoráveis e impactantes.

Além disso, o foco nas experiências de vivência da História através de práticas com roupas e comidas medievais pode ter contribuído para uma compreensão evidente de que vestimentas e alimentos são as diferenças mais significativas entre a Idade Média e os tempos atuais (exploradas mais adiante). Reciprocamente, podendo refletir em como as pessoas se envolvem com a História em geral. A história viva e a história social são particularmente atraentes ao público, porque ilustram as diferenças entre as nossas experiências pessoais e as das pessoas do passado — criam momentos historicizantes em que as diferenças entre o passado e o presente se tornam intimamente pessoais e relacionáveis. Ao fazê-lo, elas fecham, paradoxalmente, o fosso entre o presente e o passado. Utilizar elementos de "dramatização", em que os alunos adotam a roupa ou a comida da Idade Média, permite que experimentem de forma imaginativa a Idade Média em um nível pessoal. Viver a História não é apenas uma forma popular de apresentar a Idade Média, mas se tornou um importante caminho que a indústria do patrimônio cultural encontrou para se envolver com o seu público. Uma vez que as experiências são tão memoráveis, evocando excitação e interesse anos ou mesmo décadas depois, parece conferir a devida importância de apresentar a História desta forma em relação ao seu potencial de influenciar a consciência histórica. Atividades como essas poderiam manter um papel significativo em qualquer currículo escolar.[58]

Em resumo, a maioria dos participantes afirmou não confiar na História que lhes foi ensinada na escola. Por outro lado, foram mais entusiásticos ao descrever as memórias de participação em suas experiências de aprendizagem, seja com a família, visitando locais históricos e museus, ou se engajando em lições de estilo de vida e história. Eles sentiram que a História, em particular a medieval, não foi tratada em profundidade (embora seja discutível se isso pode ser realisticamente esperado do ensino primário ou secundário). A maioria também recordou uma sensação de desconforto na modularização da História. Apesar da desconsideração dos participantes por alguns aspectos de sua educação formal, muitos dos paradigmas para a compreensão da Idade Média aprendida na escola parecem ter permanecido com eles até a idade adulta. Isso implica que a experiência em sala de aula, não importa o quanto rejeitada, não deve ser descartada em termos de seu efeito sobre a consciência histórica dos indivíduos.

Cultura popular

A outra grande fonte de aprendizagem descrita pelos participantes foi a cultura popular: romances, filmes e *videogames*. Por exemplo, alguns tinham memórias de infância da leitura sobre a Idade Média nos livros *Ladybird* e *Horrible Histories*. Sean também citou o romance *Eclipse of the Crescent Moon* como algo que lhe deu uma visão sobre "o ponto de vista islâmico" das Cruzadas (considerando, no entanto, que *Eclipse of the Crescent Moon* não seja contado do ponto de vista islâmico nem definido durante as Cruzadas, o que parece estranho).[59] Jess disse que os romances medievalistas de Bernard Cornwell eram uma de suas fontes preferidas de conhecimento sobre a Idade Média: "Eu leio livros de romance histórico, adoro." Ela afirmou que eles a ajudaram a aprender sobre as "roupas" e "como administrar um castelo e criadagem". Jess ainda continuou: "Eles tratam de relacionamentos para que você perceba que as pessoas são reais, mesmo na Idade Média. Não eram só guerras e chatices, sabe?" Mesmo que os romances de Cornwell muitas vezes apresentem guerras, Jess usou esses livros para abrir uma janela em seus interesses históricos exclusivos, que estão entre história social e cultura material. E, ainda mais importante, isso ajuda a alimentar sua empatia histórica — reforçando a sensação de que as pessoas históricas são, apesar de sua distância histórica, como ela.

Além da escolaridade e da leitura, os participantes disseram que grande parte de sua consciência histórica da Idade Média foi adquirida na cultura popular que consumiram quando crianças, citando a televisão, filmes e a ficção popular como fontes. Erica percebeu que assistir à comédia satírica *A louca, louca história de Robin Hood*, de Mel Brooks, na infância estabeleceu uma expectativa de medievalismo cinematográfico: "Ser criança e assistir a Robin Hood [*A louca, louca história de Robin Hood*] com meus pais [...] sempre associei filmes medievais à cafonice, e [a serem] um pouco malfeitos. Mas isso os torna mais credíveis." A experiência parece ter sido esclarecedora para Erica — o seu julgamento sobre filmes posteriores torna o que ela assistiu na infância um parâmetro que, ainda que seja uma paródia burlesca, pode ter criado algumas expectativas inusitadas. Para ela, a expectativa dos efeitos reais (descritos mais abaixo) e da autenticidade da histórica se inverte. Ela equipara "malfeito" com "credível" — mas apenas em filmes medievais. Isso contribuiu, em parte, para a sua (e outras) avaliação negativa de *Beowulf*, inteiramente desenvolvido em CGI (discutido no capítulo 5).

MEDIEVALISMOS DA DISNEY[60]

Em suas discussões sobre a cultura popular consumida na infância, vários participantes citaram filmes da Disney como as maiores influências de suas compreensões acerca da Idade Média. Entre todos os grupos, o de novembro teve a mais longa e animada discussão sobre filmes da Disney. O fato foi possivelmente motivado pela formação do grupo — foram cinco participantes mulheres. Como muitos dos contos de fadas da Disney (especialmente os protagonizados por "princesas") são energicamente comercializados para meninas, aquelas mulheres podem ter crescido assistindo a filmes da Disney mais do que os homens.

O grupo focal de novembro cogitou ter aprendido com a Disney, mas de uma maneira sutil:

> Catherine: Acho que, quando se é criança, muitos filmes da Disney são apresentados. Então é isso que causa uma certa impressão, e à medida que você aprende mais na escola =
> Emma: = É, você aprende, vê tudo aquilo e então junta tudo.
> Catherine: = Você aprende um pouco sobre =
> Emma: = O medieval e tudo o mais, mas já vimos antes, temos uma

ideia do que seja. Então, na escola, tudo se mistura.
Elizabeth: Sim.
Emma: Você não aprende deliberadamente, mas apenas sabe pelo que viu e depois pelo que ensinam.
Jane: Suponho que na escola digam: "Há cavaleiros na época medieval." Sem se dar conta, você imediatamente imagina um cara em um cavalo com a espada e o escudo. E sem que ninguém diga, você pensa: "Isso é o que eles usaram."

As expectativas delas sobre a Idade Média foram estabelecidas pela Disney, depois reforçadas e validadas pela escola — ou talvez vice-versa — em um processo que não é nem inteiramente voluntário nem consciente.[61] O fato ilustra as teorias de Piaget sobre os mecanismos inconscientes da aprendizagem (que serão explorados mais detalhadamente no próximo capítulo).

É difícil entender como se origina qualquer noção, principalmente para uma criança, de que a escola tem mais autoridade do que um filme quando essa pode ainda não ter sido estabelecida (inclusive podendo remanescer problemática até a fase adulta). Devido à propagação do medievalismo na cultura popular, muitas, quiçá a maioria, das crianças são expostas à Idade Média e fantasias medievalistas antes que possam diferenciar a fantasia da realidade. Os psicólogos especialistas em desenvolvimento cognitivo na adolescência W. George Scarlett e Dennie Wolf descrevem que a "transição entre a alegoria da atuação simbólica para a narrativa ocorre entre as idades de três e cinco anos".[62] Para eles, antes dos cinco anos, crianças não desenvolveram plenamente a distinção cognitiva entre História e realidade. "Entre três e cinco anos, desenvolve-se a consciência da fronteira [entre a alegoria fantástica e a ação prática], possibilitando uma nova e precisa compreensão que permite tanto a organização interna como a partilha social do faz de conta."[63] À medida que as crianças são expostas à Idade Média através da cultura popular infantil, habituam-se a ver elementos da Idade Média fantástica (como feiticeiros e dragões) juntamente com elementos da Idade Média histórica (cavaleiros e castelos). Isso constrói a base de sua consciência histórica. À medida que crescem, esses elementos fantásticos se tornam irreais (ou podem ter existido na História), mas permanece o sentido de que as criaturas fantásticas estão localizadas no contexto da Idade Média. Em suma, embora haja a compreensão de que os elementos não sejam reais, ainda são medievais.

TV E FILMES PARA ADULTOS

Os participantes relataram que seu aprendizado a partir da cultura popular não parou na infância. Mesmo antes da exibição dos filmes, muitos citaram os longas-metragens e programas de TV que consideravam fontes de conhecimento para adultos. Entre as obras, citaram *Monty Python em busca do cálice sagrado* [*Monty Python and the Quest for the Holy Grail*], *Coração de cavaleiro* [*A Knight's Tale*], *Shrek*, *Robin Hood: o príncipe dos ladrões* [*Robin Hood: Prince of Thieves*], *A louca, louca história de Robin Hood* [*Robin Hood: Men in Tights*] e a série de TV da BBC, *Merlin*. Uma característica comum entre todos os filmes e séries é que nenhum deles pretende relatar eventos verdadeiros; nenhum deles é "histórico" no sentido estrito da palavra. O que mais se aproxima disso é *Coração de cavaleiro* que, ainda que apresente figuras históricas como Geoffrey Chaucer entre os personagens, fantasia uma história ficcional em torno deles. Os outros são iterações de Robin Hood e do rei Arthur, ou, no caso de *Shrek*, *A louca, louca história de Robin Hood* e *Monty Python*, subversões cômicas.

Perguntou-se a cada um dos participantes: "Havia alguma coisa sobre [o filme] que fosse particularmente medieval?" A resposta mais comum foi a inclusão de uma variedade de símbolos daquele período, em vez da representação de pessoas ou eventos históricos. O grupo de novembro enumerou: "O vestuário em *Shrek*", "os cavalos", "o cenário em *Merlin*", "castelos", "o dragão", "nobres e camponeses", "rainhas, reis" e uma "divisão entre ricos e pobres" — todos presentes em seus exercícios de associação de palavras. Parece possível que, se um filme incluísse quaisquer desses elementos, alguns espectadores o considerariam medieval, independentemente de outros anacronismos. Isso levanta uma questão: será que as fantasias medievalescas, que apresentam tantos dos mesmos símbolos da Idade Média, influenciam a compreensão dos acontecimentos reais? Onde ocorre a divisão cognitiva entre História e fantasia? Sequer existe uma divisão tão clara?

Por outro lado, alguns participantes foram mais críticos em sua abordagem. Jane censurou a série de TV da BBC, *Merlin*, por achar que era uma trama historicamente imprecisa. Ela acredita que o produtores aplicaram anacronicamente ideais modernos de igualitarismo e democracia à história de Arthur:

> Jane: a história foi deliberadamente tirada de seu rumo. [...] no último episódio, o rei Arthur partiu para ajudar Merlin a derrotar alguém que devastou a sua aldeia. Mas sem a permissão do pai, que era o rei. E ele [...] dormia ao lado de seus servos e pessoas pobres. Não acho que isso teria acontecido, porque, como príncipe não teria acontecido. Além disso, não acho que teria ido contra a vontade do rei por [salvar] um servo. [...] o historiador que assiste diria "não está certo, eles distorceram deliberadamente para as pessoas que assistem, e que não são historiadoras, [a fim de que] a maioria das pessoas apenas se divirta."

Jane rejeitou o que considerava bajulação dos produtores por "pessoas que assistem, e que não são historiadoras", incluindo, presumivelmente, ela mesma, para criar uma "boa história". Para Jane, a lenda de Arthur é explícita e exclusivamente medieval e, como tal, mesmo uma recontagem moderna da história deve manter as expectativas socioculturais que ela carrega da época. Não importa que a série apresente criaturas mágicas e fantásticas toda semana. As imprecisões históricas que mais incomodaram Jane foram as variações sutis de suas expectativas sobre a sociedade e a cultura medievais.

JOGANDO NA IDADE MÉDIA: *VIDEOGAMES*

Muitos participantes do sexo masculino citaram os *videogames* como fontes de conhecimento. A indústria de jogos tem crescido exponencialmente em seus últimos trinta anos de existência. Chegou ao ponto em que o lucro de um único jogo pode eclipsar até mesmo os maiores sucessos de bilheteria de Hollywood.[64] Os *videogames* exigem mais de seus consumidores do que os filmes. Sua principal característica é a interatividade, e os jogadores gastam muito mais tempo jogando do que espectadores assistindo a um filme. Enquanto a média de uma longa-metragem dura entre duas e três horas, *videogames* podem levar dez vezes mais tempo para serem completados — se é que podem ser. Dan, Mark, John e Jake, do grupo de maio, se referiram a jogos de estratégia com temática medieval como fontes confiáveis de informação. Foram mencionados três títulos: *Medieval: Total War*, *Age of Empires* e *Sid Meier's Civilization 4*.[65]

Jake contou que uma das fontes de seu conhecimento sobre as Cruzadas eram "os jogos de *Age of Empires*, e ele [Saladino] está em uma das campanhas, então foi de onde eu aprendi." Quando perguntado o que a palavra "medieval" significava para ele, Dan respondeu: "Por 'medieval' penso muito mais em termos de guerra, porque baseei meu conhecimento em um jogo que é sobre a guerra [...] *Medieval: Total War*. Tão medieval, que aprendi muito sobre como eles matavam pessoas." O impacto desse jogo sobre a sua ideia do medieval é claro. Ao examinar o exercício de associação de palavras de Dan (Tabela 2.4), cada um dos elementos que ele relatou para "medieval" fazem parte do jogo. Mesmo o número 2, que descreve os grupos germânicos da era clássica, são facções jogáveis na série irmã de *Medieval: Total War*, *Rome: Total War*.

Mark também confiou nas informações históricas apresentadas no jogo de sua preferência:

> Suponho que *Sid Meier's Civilization 4* foi uma fonte por que de fato foi, e há uma grande quantidade de informações nele. Também não

posso deixar de pensar que eles provavelmente fizeram o dever de casa antes de aplicar esforços em qualquer coisa.

Nesse caso, para ele, o esforço integral aplicado ao jogo pelos designers implica que a história nele é confiável. Mark também usou o *videogame* para sustentar sua visão cínica da humanidade: "Olho para fora e penso, será que muita coisa mudou mesmo? Não, só arranjamos formas melhores de cortarmos uns aos outros em pedaços. Mas talvez isso seja só porque eu jogo muito *Civilization*." Embora Mark tenha feito uma piada, a ideia subjacente de que a História é construída através do progresso militar coincide perfeitamente com a versão da história apresentada por esses jogos de guerra.

Medieval: Total War
Arcos longos
Hunos/bárbaros/góticos
Sacro Império Romano
Saxões
Cavalaria
Homens livres
Fortalezas/cidadelas
Pós-romano
Cruzadas
Europa papal
Pólvora antiga
Khan!
Pequenas populações

Tabela 2.4 O exercício de associação de palavras de Dan para "medieval".

As observações dos participantes reafirmam a pesquisa feita ao longo da última década sobre o tema da aprendizagem através de *videogames*. Conservadores na cultura têm visto os jogos como, na melhor das hipóteses, uma frivolidade sem valor e, na pior delas, "simuladores de homicídio".[66] Por outro lado, pesquisas como *What Videogames Have to Teach Us about Learning and Literacy* [*O que os videogames têm para nos ensinar sobre aprendizagem e alfabetização*], de James Paul Gee, ou *Computer Games for Learning: An Evidence-Based Approach* [*Jogos de computador para aprendizagem: uma abordagem prática*], de Richard E. Mayer, descobriu que *videogames* — mesmo os que não são necessariamente projetados para fins educativos — podem ser uma ferramenta poderosa para a aprendizagem de inúmeras competências e disciplinas.[67] Isso inclui assuntos históricos, da mesma maneira que, conforme explorado no recente *Playing with the Past: Digital Games and the Simulation of History* [*Brincando com o passado: jogos digitais e a simulação da história*].[68] Os relatos dos participantes indicam que aprenderam muito com os *videogames*, o que claramente moldaram sua consciência histórica. Estudos complementares que utilizem métodos empíricos acerca desse processo podem ser muito frutíferos.

Conclusão

Os participantes apresentaram uma grande variedade de ideias sobre cada tema medieval levantado, por vezes com amplo consenso. No geral, é notável perceber que sabem tão pouco e, ainda assim, muito sobre a Idade Média. Por um lado, muitas vezes encontraram dificuldades para definir o período, e defenderam pontos de vista isolados. Por outro, ocasionalmente evidenciaram uma notável abundância de conhecimento em assuntos específicos de seu interesse, ou com os quais tinham experiência. Todos pareciam se *preocupar* com a Idade Média, em maior ou menor grau. Embora possivelmente devido ao ambiente do grupo focal, ninguém estava apático em suas opiniões a respeito do período ou sobre a História em geral — não havia murmúrios de "eu não sei", "eu não me importo", ou "isso não importa". Nenhuma linha das associações de palavras foi deixada em branco. Parecia haver não apenas um interesse genuíno, mas também entusiasmo pela discussão sobre o período. Cada um possuía uma imaginação vívida (se não sempre detalhada ou rigorosamente precisa) do período que haviam extraído de uma fusão de suas experiências anteriores, fossem educacionais, pessoais ou culturais. Parece inadequado descartar ou enfatizar a importância de qualquer uma dessas categorias de experiência anterior; cada uma delas contribui para um processo generativo e evolutivo do qual emergiu a sua consciência histórica, sob constante revisão.

Em resumo, os participantes tinham em suas mentes uma série de imagens discretas e, muitas vezes, contraditórias da Idade Média. Daí resultou, por exemplo, que as diferentes características acima referidas se aplicassem aos termos "medieval" e "Idade Média", no qual "Idade Média" é estritamente histórico, e "medieval", um parque infantil fantástico. Mas delinear o período mostrou a amplitude de ideias sobre ele; os participantes tinham dificuldade em situar a Idade Média no tempo e no espaço, o que talvez seja compreensível, considerando as mudanças nas maneiras em que a Idade Média tem sido explicada tanto por acadêmicos, pela cultura popular e dentro do Currículo Nacional. Eles foram capazes de demarcar o período cronologicamente com mais confiança apenas ao ancorá-lo aos vários povos da Grã-Bretanha (anglo-saxões, normandos, vikings). Seus mapas geográficos estabeleceram uma visão similarmente insular.

A "Cruzada" teve uma interpretação ambígua semelhante, dividida entre o histórico e o metafórico. Por um lado, havia as cruzadas na Terra Santa, e de outro a "cruzada moral" dos guerreiros culturais do século XX. Mas o mais interessante foi a interpolinização intelectual observada entre as duas definições, onde os conflitos medievais foram descritos como pacíficos ou de defesa.

Aprender sobre a Idade Média vem de uma série de fontes dentro e fora da sala de aula. Apesar de os participantes terem menosprezado seu conhecimento em sala de aula, parecem ter absorvido paradigmas duradouros e abrangentes, alguns termos técnicos (por exemplo, "servos" em vez de "camponeses") e alguns fatos característicos. Provavelmente aprenderam mais com a escola do que perceberam ou querem admitir. Posto isso, a indústria do patrimônio não parece ter esse problema, sendo simultaneamente memorável e agradável, além de oferecer grandes oportunidades de aprendizagem. Vestir roupas históricas e consumir comidas da época — ainda que brevemente — oferece a ilusão de espreitar a experiência do outro através de uma atividade naturalmente prazerosa. E mais, exige pouco de nós; o hábito e os costumes do monge são postos de lado com facilidade.

Muitos dos conceitos estabelecidos por essas fontes de conhecimento — seja sobre a periodização rigorosa no Currículo Nacional, ou o enfoque na tecnologia e na guerra presentes nos jogos — refletiram nos comentários gerais dos participantes. As fontes não só deram origem às suas próprias ideias, como também pareceram moldar uma consciência histórica mais ampla.

No entanto, algumas das suas observações revelaram uma tendência deveras preocupante. Ao discutir as Cruzadas antes da exibição dos filmes, no segundo dia de grupos focais, os participantes citaram três filmes como fonte de material para seu entendimento quanto as Cruzadas: *Cruzada, Robin Hood: o príncipe dos ladrões* e *Indiana Jones e a última cruzada*. Curiosamente, alguns dos participantes pensaram que "*A última cruzada*" fosse um evento histórico, e não apenas o título de um filme. Jess incluiu o termo em sua lista de associação de palavras, e explicou mais tarde: "A última cruzada, não sei quando foi a primeira nem nada, mas acabei de escrever isso, 'a última cruzada'." Justin associou a palavra "cruzada" à busca pelo "Santo Graal" e "artefatos religiosos, algo como o Sudário de Turim" devido à sua associação com "a última cruzada". Semioticamente falando, os participantes se lembraram do significante "a última cruzada", mas esqueceram que o significado se referia ao filme de Indiana Jones e não a um evento histórico. A associação com "cruzada" foi significativa apenas porque a fonte foi esquecida.

Este é um excelente exemplo de um dos processos mais insidiosamente poderosos observados no decorrer deste estudo: o esquecimento. Quando a fonte de conhecimento é esquecida, sua validade não pode mais ser questionada. Fatos podem ser esquecidos, conhecimento usado apenas casualmente pode falhar, se tornar confuso, ou ser confrontado com outras informações. Como afirmaram Stephen e Sean, a maioria das nossas fontes de conhecimento sobre qualquer assunto foi esquecida: "vem de algum lugar". Esse fenômeno pode elevar a cultura popular a um nível de fonte de conhecimento inatingível, tão válida quanto a melhor investigação acadêmica. Uma vez esquecida a fonte, quem pode ver a diferença?

Os participantes pareceram ter esquecido ou confundido as fontes de grande parte do seu conhecimento, o que os levou a pensamentos anacrônicos ou a projetar o presente no passado. Isso expõe o poder da cultura popular de definir imagens que não podem ser postas à prova de forma confiável; embora os participantes inicialmente não acreditem em informações adquiridas em filmes da Disney ou de fantasia em geral, caso eles se esqueçam que seu conhecimento histórico foi obtido através de um determinado filme, não há como diferenciar o confiável do incerto.

Um dos principais propósitos de estudar o conhecimento existente dos participantes sobre a Idade Média foi o de traçar um "parâmetro", de modo a compará-los com as suas reações ao assistir os filmes. No entanto, no estudo inicial acerca do conhecimento dos participantes, não havia uma imagem única da Idade Média, em nenhum deles. Pelo contrário, cada pessoa apresentava uma variedade de imagens e paradigmas coexistentes relativos ao passado medieval. Muitos deles entraram em desacordo, o que provocou pouca ou nenhuma dissonância cognitiva entre os participantes. Como resultado, a consciência histórica da Idade Média não é uma imagem única, mas uma série de imagens que mudam quando abordadas de ângulos diferentes. Não há um número infinito de Idades Médias, mas há certamente mais do que uma. É por isso que os medievalismos podem ser tão diversos; eles usam ou subvertem qualquer número de imagens concorrentes do passado. Além disso, as audiências podem interpretar o que veem num filme através de diferentes representações, dependendo da forma como lhes é apresentado, através do gênero, meio ou tema. Os próximos capítulos examinarão como esse processo ocorre, e as teorias que foram desenvolvidas para explicar como os indivíduos aprendem com os filmes.

Capítulo 3
Aprender História a partir do cinema

"Os filmes são particularmente adequados para traduzir valores sociais em necessidades sentidas que parecem tão autênticas como as memórias da infância. Embora nem sempre possamos concordar com eles, ou mesmo reconhecer que eles estão cortejando nosso consentimento, tendemos a aceitar os quadros de referências que eles fornecem."

Peter Biskind, *Ver é acreditar*[1]

Estabelecidos os esboços iniciais da consciência histórica dos participantes sobre a Idade Média e suas reações iniciais a cada filme, podemos agora nos voltar para a questão de como eles assistiram aos três longas-metragens. O que eles aprenderam sobre a Idade Média quando os viram? E, talvez o mais importante, como o mundo medieval lhes parece depois de tê-los assistido? Alguns elementos dos filmes certamente devem ter moldado suas percepções do passado, enquanto outros foram descartados. Que elementos em especial os levou a classificar os filmes que acompanharam de "medieval", e as suas definições sobre a palavra mudaram ao longo do tempo? Este capítulo abordará primeiro as formas pelas quais as grandes pesquisas nacionais de percepções e engajamento com o passado (anteriormente introduzidas no capítulo 1) exploram as percepções populares e o consumo de filmes históricos. Em seguida, ele esboça algumas das teorias fundamentais para a nossa compreensão de como aprendemos, antes de finalmente utilizar essas teorias para explorar os outros estudos que têm lidado com perguntas sobre como os indivíduos aprendem a partir de filmes históricos.

COMO O PÚBLICO ASSISTE AOS FILMES HISTÓRICOS

As pesquisas americana, canadense e australiana em âmbito nacional, discutidas no capítulo 1, abordaram o impacto do consumo de filmes e séries de ficção histórica. Cada qual perguntou aos seus entrevistados se haviam assistido a algum filme retratando o passado em algum momento do ano anterior. Os resultados são notavelmente semelhantes: 81% assistiram nos EUA, 84% na Austrália e 78% no Canadá.[2] Apesar da semelhança entre o consumo de filmes históricos, os participantes também trataram a história das obras com intenso ceticismo. Os participantes do estudo *The Presence of the Past* avaliaram muito mal os filmes históricos e as séries de TV em duas áreas. Descobriu-se que eles não são considerados versões críveis da história, e não ofereciam conexões profundas com o passado.[3] Foi pedido aos participantes que classificassem "quão ligados ao passado" se sentiam ao se envolver em uma série de atividades relacionadas (por exemplo, visitar um museu de História ou local histórico, comemorar feriados, estudar História na escola); filmes e séries de televisão foram classificados em penúltimo lugar com uma pontuação média de seis pontos de dez.[4] A única atividade que obteve classificação mais baixa foi "estudar História na escola".

Quanto à confiabilidade do cinema e TV como fontes de informação, eles ficaram em último lugar, com média de cinco de dez.[5] Quando esses números são comparados a respostas sobre outras atividades relacionadas ao passado, ainda mais nas seções qualitativas da pesquisa, as diferenças são claras. Os entrevistados enfatizaram a importância de serem capazes de interrogar ativamente uma fonte histórica ao avaliar sua confiabilidade. Isso é difícil de alcançar com um filme, o que pode explicar por que parentes, amigos e professores de universidade conseguiram alta classificação em termos de confiabilidade. Alguns historiadores temem que, ao assistir a um filme histórico, as imagens na tela se sobreponham ao espectador passivo, que as aceita como factuais. Mas os estudos de recepção da mídia descobriram, desde a década de 1970, que o público se envolve ativamente com a mídia que consome. Os teóricos (começando por Stuart Hall, aperfeiçoado por John Fiske e outros) têm se centrado no conceito de "público ativo".[6] O público ativo analisa criticamente o que vê e elabora significados a partir dele — um público passivo simplesmente deixa a mídia passar por cima deles. Isto é condizente com os resultados do estudo. Nenhum dos participantes aceitou tudo que viu como verdade literal. Mas também não rejeitaram tudo como pura fantasia. Os participantes eram uma audiência muito ativa, apesar de terem chegado a algumas conclusões incorretas. Enquanto o modelo de "audiência passiva" não é certo, a questão aqui é que a apresentação de informações ao assistir a um filme é um processo unidirecional. O fato de o público do cinema não poder interagir, interrogar ou desafiar aquilo que vê pode ser um fator importante na pontuação relativamente baixa dos meios visuais como fonte confiável de informação histórica.

Mas a essa falta de capacidade de questionamento se acrescenta o fato de as pessoas não gostarem de se sentir enganadas. Num estudo qualitativo realizado em 2004 na Universidade de Stanford, os alunos da sétima série (com idades compreendidas entre 12 e 13 anos) compararam as suas ideias sobre Pocahontas (que os investigadores encontraram ser majoritariamente constituídas por informações do filme de 1995 da Disney) com as evidências históricas. Quando a narrativa do filme foi comparada ao registro histórico, os pesquisadores Sam Wineburg e Daisy Martin relataram que os estudantes da 7ª série responderam zangados à versão cinematográfica do conto, expressando indignação ao serem providos com uma história distorcida, se não patentemente falsa, a ponto de "escrever cartas de reclamação para Roy Disney".[7] Acontece algo semelhante aos resultados dos participantes adultos em *The Presence of the Past*: "Ao explicar porque eles desconfiavam dos filmes e da televisão, muitos entrevistados falaram sobre seu ódio e medo de serem manipulados por pessoas que distorcem o passado para satisfazer suas próprias necessidades."[8] Essas "próprias necessidades" são a *raison d'être* da indústria cinematográfica: criar histórias divertidas que atraem um público amplo a fim de transformá--las em lucro. Rosenzweig e Thelen explicam: "A televisão e os filmes proporcionaram as arenas mais flagrantes para distorcer o passado, porque apelam a baixos denominadores comuns que podem reunir a maior audiência possível."[9] Dois de seus pesquisados mantiveram visões particularmente categóricas sobre a precisão de filmes de ficção histórica ou TV. Um deles disse que

> exatidão histórica não é o objetivo principal dos filmes e da TV, [...] para aumentar o poder dramático dos filmes, tenho certeza de que os fatos foram alterados e apagados, fatos importantes foram deixados de fora [...] Filmes e TV glorificam incidentes no passado e desvalorizam os efeitos negativos desses eventos.[10]

Outro entrevistado observou que "televisão e filmes 'são ornados para se adequar ao produtor e projetados para ganhar dinheiro. Haverá material fascinante neles que provavelmente não teve nada a ver com a verdade'".[11]

Apesar da pouca consideração dos participantes por filmes históricos como fontes confiáveis, em *The Presence of the Past*, essa atividade ficou em terceiro lugar entre as dez relacionadas ao passado em termos de quantos participantes as realizaram no ano anterior.[12] Assim, apesar do menosprezo em relação aos filmes e séries históricas, os telespectadores tiram algo da experiência. Obviamente, filmes e programas de televisão são facilmente disponibilizados (o que os torna mais acessíveis do que, por exemplo, a maioria dos museus). Mas é improvável que os participantes não absorvam nada da experiência em assisti-los — ou então a sua popularidade precisaria de sérias explicações. Rosenzweig e Thelen relataram vários entrevistados que acharam importante a imagem e a emoção fornecidas por filmes. Por exemplo, uma mulher mexicano-americana de 19 anos residente no Texas disse: "Eu gosto de filmes como *JFK* e *Malcolm X* [...] quando você lê um livro, não pode imaginar nem ver o que está acontecendo, mas, quando assiste em um filme, você se emociona mais."[13] Rosenzweig e Thelen também ressaltaram:

> Ao usar filmes para serem transportados para um tempo diferente ou para encontrar uma pessoa ou evento famoso do passado, [os participantes] não estavam buscando principalmente o estado atual do conhecimento histórico sobre o assunto, pois não acreditavam que esse fosse o objetivo do cinema.[14]

O objetivo de um filme está, em vez disso, em conjugar um sentido vívido, emocionalmente afetivo e duradouro de tempo e lugar. Assim, embora os participantes tenham classificado filmes e séries históricos muito aquém em termos de confiabilidade em relação a outras atividades relacionadas ao passado, isso não significa que não confiaram em filmes e TV, nem que isso não os afete. O cinema e a televisão trabalham sutilmente sobre a imaginação. Como alerta Scott Alan Metzger em seu artigo "*Pedagogy and the Historical Feature Film*" ["Pedagogia e os filmes históricos"]:[15]

> Quando os estudantes prestam atenção a filmes históricos sem a sustentação de conhecimento suficiente e de compreensões claras da História, o resultado possível (ou provável) é que o filme "colonize" seu pensamento sobre o passado — residindo em suas mentes como um tipo da verdade literal, como Van Sledright (2002) e Wineburg, Mosborg e Porat (2000) descobriram ao conversar com estudantes sobre os eventos históricos por trás do musical animado da Disney *Pocahontas*, de 1995, e *Forrest Gump*, filme de Robert Zemeckis de 1994.

Isso explicaria como *Pocahontas* se tornou o padrão para os estudantes adolescentes no estudo de Stanford discutido acima. E, se isso for verdade, como essa "colonização" intelectual funciona dentro de um indivíduo ou de um grupo? O que, e como, as pessoas aprendem com filmes históricos? Este capítulo e o próximo incidirão sobre essa questão — como as pessoas aprendem dos filmes através da posição de audiência "ativa" como visto anteriormente, e como têm suas percepções sobre o passado "colonizadas" a partir de teorias e estudos retirados de três disciplinas cognatas: sociologia, psicologia e educação.

A SOCIOLOGIA DO CONHECIMENTO E DO CONSTRUTIVISMO

Qualquer estudo empírico da compreensão pública da História — como este — coloca-se, intencionalmente ou não, dentro do subcampo sociológico da sociologia do conhecimento e do construtivismo. A "sociologia do conhecimento" foi cunhada por Max Scheler nos anos 1920, e desenvolvida e aperfeiçoada por Peter L. Berger e Thomas Luckmann nos anos 1960. Em seu fundamental *The Social Construction of Reality* [*A construção social da realidade*], Berger e Luckmann propõem que todo conhecimento seja construído socialmente, e que os fenômenos sociais sejam produto de interações sociais prévias com indivíduos e com instituições comumente aceitas.[16] Nessa perspectiva, o conhecimento de qualquer pessoa — mesmo as suas percepções mais básicas sobre a realidade — é definido socialmente e pode diferir de acordo com sua posição social — "o que é 'real' para um monge tibetano pode não ser 'real' para um empresário americano".[17] A "sociologia do conhecimento" é particularmente relevante para o presente estudo devido ao seu interesse no conhecimento comum.

> A sociologia do conhecimento deve se preocupar com o que as pessoas "conhecem" como "realidade" em suas vidas cotidianas, não teóricas ou pré-teóricas. Em outras palavras, o "conhecimento" de senso comum, em vez de "ideias", deve ser o foco central da sociologia do conhecimento.[18]

Sua distinção entre "conhecimento" e "ideias" (que eles definem como construções filosóficas de ordem superior) representa uma diferença fundamental entre abordagens sociológicas e filosóficas do conhecimento. Enquanto a filosofia está geralmente preocupada com o desenvolvimento de argumentos e ideias válidas, Berger e Luckmann sugerem a importância de explorar como os indivíduos e as sociedades adquirem:[19]

> o que quer que se passe por "conhecimento" em uma sociedade, independentemente da validade final ou da invalidade (por quaisquer critérios) desse "conhecimento". E na medida que todo "conhecimento" humano é desenvolvido, transmitido e mantido em condições sociais, a sociologia do conhecimento precisa entender o processo pelo qual isso acontece de uma forma que a "realidade" banal se solidifique para um homem comum.

Essa premissa, a de que o conhecimento de um indivíduo (incluindo o conhecimento histórico) é uma construção social que pode ter pouca correlação com a realidade objetiva, tem implicações importantes. Como mencionado anteriormente, determinar a *validade* do conhecimento de um indivíduo ou grupo (no nosso caso, a sua consciência histórica), a sua relação com a realidade objetiva ou com as compreensões escolásticas *não é o propósito deste estudo*. Embora seja digno de nota saber se o conhecimento que os indivíduos expressam corresponde ao que os estudiosos acreditam, a resposta é apenas incidental, e só vale a pena ser explorada se revelar uma tendência sociointelectual maior. Muito mais importante é o que esse conhecimento comum *é* e como ele é construído. Se as pessoas realmente "sabem" que Gandalf ganhou a Batalha de Waterloo, é importante explorar como chegaram a acreditar nisso, quão difundida é essa ideia, e que implicações maiores ela pode ter — em vez de simplesmente apontar o erro.

O conhecimento histórico é adquirido através de uma gama de instituições sociais, como, por exemplo, a escola, a interação com idosos, com parceiros ou com a cultura popular. O teórico de mídia John Fiske argumentou em seu livro *Understanding Popular Culture* [*Entendendo a cultura popular*] que uma característica fundamental de toda cultura popular é a sua flexibilidade de interpretação — a audiência de um filme (por exemplo) pode tirar dele "conhecimentos" muito divergentes dependendo de suas circunstâncias sociais.[20] As audiências criam e recriam os filmes aos quais assistem às suas próprias imagens.

O conhecimento histórico pessoal — mesmo com fontes tênues ou relacionamento com a realidade — pode ter um efeito profundo sobre as vidas das pessoas. Berger e Luckmann explicam:[21]

> Eu me relaciono aos meus antepassados através de tipificações altamente anônimas — "meus bisavós imigrantes", e ainda mais, "os Pais Fundadores", [...] a tipificação de antepassados têm ao menos algum conteúdo [individualizado], embora de um tipo altamente mítico. O anonimato de ambos os conjuntos de tipificações, no entanto, não impede que entrem como elementos na realidade da vida cotidiana, por vezes de forma muito decisiva. Afinal de contas, eu posso sacrificar minha vida em lealdade aos Pais Fundadores — ou, aliás, em nome das gerações futuras.

A escola de pensamento acadêmico que explora a construção (e como foi construído) do conhecimento é conhecida como construtivismo.

O pesquisador de audiência David Morrison utilizou teorias construtivistas do conhecimento para desenvolver metodologias de pesquisa a fim de estudar audiências de mídia. Grande parte da base teórica para os métodos de pesquisa utilizados neste estudo é baseada em seu livro *The Search for a Method: Focus Groups and the Development of Mass Communication Research* [*A busca de um método: grupos focais e o desenvolvimento da pesquisa em comunicação de massa*], e demonstrado em seu *Defining Violence: The Search for Understanding* [*Definindo a violência: a busca pela compreensão*, em tradução literal].[22] No final da década de 1990, várias empresas de radiodifusão britânicas contrataram Morrison para ajudá-las a definir a violência na mídia. Em seu estudo, publicado em *Defining Violence*, Morrison e sua equipe procuraram "entender os fatores em jogo quando alguém categoriza um ato como violento", com o intuito de "descobrir se há uma única explicação sobre violência".[23] Morrison pediu aos participantes dos grupos focais que respondessem a uma série de clipes da mídia e julgassem o que neles era "violência grave e o que era, embora violento, mas não grave".[24] Isso permitiu que os participantes julgassem a violência subjetivamente em vez de delimitar de acordo com critérios pré-determinados. Permitir que os participantes construíssem a sua própria ideia de o que é "violência" em seus próprios termos e nuances foi um modelo importante para o desenho do estudo neste livro.

"Violência" e "medievalidade"[25] são ambos conceitos definidos subjetivamente, que têm múltiplos significados e variantes complexas. Cada um pode ser aplicado a uma grande variedade de objetos por múltiplas razões. As definições de cada pessoa sobre o que eles significam são baseadas em suas experiências. Os pensadores racionais podem estar inclinados a nomear algo como "medieval" ou "não medieval" binariamente (uma vez que seria algo da Idade Média ou não). Por outro lado, alguns podem entender "medievalidade" como uma qualidade relativa, onde algo pode ser "mais" ou "menos" medieval. Se isso for verdade, esclarecer os elementos que fazem algo subjetivamente (mais ou menos) medieval é muito mais importante do que simplesmente gerar uma lista do que é ou não considerado medieval. A forma teórica de Morrison de explorar a violência é, portanto, aplicável a este estudo.

Por esta razão, uma questão de pesquisa primária deste estudo é: o que, especificamente, faz com que um filme pareça mais ou menos medieval? Ao explorar os filmes em questão desta maneira, surge uma imagem básica de que qualidades, personagens, imagens ou ícones são usados para precisar o período. Esse quadro pode esclarecer a essência central da "medievalidade" para essas pessoas.

Como aprendemos: a teoria do esquema

"Medievalidade" — a qualidade que torna algo reconhecidamente medieval — é um conceito abstrato e complexo. Embora rico em conotações e associações, ninguém pode apontar para um objeto (como se poderia, por exemplo, apontar para uma "bola" ou um "gato") e dizer "isso é a Idade Média". Como explorado no capítulo 2, "Idade Média" e "medieval" evocam ideias abstratas, intangíveis e amorfas. Como resultado, a melhor maneira de entender o conceito de Idade Média — e, portanto, os pensamentos dos participantes do estudo acerca do período — é através de um esquema. Em suma, o esquema é como os teóricos educacionais descrevem todas as nossas estruturas cognitivas. São fundamentais para a forma como compreendemos e organizamos a informação, e são o mecanismo através do qual incorporamos novos conhecimentos ao antigo. O esquema "a Idade Média" e seus componentes representam o conhecimento em muitas formas e em vários níveis de abstração. Esse conhecimento pode empregar diferentes sentidos, por exemplo a visão ("como se parece um cavaleiro"), ou o som ("como soa a música medieval"). O conhecimento pode ser intelectual ("quando foi a Idade Média?"), arquetípico ("o que é um rei medieval"), empático ("como era viver na Idade Média"), ou moral ("a Idade Média era boa ou má?"). Os participantes da pesquisa aplicaram cada um desses aspectos do esquema às suas interpretações dos filmes medievais.

A palavra "esquema" foi primeiramente usada no sentido moderno por Kant em seu *Crítica da razão pura*:[26]

> De fato, são esquemas, não imagens de objetos, que sustentam nossos conceitos puramente sensíveis. Nenhuma imagem poderia ser adequada ao conceito de um triângulo em geral. Nunca alcançaria a universalidade do conceito que o torna válido de todos os triângulos [...] O conceito de cão significa uma regra segundo a qual a minha imaginação pode delinear a figura de um animal de quatro patas de uma maneira geral, sem limitações a qualquer figura específica que a experiência, ou qualquer imagem possível que eu possa representar *in concreto*, realmente apresenta.

A teoria do esquema foi desenvolvida pioneiramente por Sir Frederic C. Bartlett em seu livro *Remembering*,[27] e desde então tem sido muito expandida pelo trabalho de Richard A. Anderson e outros.[28] Como um breve resumo da teoria, David Rumelhart e Andrew Ortony esboçam o que eles chamam de "quatro características essenciais dos esquemas":

1. "Os esquemas têm variáveis."[29] Por exemplo, uma "bola" pode ser vermelha, ou azul, grande ou pequena, macia ou dura.
2. "Os esquemas podem ser incorporados um dentro do outro."[30] Isso significa que o esquema "futebol" é aninhado conceitualmente no superesquema "bola" ou "equipamento desportivo".
3. "Os esquemas representam conceitos genéricos que, no seu conjunto, variam nos seus níveis de abstração."[31] Isso significa que, como dito acima, existem esquemas para todos os conceitos, sejam eles abstratos ou concretos.
4. "Esquemas representam conhecimento em lugar de definições."[32] Isso significa que todas as pessoas têm esquemas sobre todos os aspectos da vida, alguns concretos ("como operar uma torradeira"), outros abstratos ("o passado"). A "Idade Média" (e "medieval") é um esquema abstrato.

Essas quatro características tornam esquemas conceitualmente flexíveis — elas podem ser adaptadas de acordo com o contexto de modo que um modelo puramente descritivo não conseguiria. Embora existam esquemas em todos os níveis de abstração, de acordo com Rumelhart e Ortony, "trabalhos anteriores têm se concentrado em representar a estrutura interna de, no máximo, termos lexicais. Só muito recentemente [em 1977] foram feitas tentativas para representar conceptualizações em níveis mais abstratos".[33] Brewer e Nakamura exploraram esses "níveis mais abstratos", definindo os esquemas como

> estruturas cognitivas de ordem superior que foram teorizadas para fundamentar muitos aspectos do conhecimento e da habilidade humana. Desempenham um papel crucial na prestação de contas de como

os conhecimentos antigos interagem com os novos conhecimentos na percepção, na linguagem, no pensamento e na memória.[34]

Para eles, os esquemas podem representar o andaime conceitual formado pelas conclusões tiradas da experiência anterior e através do qual as experiências futuras são compreendidas. Em suma, os esquemas de um indivíduo compreendem o conjunto de conhecimentos e experiências tácitas que ele adquiriu, sejam elas práticas, teóricas ou históricas.[35]

O esquema também tem, frequentemente, outros esquemas embutidos nele, sendo seus componentes chamados de subesquemas. Cada subesquema funciona como uma parte de construção do esquema dominante — um subesquema define o que é um esquema dominante (e o que não é). Rumelhart e Ortony explicam: "Da mesma forma que as entradas para itens léxicos num dicionário consistem em outros itens léxicos, a estrutura do esquema é dada em termos de relações entre outros esquemas."[36] Por exemplo, "Robin Hood" é um subesquema de "Idade Média". Alguns subesquemas integrais do esquema "Robin Hood" podem ser "arco longo" e "Floresta de Sherwood". Alguns subesquemas são necessários (como talvez "rouba dos ricos e dá aos pobres"), alguns opcionais ("chapéu verde"), e alguns opostos ("metralhadora") ao esquema dominante. Como explica Rumelhart: "Um esquema contém, como parte de sua especificação, uma rede de inter-relações que se acredita geralmente estar presente entre as partes do conceito em questão."[37] Isso ilustra por que preconceitos — sobre a Idade Média ou qualquer outra coisa — podem ser tão difíceis de revisar, já que não requerem apenas alteração em um conceito, mas em super e subestruturas intelectuais inteiras.

O processo de aprendizagem é de conflitos, comparações e compromissos. Como Robert Axelrod afirma: "Quando novas informações se tornam disponíveis, uma pessoa tenta encaixá-las no padrão que usou no passado [...] Se a nova informação não for bem introduzida, algo tem de servir."[38] Jean Piaget, o pai da escola de aprendizagem construtivista, descreveu dois mecanismos que ilustram o que é esse "algo". Às vezes, as estruturas mentais de um indivíduo são reformuladas para acomodar os novos dados que encontra. Isso é feito através de um mecanismo que Piaget apropriadamente chama de *alojamento*.[39] Segundo ele, "a experiência nunca é simplesmente receptividade passiva: é alojamento ativo."[40] Outro processo, para ele, ocorre de mãos dadas a isto. Muitas vezes o sistema antigo não cede. Por vezes isso não é necessário, e novas informações podem ser prontamente incorporadas em quadros já existentes. Mas, às vezes, quando ocorre um conflito entre o antigo e o novo, a nova informação é alterada; ela pode ser considerada como uma "exceção à regra" ou desacreditada devido à experiência anterior. Mais insidiosamente, ao longo do tempo, novas informações podem ser modificadas para se adequar a padrões já existentes, ou completamente esquecidas. Piaget chamou esse processo de *assimilação*.[41] Esquemas estabelecidos possuem inércia intelectual que só pode ser revertida através de conflitos constantes e revisão gradual, com múltiplos ciclos de assimilação e acomodação abrindo caminho para um paradigma intelectual verdadeiramente novo — ao qual Piaget chamou de *adaptação*. A adaptação — que representa a verdadeira aprendizagem — requer inevitavelmente tempo e exposição repetida a novas informações.

À medida que os indivíduos ganham experiência, seus esquemas se desenvolvem para incluir mais variáveis e especificidades. Para a maioria, aprender sobre a Idade Média vem de livros infantis, viagens familiares a locais históricos, escolas, romances de fantasia, anúncios, cultura popular ou qualquer outra experiência pessoal através de acomodações e assimilações repetidas. Os filmes desempenham seus papéis — através da complexa maneira já mencionada. Suas mensagens agem em harmonia ou em conflito com experiência anterior, e são acomodadas ou assimiladas nessa cada vez mais ampla salsada esquemática ao longo do tempo.

Diferenciando os filmes da História
Vários estudiosos no campo da educação têm se concentrado no impacto que filmes históricos exercem sobre quem os assiste: o que,

e como, as pessoas aprendem sobre a história consumindo filmes. O assunto tomou forma em pesquisas teóricas e, talvez mais relevante para o presente trabalho, estudos empíricos. Quase toda a pesquisa empírica foi realizada com adolescentes, com maior enfoque na interpretação dos alunos de filmes em contextos educativos de sala de aula. Embora existam várias diferenças metodológicas e contextuais entre seus estudos e o estudo *A Idade Média na imaginação popular*, cada trabalho previamente concluído destaca algumas das questões que serão exploradas com as respostas dos alunos nos capítulos 5 e 6.

Os benefícios educacionais — e armadilhas — de filmes históricos

Filmes de ficção histórica podem ser uma poderosa ferramenta educacional. Em primeiro lugar, e talvez o mais importante, pode inspirar os alunos a aprender mais sobre uma matéria. Como escreve Ron Briley, "o envolvimento histórico dos roteiros deve encorajar alunos a procurar mais textos e pesquisas acerca dos temas representados nas telas de filmes e vídeos".[42] Porém, mais do que simplesmente inspirar estudantes a aprender mais, ou lhes ensinar conteúdo histórico, filmes históricos também podem ser usados, como argumenta Scott Alan Metzger, para ensinar vários aspectos importantes da alfabetização histórica. Metzger argumenta que os filmes podem ajudar a ensinar:

1. Análise narrativa: "As aulas baseadas em filmes têm grande potencial para ajudar os alunos a enxergar o passado como narrativas construídas, apoiadas (ou não) por evidências e interpretações".[43]
2. Posicionamento cultural histórico: "como temas e imagens de um filme conciliam ou contrastam com a cultura mais ampla do seu tempo relacionados a natureza mais profunda de filmes como textos".[44]
3. Empatia histórica: "uma competência emocional e psicológica que requer o reconhecimento e o respeito de perspectivas possivelmente estrangeiras pelo espectador [...] a clareza e a conexão que os estudantes podem alcançar através de filmes

históricos se tornam ainda mais críticas ao lidar com representações de raça e o tratamento de grupos sociais historicamente explorados".[45]

4. Discernimento do presentismo: "O presentismo é um problema existente em filmes representativos da História [em que] os cineastas frequentemente usam um evento histórico como metáfora para preocupações, atitudes e valores atuais, mais fáceis de vender ao público contemporâneo."

Talvez mais efemeramente, Metzger argumenta que filmes históricos também podem fazer com que a História — mesmo a história há muito enterrada (como a Idade Média) — pareça "real e significativa".[47] Uma razão para isso está no cerne do ensino de História: os filmes oferecem um tipo diferente de experiência de aprendizagem. Embora a história da aprendizagem seja muitas vezes um esforço intelectual — e, se bem ensinada, empática —, eles fazem da História uma experiência profundamente estética. Isso não deve ser subestimado. Os espectadores de um filme histórico podem ser movidos não apenas pela história do personagem, mas pelas imagens emocionalmente afetivas. O cinema pode incentivar os alunos não só a se interessarem pelo passado, mas também a se preocupar e encontrar uma beleza intensa nele.

No entanto, como Metzger corretamente apontou, usar filmes para ensinar essas importantes competências históricas requer um professor ativo que oriente os alunos através do engajamento crítico do filme como um texto. Como escreve Briley, "é essencial que os alunos sejam instigados a questionar o que é apresentado na tela e a sempre perguntar o que falta no enquadramento".[48] Se um professor não fornecer contextualização e suporte a um filme histórico, pode levar os alunos a uma vasta gama de desinformação — um fenômeno que se agrava se os filmes forem exibidos em sala de aula. Por exemplo, em 2009, um projeto envolveu estudantes que assistiram a filmes históricos enquanto estudavam textos de fontes primárias associadas, realizado no Laboratório de Memória do Departamento de Psicologia da Universidade de Washington, St. Louis.[49] Como disse o líder do projeto, Andrew Butler:[50]

> Assistir a um filme aumentou a recuperação correta de informações consistentes relativas à recuperação das mesmas informações quando os indivíduos não assistiram. No entanto, quando a informação no filme contradizia o texto, muitas vezes (falsamente) relembravam a desinformação do filme.
>
> A taxa de desinformação recolhida atingiu 50% em algumas questões. Foi mais dominante quando os estudantes não foram avisados sobre as imprecisões históricas, ou apenas quando um aviso geral de que o filme era historicamente impreciso foi dado. No entanto, os alunos sempre se saíram melhor quando o professor apontou especificamente para as seções imprecisas do filme, destacando a importância da orientação por meio de um educador.[51]

Infelizmente, a maioria dos professores que usam filmes para ensinar História não oferecem suportes críticos. Alan Marcus e Jeremy Stoddard conduziram um estudo baseado em pesquisas com educadores que utilizaram filmes históricos em suas aulas.[52] Os pesquisadores descobriram que um número surpreendentemente grande de professores usava filmes em suas aulas. Esses professores empregavam os filmes para complementar o seu ensino de conteúdo histórico em primeiro lugar, e também como uma forma de representar melhor grupos marginalizados historicamente (*Tempo de Glória* [*Glory*], *Amistad* ou *Dança com lobos* [*Dances with wolves*], por exemplo).[53] No entanto, eles muitas vezes se serviam da crítica para examinar os filmes sob a forma de textos culturalmente posicionados, muitas vezes repletos de presentismo.[54] Usavam-nos para construir empatia histórica, mas não encorajavam seus alunos a se envolver criticamente.

E mais, filmes históricos, quando consumidos longe da interferência da sala de aula e dos professores, tendem a prevalecer sobre a leitura crítica. Neles, o posicionamento cultural é projetado para ser invisível, e o presentismo, tornado comum. Por esse motivo, o Papa

João Paulo II disse (e também provavelmente de modo apócrifo) que *A paixão de Cristo* [*The Passion of the Christ*] "é como foi".[55] O ex-presidente dos Estados Unidos Woodrow Wilson infamemente declarou (e provavelmente também de modo apócrifo) que *O nascimento de uma nação* [*The Birth of the Nation*], filme que promovia a Ku Klux Klan, "é como escrever história com relâmpagos, e o meu único arrependimento é que tudo seja verdade". *A paixão de Cristo* não "é como foi"; *O nascimento de uma nação* não é "terrivelmente verdadeiro", mas, a duras penas, ambos se apresentam dessas formas.

Na década de 1990, Peter Seixas realizou um estudo qualitativo destinado a compreender melhor como os alunos interpretam criticamente o posicionamento cultural de filmes por conta própria, sem o suporte fornecido por um professor. Nesse estudo, Seixas exibiu aos alunos do décimo ano os filmes canadenses *Danças com lobos* (1990) e *Os pesquisadores* [*The Searchers*] (1956).[57] Os estudantes foram, então, entrevistados a fim de entender melhor como processaram as diferentes representações dos conflitos entre índios nativos e homens brancos no final de 1800. Seixas constatou que os alunos possuíam diversas interpretações de como os dois filmes, de modo contraditório, contavam acontecimentos históricos semelhantes. Alguns não reconheceram as diferenças entre eles. Outros aceitaram acriticamente a interpretação mais recente do passado que viram em *Dança com lobos*. Alguns mais se engajaram em uma complexa associação das mudanças historiográficas evidentes nos filmes, entendendo o anterior como um produto de seu tempo (embora ninguém tenha classificado o então mais atual *Dança com lobos* desta forma). Ainda que houvesse estudantes com mais aptidão e interesse em estudos sociais aceitando uma interpretação mais complexa do filme, Seixas descobriu que havia evidências insuficientes para sugerir a relação entre a aptidão e a opinião. No entanto, a conclusão foi que havia diversas estratégias interpretativas em curso, implicando que, quando assistidos casualmente, alguns estudantes se engajam criticamente com os filmes históricos (especialmente se já estiverem interessados no assunto), enquanto outros podem aceitá-los passivamente. O estudo

A Idade Média na imaginação popular, embora realizado com alunos mais velhos, tem algumas semelhanças com a pesquisa de Seixas. Dito isso, nenhum dos alunos do presente estudo havia lido sobre a Idade Média em nível avançado, então ainda há de se descobrir se eles também mostrarão a mesma complexidade de interpretação que os participantes da pesquisa de Seixas mostraram quando compararam os filmes.

Conclusão

Ao explorar como as crianças em idade escolar adquirem conhecimentos históricos da mídia, os pesquisadores educacionais Alan Marcus, Richard Paxton e Peter Myerson postularam: "Embora a palavra escrita predomine em como os historiadores adultos pensam sobre o passado, tal pode não acontecer com estudantes secundários."[58] Sua afirmação merece ser encorajada. Alguns historiadores podem pensar sobre a História principalmente em termos de texto escrito, já que a investigação textual tem sido o pilar da disciplina desde o início — mas pessoas fora da formação podem não pensar do mesmo modo. Não há provas de que a palavra escrita domine a maneira como os adultos pensam sobre o passado em comparação às crianças. O presente estudo utiliza os adultos como foco e não as crianças, além dos meios de comunicação de massa, e não a palavra escrita.

A maioria dos estudantes da pesquisa de Seixas se focou nos efeitos de assistir aos filmes em sala de aula. O presente estudo diverge por examinar o consumo de filmes históricos por jovens sem a influência de um professor. Filmes medievais são com mais frequência vistos pelo público no cinema ou em casa, não só bem longe da influência de um educador, mas também no tempo livre, longe do ensino formal. Como resultado, este estudo tem implicações mais amplas para a análise da influência de filmes históricos na esfera pública. Por fim, esses estudos usaram quase exclusivamente canadenses ou americanos como seus sujeitos, e focaram em filmes que narram a História americana. *A Idade Média na imaginação popular* amplia o foco não apenas testando pessoas fora das Américas, mas que também se envolvem com uma história muito mais distante, onde as questões de posicionamento cultural, presentismo e grupos marginalizados são complicadas pela sua remoção do imediatismo latente nos passados mais recentes.

Enquanto a maioria dos estudos anteriores se concentrou em saber se os alunos aprendem com filmes e como essa aprendizagem se relaciona com o que lhes é ensinado nas aulas, esta pesquisa busca um olhar mais amplo, semelhante ao trabalho de Seixas, ao perguntar: como os alunos interpretam o que viram? Quando aparecem informações conflitantes, seja entre o filme e o conhecimento prévio, ou entre dois filmes, como administram tal diferença? O posicionamento cultural de um filme e seu presentismo permanecem invisíveis, ou até mesmo um visitante completamente casual poderia analisar criticamente os filmes não apenas como representações do passado, mas como textos? Em suma, o que eles aprendem?

Capítulo 4
O filme medieval

O cinema e as produtoras de televisão têm estado entre os principais influenciadores da consciência histórica ao longo dos séculos XX e XXI. Isso é particularmente verdade tangendo à Idade Média — que tem sido um dos cenários favoritos para filmes e programas de TV. Essas indústrias têm criado muitas produções; representações em movimento de histórias, contos ou lendas medievais — incluindo fantasias que se passam em mundos reconhecidamente "medievalescos" — são comuns. Além disso, e talvez o aspecto mais importante para este estudo, essas produções são populares. O número de filmes com temáticas medievais é impressionante e, como resultado, o seu potencial para impactar a consciência histórica é de longo alcance. O livro de Kevin Harty, *The Reel Middle Ages* [*A Idade Média pelo projetor*], cataloga mais de novecentos filmes produzidos antes de 1999 que retratam a Idade Média.[1] Essa lista remonta ao início da era medieval: *Jeanne d'Arc* foi dirigido por Georges Méliès em 1897. Talvez seja uma surpresa, mas a lista de Harty não inclui nenhuma série de TV, documentários ou filmes de fantasia medievalesca.² Também não inclui a renascença do século XXI em filmes de fantasia épica e medieval impulsionada, em grande parte, pelo sucesso de *O Senhor dos Anéis*.³

Apesar da popularidade, é notoriamente difícil definir e delimitar a categoria de "filmes medievais", e entender precisamente o que torna esse grupo "medieval". Essa questão central acerca do sentido do que é o "teor medieval" — aquilo que torna algo sabidamente medieval — é a preocupação primária deste trabalho. Os mesmos elementos que compõem o núcleo da cultura popular medieval devem estar presentes também nos medievalismos públicos. David Williams classificou o *corpus* de filmes medievais como "na narrativa cinematográfica, um mundo medieval *cujas imagens sejam familiares* e que possuem poder e excitação aos quais nem mesmo medievalistas profissionais são imunes" (grifo meu).⁴ Aqui, Williams apresenta um dos pontos centrais de interesse ao abordar filmes sobre a Idade Média: muitos deles mostram mundos medievais semelhantes com imagens familiares. Esses mundos e imagens constroem uma Idade Média mais ou menos misturada reconhecida universalmente. Quando cada mundo medievalesco apresentado em um filme herda suas ideias dos medievalismos precedentes (podendo pedir emprestado de outros meios ou eras históricas), esse agregado, essa "Idade Média imagética em movimento", é distinta de outros filmes que representam outros períodos históricos, e em outros meios.

Aproximando-se dos filmes medievais

Em parte, como resultado da diversidade de filmes medievais, houve abordagens acadêmicas diferentes para cada estudo. A abordagem teórica e metodológica utilizada depende da disciplina acadêmica do estudioso. Cada uma das disciplinas que investigou versões de filmes sobre a Idade Média — estudos sobre o Cinema, História e Literatura — utiliza suas próprias abordagens e criam suas próprias questões. Por exemplo, a divisão fundamental entre os estudos desses filmes por medievalistas e os estudiosos de cinema que preferem focar em questões sobre gênero e corpus. Os especialistas em cinema, geralmente, não consideram filmes sobre a Idade Média como um gênero distinto (ao contrário, por exemplo, do épico, o *noir* ou os musicais). Nem os estudam como parte de um corpus (ou o veem como parte de um grupo distinto e identificável). Mas medievalistas, geralmente, sim. Como resultado, versões de cinema da Idade Média passaram a ser estudadas por estudiosos do cinema seja individualmente, ou parte de um gênero reconhecido no meio, ou mesmo como a saída de um *auteur*.[5]

A razão pela qual esses acadêmicos não considerarem "filmes medievais" um gênero é que, por muitas definições, eles não se classificam como tal. Por exemplo, Rick Altman define quatro "significados" do gênero no cinema. São eles:

- Gênero como *modelo*, como fórmula que precede, programa e padroniza a produção industrial.
- Gênero como *estrutura*, como quadro formal sobre o qual os filmes se baseiam individualmente.
- Gênero como *rótulo*, como o nome de uma categoria central para as decisões e comunicações dos distribuidores e expositores.
- Gênero como *contrato*, como a posição de visualização requerida por cada gênero de filme de seu público.[6]

A categoria de "filmes medievais" não se encaixa em nenhum desses contextos. Em termos de gênero, um épico medieval como *Coração valente* [*Braveheart*] (1995) tem mais em comum com um épico greco-romano como *300* (2007) do que com um *noir* medieval como *O nome da rosa* [*The Name of the Rose*] (1986), ou uma comédia medieval como *Loucuras na Idade Média* [*Black Knight*] (2001).[7] O cenário medieval pode conter muitos personagens, memes ou metáforas, mas não é suficiente para compreender um gênero coerente através de qualquer uma das definições dadas por Altman. Em vez disso, ele pode ser considerado um modificador de gênero.

O QUE É UM FILME MEDIEVAL?

É compreensível que medievalistas examinem filmes medievais como um grupo. No entanto, não há uma definição conclusiva do que torna um filme, de fato, "medieval". As fronteiras e características do que quer que seja um "filme medieval" continuam em discussão entre estudiosos. Essas definições se encaminham para dois campos, entre estudiosos de História e da Literatura.

Historiadores medievalistas tendem a examinar os filmes medievais de três formas:
- Como um artefato cultural que pode refletir um determinado momento cultural.
- Como uma ferramenta de ensino que auxilia na aprendizagem sobre o período.
- Como uma tentativa da produtores de cinema de adaptar ou criar uma história na tela.

O livro de John Aberth, *A Knight at the Movies* [*Um cavaleiro no cinema*], é um exemplo notável porque consegue identificar um grande número de filmes que se encaixam nessas três categorias devido a sua precisão histórica.[8] Da mesma forma, historiadores como Robert Rosenstone e Robert Brent Toplin têm se envolvido ocasionalmente com a descrição da Idade Média em filmes como parte de seu projeto maior de estabelecer o que é um filme histórico, analisando como eles funcionam e considerando se devem ser considerados "histórias".[9]

O outro campo acadêmico que discute filmes medievais se situa nos estudos literários. Aqui, os filmes medievais são analisados de duas formas. Um ramo se baseia na temática como novas adaptações dos contos medievais (comumente em estudos de especialistas da era arthuriana).[10] O outro ramo os estuda através de metodologias crítico-teóricas. Seus artigos costumam colher um único filme ou partes dele e o explora através de lentes teóricas (por exemplo, teoria *queer*, teoria psicanalítica ou teoria pós-colonialista). Essa escola de pensamento tem sido a mais dominante nos últimos anos.

Alguns destes estudos teórico-literários não restringem o rótulo de "medieval" apenas a filmes que encenam a Idade Média (ou versões ficcionais dela), mas incluem obras que possuem um "teor" medieval, ou usam temas e metáforas medievais em cenários não medievais.[12] Mas a busca por identificar toda e qualquer ressonância medieval tende ao risco de generalizar o "filme medieval" (ou o medievalismo) além do limite. Alguns dos temas "medievais", ou repercussões encontradas, podem ser um produto da perspectiva do estudioso, fruto da intenção dos criadores dos filmes ou da interpretação da audiência. Aqui se aplica a Lei do Instrumento, de Maslow, que reflete: "É tentador, se a única ferramenta que temos é um martelo, tratar tudo como se fosse um prego."[13] Isso pode fazer surgir uma série de suposições problemáticas — como rotular metáforas medievais especificamente como filmes medievais (quando não o são). A pergunta fundamental que resta é a suposição levantada anteriormente: os "filmes medievais" possuem alguma característica especial? A atenção de estudiosos direcionada a eles é realmente justificável?

Na introdução à sua coleção *Medieval Film*, Bettina Bildhauer e Anke Bernau exploram a ideia de que abordar o "filme medieval" tanto em termos de gênero ou temas resulta em conclusões igualmente insatisfatórias. Eles discutem:[14]

> As definições tanto genéricas quanto temáticas possuem limitações óbvias e se excluem, levantando a questão da utilidade de um termo tão fluido quanto o filme medieval. Filmes medievais não desenvolvem convenções de gênero coerentes: ao contrário dos faroestes ou terror, eles podem dividir suas características com eles, e muitos mais. Definir filmes medievais unicamente através de suas características, como os que se passam em espaços de tempo, digamos, entre 500 d.C. e 1500 d.C., resultaria na exclusão de um grande número de filmes baseados em histórias medievais, que se passam em uma Idade Média fantástica, ou em um período antes de 500 d.C. ou depois de 1500 d.C., mas ainda assim identificados como medievais por produtores, promotores, críticos e a audiência. Uma última observação pode resultar na utilidade de classificar filmes medievais como aqueles que são *percebidos* como medievais por indivíduos ou produtores, mas isso ainda deixaria a questão de o que suscita essa percepção em aberto.

Essa é uma excelente análise da questão central.[15] Os filmes que retratam a Idade Média (ou visões fantasiosas dela) são dignos de estudo.

Mas o que os torna objetos únicos de estudo para os medievalistas é o seu argumento subentendido: as pessoas os reconhecem como medievais, e, como resultado, isso contribui para a consciência histórica da Idade Média. Bildhauer e Bernau expõem elegantemente a necessidade desse estudo quando defendem a "utilidade de classificar filmes medievais como aqueles que são *percebidos* como medievais por indivíduos ou produtores" e que essa linha de investigação levanta "a questão de o que suscita essa percepção [...]".[16]

A melhor forma de identificar o filme medieval é deixando que a percepção dos produtores e/ou o público o reconheça como "medieval". E a melhor maneira de entender o porquê é identificando quais características levam a essas percepções.[17] Isso requer engajamento ativo e vigoroso com o público e com os produtores, bem como a adoção de uma abordagem interdisciplinar muito mais ampla.

Medievalidade no cinema

A problematização de Bernau e Bildhauer merece ser ampliada. Eles perguntam: "Quais características dos filmes levam a tais percepções [da "medievalidade]?" A resposta repousa na compreensão popular do que era a Idade Média. Em vez de limitar o foco apenas ao filme, a pergunta levanta a questão: "O que é identificado como 'medieval' em geral?" Quando essa pergunta for respondida, então passamos a questionar "o que os leva a aplicar o rótulo 'medieval' a um filme?" e "quais características de um filme o tornam reconhecidamente medieval para o seu público?".

O objetivo do estudo apresentado neste livro foi, portanto, explorar três questões. A primeira foi explorada no capítulo 2:
1. O que as pessoas entendem por "medieval" ou "Idade Média"? A segunda e terceira questões são primordiais para explorar como as audiências do filme medieval entendem e aprendem com o que estão vendo.
2. Que características de um filme o fazem ser compreendido como "medieval" por seus espectadores?
3. Que efeitos assistir a um filme dito "medieval" tem sobre o que o público entende acerca do que é "medieval"?

Qualquer filme entendido como medieval pelos seus espectadores tem o potencial de contribuir para a compreensão pública da Idade Média. Isso o torna, para o bem ou para o mal, uma história medieval. Se um filme não for entendido por seus consumidores como "medieval", então não importa quais fontes, analogias ou ressonâncias ele pode ter com a Idade Média; não será uma história medieval e, portanto, irrelevante para as questões acima.

A recepção contemporânea dos medievalismos é uma das questões centrais tanto nos estudos sobre medievalismo como para os estudos medievais atuais — e é, naturalmente, importante para determinar quais fatores levam um espectador a classificar um filme como "medieval". Este trabalho abre duas novas linhas de investigação sobre o tópico, a primeira ao inquirir no que a compreensão pública da Idade Média realmente implica, e a segunda com foco nas audiências de filmes medievais em vez de nos próprios filmes ou em seus produtores (embora os criadores de filmes medievais aprovem um estudo futuro). Essa abordagem se centra no efeito que os filmes possuem sobre aqueles que os assistem — e nas implicações desses efeitos.

EXAMINANDO A ESTRUTURA E A AUDIÊNCIA DOS FILMES MEDIEVAIS

Assim, avançando com os olhos fixos sobre as audiências e considerando os filmes influências sobre a consciência histórica, o que se pode dizer sobre o "filme medieval" como um todo? Primeiramente, é importante colocar de lado a busca pela precisão histórica perfeita. Não importa quão convincente seja, a Idade Média cinematográfica é *uma* Idade Média, e não *a* Idade Média. Representações contemporâneas não são o próprio objeto; é inerente a todas as representações não serem totalmente precisas.

Mas isso não é o fim da História. Como Rosenstone explicou (e como citado na introdução deste livro), o cinema se tornou, sem dúvida, o principal portador de mensagens culturais.[18] Embora, atualmente, a mídia interativa e a televisão devam ser acrescentadas a essa ideia, a Idade Média em movimento — um grupo que inclui filmes, TV e *videogames*

— é, certamente, a versão cultural dominante da Idade Média. Além do mais, a Idade Média em movimento, com suas metáforas, imagens e ícones familiares, tem sido usada para relatar lendas, contos de fadas e mundos fantásticos que são mais ou menos similares ou realísticos. Isso tem sido feito com tanta frequência que as ideias sobre "medieval" e "Idade Média" podem ser um borrão na história e pura fantasia — uma memória protética misturada a uma imaginação protética. Se ambos os filmes históricos e fantásticos partem do mesmo ponto, é inevitável que os dois se fundam dentro da consciência histórica popular.

Figura 4.1 *Ceci n'est pas un moyen âge*. Laurence Olivier em *Henrique V* (Eagle- Lion Distributors Limited, 1944).

Os principais modos de descrever a Idade Média no cinema

Assim como explorado por historiadores como Aberth, filmes que contam a Idade Média são produtos — e, portanto, um reflexo — da consciência histórica acerca da Idade Média em um período cultural específico. Cada filme medieval se torna parte de um longo processo evolutivo, em que os produtores são influenciados por sua cultura, que por sua vez, inserem-na nos filmes.

No século XIX, certas normas de interpretação da Idade Média na cultura popular foram estabelecidas durante a explosão de interesse no medieval.[19] O cinema surgiu no fim daquele século. As primeiras representações da Idade Média nas telas decorreram das formas que aquele período vinha sendo interpretado — seja visual, narrativo ou politicamente — durante todo o século XIX. Consequentemente, essas interpretações se tornaram os parâmetros para outras que viriam em seguida no cinema. Os cineastas com frequência, e até mais, partem de sucessos prévios (e medievalismos em outras mídias) para reconstruir a Idade Média. Nos primeiros anos do cinema, as produções criaram relatos da Idade Média familiares aos cineastas. Como resultado, cineastas ingleses, alemães e do Leste Europeu (e imigrantes americanos provenientes desses países) incutiram seus próprios medievalismos nacionais nas obras. Assim, artes românticas e pré-Rafaelitas, óperas de Verdi, Gounod e Wagner e arquitetura neogótica foram retratadas nos primeiros filmes.[20] Dessa forma, os meios de representar a Idade Média no século XIX se tornaram a interpretação imagética cinematográfica do período: imóveis e infinitamente reprodutíveis em celuloide, uma fonte inesgotável de empréstimos e *reverências*.

A mistura de obras autenticamente medievais com visões dos séculos XVIII e XIX criou uma imagem opulenta e idealizada do período. Esse "medieval leve" é aparente em filmes de aventura como *As aventuras de Robin Hood* [*The Adventures of Robin Hood*] (1938), *Príncipe Valente* [*Prince Valiant*] (1954), *O bobo da corte* [*The Court Jester*] (1956), ou *Camelot* (1967).[21] Três dos quatro filmes animados da Disney que retratam a Idade Média — *Bela Adormecida* [*Sleeping Beauty*] (1959), *A espada era a lei* [*The Sword in the Stone*] (1963) e *Robin Hood* (1973) — seguem essa fórmula. No entanto, ao longo dos anos 1960, o domínio dessa imagem idealizada da Idade Média foi suplantado por uma visão mais obscura, gritante e pessimista da época. Essa "Idade Média sombria" foi salpicada de lama e sangue, repleta de guerras e peste. Ela entrou em voga com *Becket* (1964), *O Senhor da Guerra* [*The War Lord*] (1965) e *O leão no inverno* [*The Lion in Winter*] (1968).[23] A tendência se tornou, então, abundante e se entrincheirou nas décadas seguintes através de filmes como *Lancelote do lago* [*Lancelot du Lac*] (1974), *Excalibur* (1981), *Henrique V* [*Henry V*] (1989), *Uma noite alucinante 3* [*Army of Darkness*] (1992), *Coração valente* [*Braveheart*] (1995), *O 13º guerreiro* [*The Thirteenth Warrior*] (1999), e até mesmo a animação *O corcunda de Notre Dame* [*The Hunchback of Notre Dame*] (1996), da Disney.[24] A eminência dessa representação da Idade Média foi parodiada em *Monty Python em busca do cálice sagrado* [*Monty Python and the Holy Grail*] em 1974:[25]

> Camponês: Quem é esse aí?
> O coletor de cadáveres: Eu não sei, deve ser um rei.
> Camponês: Por quê?
> O coletor de cadáveres: Não está coberto de bosta.

No século XIX, comédias e aventuras ambientadas na Idade Média se tornaram autoconscientes e embarcaram na ironia e iconoclastia, pontuando a visão mais leve do medieval como "irrealista". Em *Coração de cavaleiro* [*A Knight's Tale*] (2001), logo no início, encontramos o grande poeta inglês Geoffrey Chaucer retratado como um boêmio caminhando pelado por uma estrada de terra.[26] O cinismo pós-moderno — que questiona visões idealistas do passado (como as supracitadas aventuras em tecnicolor das décadas de 1930 a 1960) — pode levar a crer que reformulações sinistras, irônicas ou iconoclastas são "mais realistas" que suas predecessoras.

No entanto, não são. Elas não estão mais próximas do atual *zeitgeist* da Idade Média — se é que existe — do que as representações alegres. Tanto as visões obscuras quanto as leves estão em conformidade com as ideias populares culturalmente determinadas e específicas do momento em que foram produzidas. A Idade Média nunca foi tão boa ou tão má como desejamos, imaginamos, ou talvez até exijamos que fosse.

Figura 4.2 Duas Idades Médias cinematográficas muito diferentes. Acima, John Boorman, em *Excalibur* (Warner Bros., 1981); abaixo, Mel Gibson, em *Coração Valente* [*Braveheart*] (Paramount, 1995).

Embora o ideal da completa exatidão histórica tenha sido (mais ou menos) atacado com sucesso por sucessivas ondas de críticos acadêmicos, é importante reiterar que as construções cinematográficas da História são apenas isso. O passado nas telas não é *o* passado, não importa quão sofisticado ou novo seja.

Nenhum desses dois modos dominantes de descrever a Idade Média — brilhante e alegre, ou lamacento e sangrento — surgiu espontaneamente, mas como resultado de um fenômeno através do qual a Idade Média é trazida à tona a serviço de uma tendência cultural peculiar. Há uma inclinação, em todos os meios de comunicação, consciente ou inconscientemente, de considerar o autenticamente medieval como "não suficientemente medieval". Estar em conformidade com a Idade Média ideal significa ser alterada, exagerada e reimaginada. O medieval é alterado em uma tentativa de consertá-lo ou melhorá-lo, fazê-lo pior ou mais incrível. Torna-se a Idade Média não como era, mas como *deveria ter sido*.

Esse fenômeno pode ser chamado de "hipermedievalismo", a predisposição de empurrar ideologias históricas, culturas materiais, paisagens e até mesmo o corpo humano a extremos grotescos. Esse processo de exagero não é exclusivo das representações da Idade Média (observe a reprodução do mundo clássico em *300*, de Zack Snyder, por exemplo).[27] Mas o fato de a Idade Média ter sido frequentemente apropriada como um parque de diversões de fantasia faz com que as versões "hiper" da Idade Média sejam muito comuns. Dessa forma, como efeito colateral, o "hiper" parece real.[28] Iterações da fantasia hipermedieval e representações da realidade medieval muitas vezes são emprestadas umas às outras e partilham bases estéticas semelhantes. Por exemplo, a fantástica arte medievalista de Frank Frazetta e Boris Vallejo (Figuras 4.3 e 4.4) gerou, ao longo do século XX, um gênero de arte repleto de bárbaros encorpados e mulheres guerreiras medievais quase sem nenhuma armadura.[29] Neles, o aspecto exagerado da consciência histórica da Idade Média é a "selvageria" e a "barbárie", muitas vezes atribuídas ao período. Isso resulta em exageros grotescos das características sexuais do corpo masculino e feminino, bem como o que o cobre: armaduras adornadas com espigões, peles de animais ou vincos góticos nas vestes.. Espadas aumentam em proporções gigantescas, recebem bordas serrilhadas e gotejam sangue. Tudo é pintado de preto, incluindo o céu, os castelos e a terra.[30]

Figura 4.3 Boris Vallejo, *"Dragon Slayer"*, 1989. Reproduzido com a atenciosa permissão do artista.

Esse gênero de arte comumente adorna capas de romances de fantasia sensacionalistas, ilustrações, calendários, pôsteres e histórias em quadrinhos. Mais tarde, teve seu uso disseminado em outras mídias visuais, como *videogames*, TV e cinema, especialmente quando representavam pessoas consideradas "bárbaras" como os nórdicos, anglo-saxões ou outros povos medievais.[31] Essa estética se torna problemática quando é usada em filmes que misturam fantasia e realidade, como representações de lendas medievais ou filmes de fantasia realistas com tons de magia. Alguns exemplos incluem *Robin Hood: O príncipe dos ladrões* (1991), *Coração valente* (1995), *O 13º guerreiro* (1999) e *Rei Arthur* [*King Arthur*] (2004).[32]

ASCENSÃO E QUEDA DOS HIPERMEDIEVALISMOS POLÍTICOS

Não foram apenas os aspectos visuais da Idade Média que foram levados a "hiper" extremos no cinema. Interpretações ideológicas e políticas do período também foram submetidas a esse tratamento: apresentam a Idade Média não como era, mas como acreditamos que "deveria ter sido". Durante todo o século XIX, a Idade Média foi constantemente associada a objetivos políticos em discursos públicos e nas artes. Neste último campo, as interpretações da Idade Média prestavam serviço ao estabelecimento de um passado mitológico, e era repleta de heroísmo nostálgico que servia para constituir, promover e justificar identidades nacionais e étnicas emergentes. Esse fato se manifesta de diversas formas: na ópera, no teatro, romances e contos de fada. Por exemplo, as óperas medievalistas de Wagner *Lohengrin, Tannhäuse, Parsifal* e *Der Ring des Nibelungen* [*O anel de nibelungo*] foram parte de um projeto que visava inaugurar uma cultura germânica "nacional", que reivindicou suas origens no romance, lenda, mito e folclore medievais.[33] *I Lombardi alla Prima Crociata* [*Os lombardos na primeira cruzada*], de Verdi, faz parte de um projeto de definição de nação na Itália. Na Inglaterra, os romances de Sir Walter Scott, especialmente *Ivanhoe*, popularizaram ideias sobre as origens medievais da etnia e identidade política "saxã" inglesa. Como Clare Simmons argumenta, "*Ivanhoe* forneceu padrões para as oposições que o século XIX precisou classificar — e julgar — indo além do que o antigo mito do *Norman Yoke* acarretou" e "inspirou o interesse popular em saxões e normandos".[34]

Como resultado, muitos filmes do século XX utilizaram a Idade Média para fins nacionalistas semelhantes. Muitos, dos considerados os melhores filmes medievais de todos os tempos por críticos e estudiosos, são peças de propaganda política patrocinadas pelo Estado, ou têm caráter altamente nacionalista. Isso envolve, no que diz respeito aos franceses, *A paixão de Joana d'Arc* [*La Passion de Jeanne d'Arc*] (1928); aos nazistas, *Das Mädchen Johanna* [*Joana d'Arc*] (1935); para os soviéticos, *Alexander Nevsky* (1938); os Aliados, na Segunda Guerra Mundial, tiveram *Henrique V* [*Henry V*] (1944); já a Espanha de Franco, *El Cid* (1961); e por fim, no Egito de Gamal Nasser, *El Naser Salah Ad Din* (1963). Mesmo quando não usada para fins abertamente nacionalistas, a Idade Média tem sido empregada no cinema para promover e inventar precedentes históricos para ideais políticos, religiosos ou culturais das pessoas que os produzem e consomem.[35]

Figura 4.4 Frank Frazetta, "Death Dealer", 1973. Reproduzido com a atenciosa permissão do artista.

Por outro lado, filmes medievais hollywoodianos recentes raramente são propagandistas, políticos ou morais porque foram projetados para atender um mercado mais amplo. Embora, por vezes, reverenciam as metanarrativas culturais americanas (como o uso rotineiro do tema "liberdade" ou da "igualdade", transposto no Robin Hood do filme de 2010, *Robin Hood*, de Ridley Scott), a globalização tem um efeito homogeneizador e difuso em filmes de grande orçamento. Para apelar a um público internacional e multicultural, a moralidade e a política expostas nesses filmes são muitas vezes calculadamente convencionais, incontroversas e maleáveis.[36] Personagens medievais falam agora de morais modernas e amenas, que são intencionalmente adaptadas (e aceitáveis) para o público mundial. Mas, assim como a Idade Média "obscura" e "branda", nem a política ou maleável reflete a realidade medieval.

Conclusão: a audiência de filmes medievais é afetada?

Até que ponto um público percebe algum desses tópicos? É normal e comum dizer que os filmes medievais podem estar carregados com tradições políticas e estéticas que influenciam seu estado atual. Mas a estética e a política devem ser compreendidas como parte da época e da cultura sobre as quais o filme é baseado, em vez da Idade Média em si, para quem os assiste? Ou as audiências distinguem-nas como medieval? Bombardeados por interpretações opostas ensinadas sobre a Idade Média na escola, no entretenimento e na rotina diária, o que os espectadores integram a sua consciência histórica e o que rejeitam? Se frequentadores de cinema descartam o que assistem em filmes medievais como uma invenção pomposa de cineastas-animadores (em vez de uma fonte de informação histórica), então o filme medieval tem pouca importância para estudiosos fora dos reinos do cinema e dos estudos culturais. No entanto, se esses filmes têm impacto sobre a audiência, e, por extensão, para a consciência história mais ampla da Idade Média, então as visões e versões da História apresentadas nesses filmes podem ser significativas para educadores e historiadores. Em suma, o modo como representam a Idade Média no cinema atualmente (com estéticas e políticas que misturam livremente o medieval, o medievalista e o hipermedieval) influencia as ideias dos espectadores sobre o período? O próximo capítulo mostrará como os três filmes assistidos pelos participantes tiveram um impacto sobre suas percepções do mundo medieval — embora muitas vezes de maneiras inesperadas.

Capítulo 5
A Idade Média que eles assistiram

"Não o assistiria se não acreditasse."[1]
David L. Hamilton, *Cognitive Processes in Stereotyping and Intergroup Behavior*

Tendo estabelecido um esboço inicial, no capítulo 2, da consciência histórica sobre a Idade Média dos participantes de *A Idade Média na imaginação popular*, como, então, eles assistiram aos três filmes exibidos? O que aprenderam? O que acharam importante discutir? Este capítulo, em primeiro lugar, chama a atenção para as formas que os participantes reagiram a cada um dos filmes — *Beowulf*, *Cruzada* e *O Senhor dos Anéis: O retorno do rei* — e, em seguida, discute as estruturas que emergiram das suas conversas. Em outras palavras, como eles reagem, e interpretam, filmes históricos que não necessariamente apresentam a História que eles esperavam assistir?

BEOWULF

O filme de Robert Zemeckis, *Beowulf*, de 2007, é uma adaptação do famoso poema homônimo. É, em muitos aspectos, a versão mais fiel da história de Beowulf contada no cinema — manteve, por exemplo, o evento com o dragão que outras obras suprimiram. Mas o poema é famoso o suficiente para influenciar a interpretação do filme por parte dos participantes? O status de adaptação da literatura medieval do filme — com toda a importância acadêmica que *Beowulf* possui — o faz parecer mais medieval? Ou ele foi tratado como qualquer outra fantasia?

Ainda que o estudo acadêmico dos participantes fosse limitado a escola primária e secundária, alguns conheciam o poema. Quatro dos quinze mencionaram que aprenderam sobre Beowulf na escola, e que suas interpretações sobre o filme foram baseadas nessa experiência. Erica, por exemplo, contou:

> Erica: Eu li o poema. Bem, leram o poema para mim.
> Moderador: Quando leram o poema para você?
> Erica: Na escola primária, acho. Então eu meio que sabia sobre o que era.
> Moderador: Certo.
> Erica: Ele [o filme] foi muito bem-feito.

Para Erica, sua percepção de que o filme se manteve fiel ao poema foi a base da avaliação positiva. No entanto, ela não parou por aí:

> Erica: Eu sempre me lembro de que o poema da escola primária era um pouco, não violento, mas cru [...]. Lembro, quando cursava a escola primária, de como os vikings eram sórdidos, e esse foi um dos poemas que leram para nós. E nós tínhamos que estudar quão sórdido tudo aquilo foi, e quão bárbaro, e todo esse tipo de coisa. Mas então, no filme, não foi bem assim. Foi como se o herói aparecesse para salvar o dia. Foi [...] um herói típico, vilão, o tipo de coisa relacionada a princesas. Enquanto no poema [...] liam como se falassem, veja como os vikings eram bárbaros, veja como eram horríveis [...] eram realmente perversos.

O impacto de sua experiência anterior sobre seus pensamentos acerca do filme não se concentrou apenas na crítica sobre o filme se ater ao poema original. Sua lembrança de aprender o poema *Beowulf* na escola primária girou em torno de uma interpretação da selvageria dos vikings — provavelmente no módulo que travava desse tema. Erica criticou o filme por aderir à metáfora dos filmes hollywoodianos de aventura às custas de sua recordação da interpretação do poema em sala de aula. No entanto, parece estranho ela se lembrar do poema o interpretando usando termos como "veja como os vikings eram bárbaros [...] eram realmente perversos". No mínimo, essa interpretação está desatualizada. A recente discussão acadêmica sobre o nórdico medieval já não se concentra mais em sua imagem tradicional, a de saqueadores vorazes, mas como navegadores extraordinários, exploradores, comerciantes e colonos. A cultura popular (representadas em séries de TV recentes como *Vikings* e *O último reino* [*The Last Kingdom*]), no entanto, continua a retratar o nórdico medieval como o invasor selvagem hipermedieval, como acontece desde a Idade Média, quando eram considerados por alguns, como argumentou Kevin Harty, "os terroristas globais da sua época".[2]

Mas, em termos ainda mais básicos, o poema *Beowulf* nem ao menos retrata os vikings. Apesar de se passar na Dinamarca e Gutland (atualmente Gotlândia, no sul da Suécia), a história, assim como quando provavelmente foi escrita, ocorre bem antes da Era Viking (considerada entre os séculos VIII e XI).[3] Se analisarmos a antiga divisão geográfica da Idade Média, é questionável dizer que foi durante a Era Viking que a Escandinávia entrou na Idade Média. Dito isso, a confusão de que todos os nórdicos pré-modernos eram "vikings" é comum — como se "viking" fosse um rótulo étnico em vez de um momento cultural específico. Os vikings são agora um conceito tão denso que qualquer cultura relacionada é puxada para dentro do seu campo gravitacional — como tal, *Beowulf*, com a sua reflexão sobre a cultura guerreira da idade do ferro escandinava, agrupa-se com os vikings.

Considerando a declaração de Erica sobre os vikings e *Beowulf*, é tentador culpar seus professores por fomentar o equívoco. Mas, sem mais informações das lições acerca do poema, tal julgamento deve ser evitado. As memórias de Erica podem ou não ser precisas — e qualquer aprendizado que ela tenha desenvolvido na escola foi suplementado e misturado a uma infinidade de representações dos vikings como invasores cruéis que trajavam capacetes com chifres. Uma falsa memória de uma lição escolar, ou mesmo uma mudança no foco aparente, é possível. A avaliação de Erica sobre o filme foi de que ele era muito convencional — "[...] um herói típico, vilão, o tipo de coisa relacionada a princesas" — para ser historicamente preciso. Mas o poema original é, se reduzido aos pontos mais básicos da trama, uma história extraordinariamente convencional de ação e aventura. Nela, um herói masculino, famoso por seus feitos, supera monstros em uma vaga estrutura de três atos. O único elemento hollywoodiano que falta no filme e que há no poema é o interesse amoroso (o que o filme de Zemeckis fornece, mais ou menos). A reprovação de sua convencionalidade por parte de Erica revela a ideia de que as convenções do cinema fazem uma história, por definição, nem historicamente precisa, nem uma adaptação fiel à literatura.

Stephen e Justin (que frequentaram a escola juntos) também aprenderam sobre *Beowulf* na escola. Mas o professor deles tinha uma interpretação muito diferente:

> Stephen: Lembro-me de aprender sobre Beowulf até certo ponto, mas acho que a história parou com "E ele matou a mãe, e foi só isso". Em vez disso, ele fez sexo com a mãe, foi pai de um dragão, e [o dragão] matou ele, sua esposa e sua amante. É, eles meio que pararam em "sim, mataram a mãe do Grendel, e viveram felizes para sempre". [risos] Lembro-me de tentar fazer um desenho disso. Você lembra das aulas da sra. Baldwin?
> Justin: Sim.
> Moderador: Certo. Então, você acha que as partes decadentes, brutas e o sexo extra foram um pouco... Elas se complementam?
> Stephen: Sim, acho que sim, é mais representativo do que as coisas da escola.

Para Stephen, o filme divergiu das suas expectativas em relação ao poema porque, neste, havia "decadência" e sexo. Mas esse conflito — entre o filme e a memória do poema — fez com que ele rejeitasse sua memória de infância e aceitasse a narrativa sexual no filme como autêntica à versão original. Isso aconteceu apesar de a narrativa ser uma invenção dos cineastas. Isso não quer dizer que Stephen considerou o filme uma adaptação inteiramente fiel. Ele disse: "É sempre muito interessante ver o quanto da história mudou." Ao que Justin respondeu: "Penso que muito, provavelmente." A avaliação de Justin é hesitante, mas parece concordar que uma adaptação cinematográfica precisa se afastar da versão original. Mas ele entendeu incorretamente a narrativa sexual do filme a considerando autêntica.

Esses argumentos trouxeram à tona diversas suspeitas que o grupo tinha em relação aos cineastas ao adaptarem literatura. Muitos participantes sentiram que os cineastas tendem a se preocuparem estética ou economicamente mais do que em produzir uma adaptação fiel de *Beowulf*. Por exemplo, Erica disse que os eles

> amenizam muitas coisas para tentar conseguir espectadores tanto quanto possível. Não acho que levam em consideração o valor histórico. [Os cineastas] apenas pensam "se fizermos assim, mais pessoas assistirão" [...] [*os cineastas*] tentam tornar [o filme] o mais convencional possível, e [*Beowulf*] não se ateve à história real, o poema e tal. Sim, estragou um pouco.

Para ela, a história de *Beowulf* tem valor por conta de sua história pessoal, e que as tentativas de o tornar mais convencional o "arruinou". Ainda que o conhecimento de Erica sobre *Beowulf* fosse apenas superficial, o filme não era o que ela achava que fosse. Da mesma forma, quando perguntados sobre como os elementos fantásticos do filme se relacionam aos elementos históricos, três participantes do grupo de junho os relacionaram a convencionalidade:

Sean: Havia um dragão no poema original?
Stephen: Não tenho certeza.
Justin: Não me lembro de haver um dragão.
Stephen: Não, bem, lembro que paramos na mãe de Grendel [na escola], eu não sabia que ele era o pai de um =
Justin: = É, eu não sabia que havia um dragão, mas ele meio que se encaixa quando você pensa em um conto medieval.
Sean: É verdade.
Stephen: Acho que seria muito interessante se não houvesse um dragão no poema original, porque isso sugeriria que Hollywood incluiu um. Porque [para Hollywood] é um filme medieval e, portanto, deve haver um dragão nele.

Eles admitem que suas memórias acerca do poema são incompletas — é possível que nunca tenham aprendido sobre o episódio final na escola (omissões do ensino escolar já presentes em suas mentes após sua avaliação das supostas omissões do material sexual). Mas isso também não é surpresa, visto o desprezo por parte da cultura popular a respeito do último evento do poema. Como mencionado anteriormente, nenhum outro filme ou adaptação para a TV de *Beowulf* inclui o evento com o dragão. Beowulf é mais frequentemente lembrado por sua luta com Grendel (daí o nome do filme de 2005, *Beowulf & Grendel* [*A lenda de Grendel*]). Dragões apareceram com mais frequência na cultura popular em cenários relativos ao ápice da Idade Média ou ao seu período final do que em representações da Idade Média arcaica — São Jorge é o principal exemplo, mas isso também é evidente em filmes como *Coração de dragão* [*Dragonheart*] (1996), *O dragão e o feiticeiro* [*Dragonslayer*] (1981), ou mesmo em *Shrek* (2001). Dito isso, desde o lançamento de *Beowulf*, houve pelo menos duas grandes representações culturais populares de dragões existentes em mundos de fantasia viking: a franquia de filmes de animação da DreamWorks *Como treinar o seu dragão* [*How to Train Your Dragon* (2010, 2014 e 2019) e o jogo para computadores que foi um sucesso de vendas, *Skyrim* (2011). Não se sabe se isso sinaliza uma mudança duradoura na forma como os dragões são apresentados na cultura popular.

Os participantes do estudo sustentaram a ideia de que o filme é medieval porque a presença de um dragão é quase um pré-requisito para a fantasia medieval. No entanto, essa explicação parecia simples demais. Então eles passaram por um processo de tomada de decisão complexo, tentando deduzir se o que assistiram era admissível.[4] Por um lado, um dragão é o monstro arquetípico medieval — tal como pode ter sido no original. Por outro, essa universalidade o torna perigosamente convencional. Mais tarde, Stephen acrescentou: "Ou essa história é a origem da ideia de que dragões deve estar em toda fantasia medieval, ou Hollywood pensou: 'É uma história medieval, portanto precisa de um dragão.'" Stephen não sabe que as duas opções são, ao menos parcialmente, verdade.

Começando com *Beowulf* sendo a origem para a metáfora do dragão: *Beowulf* certamente não é o conto mais antigo a incluir as criaturas (que estiveram presentes, não obstante de formas diferentes, na literatura clássica), embora se destaque como parte de uma tradição que aloca as histórias mais antigas sobre dragões na Idade Média — e é a mais antiga existente em qualquer variante do inglês.[5] Como Christine Rauer afirma sobre o dragão em *Beowulf*, "nenhuma fonte literária foi estabelecida consensualmente, mas [o episódio] está rodeado por inúmeros análogos".[6] Estudiosos têm explorado dezenas de obras similares nas tradições germânica e escandinava, incluindo o dragão que Sigmund enfrenta em *Nibelungenlied*, ou a batalha de Thor contra Jörmungandr durante o Ragnarök na *Edda*. No entanto, Stephen não se referiu à época de *Beowulf*, mas a seu lugar no cânone que instaurou dragões nas fantasias medievalescas modernas. Embora nenhum estudioso tenha traçado as fontes e evolução dos dragões nos medievalismos modernos, é possível especular que J.R.R. Tolkien, que se distingue como um dos autores fundamentais do gênero, teve um papel decisivo na atual ubiquidade cultural das criaturas. Tolkien criou o dragão Smaug em *O hobbit*, em parte, seguindo a tradição germânica/escandinava, com a qual se afeiçoava. Considerando os interesses acadêmicos de Tolkien, é possível conjecturar que Smaug — e, portanto, o protótipo moderno de dragão fantástico — foi provavelmente inspirado por dragões encontrados naqueles contos, incluindo *Beowulf*.

Mas voltando às falas de Stephen: ele e outros participantes pareceram enxergar a influência hollywoodiana como deturpadora por padrão. A interpretação deles do filme foi de que as figuras de Hollywood são intrinsecamente desconectadas da fidelidade ao poema original. Como resultado, em qualquer circunstância em que a presença dos cineastas se torna aparente, o filme passa a não ser confiável. O que eles não sabem é que, de fato, algumas dessas metáforas de filmes podem ter suas origens na própria literatura medieval.

BEOWULF COMO HISTÓRIA E/OU FANTASIA

A versão de Beowulf de Zemeckis ocupa um meio-campo desconfortável entre História e fantasia. O filme se passa ostensivamente em local e tempo reais: a legenda no início indica que a história acontece na "Dinamarca, 507 d.C." (Figura 5.1).

E, no entanto, é um mundo repleto de monstros fantásticos e magia. Assim, o filme se situa e, ao mesmo tempo, não se situa em nosso mundo. Talvez a proveniência e a montagem medieval de *Beowulf* faça os espectadores pensarem que ele seja mais histórico que *O retorno do rei*, estritamente fantástico? Como os participantes lidaram com esta mistura entre História e fantasia?

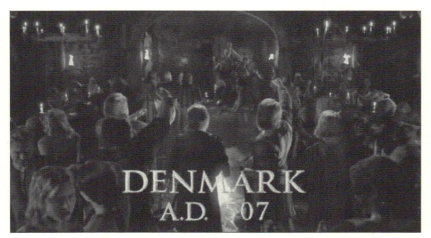

Figura 5.1 O cenário histórico em *Beowulf*, de Zemeckis (Paramount Pictures, 2007).

Como esperado de adultos, nenhum dos participantes pensou que *Beowulf* apresenta uma história verdadeira. Por essa razão, alguns também se recusaram a identificar o filme como medieval. Erica comentou que *Beowulf* "tenta ser mais fantasia do que História" graças aos "diferentes tipos de monstros e toda a mitologia [...] sobre eles".[7] Jess também rejeitou que o filme fosse uma descrição da Idade Média, "porque era um conto de fadas, entende? A Idade Média foi um período real, por isso não havia dragões." Para ambas, a inclusão de elementos fantásticos impede que o filme seja considerado uma representação do período — fantasia e História são, simplesmente, gêneros que se excluem.

Alguns consideraram *Beowulf* híbrido. Robert explicou: "Parece que segue o estilo de *O Senhor dos Anéis* [...] Eu não entendo o que ele [o diretor] deseja, porque há partes em que acho que o objetivo é a precisão histórica, mas, em outras, é ridículo." Justin assistiu a filmes de fantasia antes, mas classificou *Beowulf* como especial porque "é original da forma que ele se apresenta... Quero dizer, nunca assisti outros filmes que representem tanto a Idade Média em um ambiente quase completamente místico como esse". Para ele, o filme não era uma fantasia, mas ambientado no mundo medieval real, com uma camada de magia adicionada. Essa abordagem é relativamente comum em adaptações da literatura medieval, como *Excalibur* (1981) ou *Robin Hood: O príncipe dos ladrões*.

Embora alguns tenham acreditado que *Beowulf* não fosse completamente verdadeiro, e que alguns o tenham rejeitado como um filme histórico, muitos acharam que cenas ou elementos específicos eram medievais. Chloe opinou: "Pensei que era um filme realmente medieval", ao que Erica complementou: "Na minha folha [de associação de palavras], basicamente tudo o que escrevi estava no filme". Quando questionada por detalhes, ela listou: "Batalhas, reis, espadas, armaduras, monstros, dragões, cavaleiros, religião, divisão entre ricos e pobres, assados de porco, música medieval tocada em harpas [...] Tudo o que escrevi estava naquele filme." A cena de abertura — um banquete interrompido pelo ataque de Grendel — foi destacada como particularmente medieval. Erica relatou:

Erica: Acho que a primeira cena, a do banquete, era típica, pensando a partir do que vi. [O banquete] era muito típico, e pensei que [ela] foi muito bem-feita e capturou muitos aspectos da vida medieval em uma cena [...] Muitas das coisas que escrevi no questionário estavam naquela primeira cena. Havia banquetes, uma música adorável [...] bêbados; pessoas vestindo armaduras, e também um pouco de briga, e o porco assado e também o rei sentado em seu trono. E tudo mais, basicamente, que você entenderia como medieval estava naquela cena.

Isso corresponde à forma como a historiadora Martha Carlin identifica banquetes, como o da primeira cena de *Beowulf*, como um componente essencial dos medievalismos em nossa cultura:

De romances vitorianos a filmes de Hollywood, e dos quadrinhos *Far Side*, de Gary Larson, até restaurantes temáticos que oferecem "banquetes medievais" com justas, o banquete medieval serviu como lentes através das quais o público poderia ver o passado tanto como um símbolo da perda de esplendor da aristocracia, como um espetáculo bárbaro, mas divertido.[8]

Para Erica, a cena inicial de *Beowulf* apresentou muito desse último aspecto — um espetáculo bárbaro que se encaixou perfeitamente com as suas expectativas relativas à Idade Média, e a ajudou a identificar o filme como autenticamente medieval.

A cena inicial de qualquer filme é particularmente importante. Ela estabelece o tom, geralmente apresenta os personagens principais e introduz o universo. A primeira cena de *Beowulf* de Zemeckis pode ser criticada por apresentar uma visão estereotipada de uma Idade Média bárbara, beberrona e suja, mas essa visão ecoou nesses espectadores. Para eles, a cena praticamente gritou "medieval!", e, através dessa comparação, poderia ser considerada um sucesso.

No entanto, alguns participantes resistiram ao pensar nas cenas de *Beowulf* em termos de Idade Média. Justin disse que "não coincidiu com a imagem arquetípica do que eu tinha do medieval". Dan se ateve mais em termos de fantasia do que História: "Não me fez pensar que era especialmente relacionado à Idade Média — não foi o que me impressionou. [O filme] era mais como um reino de fantasia em que outras coisas estavam acontecendo, [embora] exibindo [...] um pouco mais da Idade Média." Jess detestou o filme. Ela demonstrou de diversas formas; ela discordou particularmente da medievalidade do filme como um resultado de sua impressão negativa acerca da falta de realismo, bem como o seu cenário:

> Jess: Não sei. Quando penso na Idade Média, sinceramente, banquetes e coisas assim que vêm à mente. Mas o resto, todo o roteiro pareceu tão... Quero dizer, tão ridículo, entende? Eu pensei "talvez aconteça na Dinamarca", mas não "ah, isso poderia facilmente acontecer aqui".

Primeiro, Jess concorda que a primeira cena é admissível, mas rapidamente rotula o resto do filme de absurdo. Ela relaciona o fato a sua ideia abrangente de uma Idade Média britânica; não é possível na Grã-Bretanha, porque a Grã-Bretanha não é tão ridícula. A Dinamarca medieval é um lugar tão liminar em sua imaginação que *literalmente* pode ser rotulado por um "aqui há dragões". Isso parece contradizer sua afirmação anterior de que no filme "havia montes de monstros e coisas que, com toda a certeza, se associam à Idade Média". Jess compreendeu intuitivamente a imagem recebida da Idade Média como local de fantasia e monstros, mas, nesse caso, rejeitou-a em favor de uma definição mais rígida, possivelmente devido ao seu desagrado frequentemente expresso em relação ao filme em geral. Ela detestou tanto o filme que se predispôs a contradizer a si mesma em função de buscar armas para atacá-lo — talvez porque ela tenha achado difícil explicar a razão real de seu desdém.

As eras das trevas, média ou universal de *Beowulf*
Em discussões posteriores, alguns dos participantes que nomearam

Beowulf por "muito medieval" expressaram mais tarde desconforto com esse rótulo. Grande parte da inquietação se centrou na percepção de alguns participantes de que o filme se passava na "Idade das Trevas" e era sobre "vikings", o que o situou em uma época ou local diferentes da Idade Média. Erica disse: "Eu categorizo medieval em britânico, essa atmosfera, enquanto não sei categorizar os vikings da mesma forma [...] Talvez fosse antes do medieval." Justin reagiu de forma semelhante: "Especialmente no início, não é como se eu já tivesse visto a Idade Média. Eu teria pensado que se passa bem antes, mas — bom, não bem antes, mas, sabe, cem anos antes, talvez." Stephen continuou a partir daí:

> Stephen: Nunca percebi que os anglo-saxões e os vikings eram parte da Idade Média; eu pensava que [a Idade Média] veio depois. Mas acho que isso não faz sentido. Acho que na escola [...] na visão ordenada dos segmentos da História, há os anglo-saxões e os vikings, e então a Idade Média, e depois os Tudors.

Essa é mais uma evidência de que a experiência escolar moldou sua consciência histórica em um nível básico e estrutural. Ao aprender sobre "romanos, anglo-saxões e vikings" na escola primária em um módulo separado da "Idade Média", não é inesperado que Stephen não associe os vikings ao período.

Os participantes ofereceram uma série de razões para considerar *Beowulf* pré-medieval — frequentemente citaram a cultura material e social representadas no filme. Dito isso, *nunca* mencionaram a data do início (507 d.C.). Os indicadores mais constantes de que *Beowulf* se passa durante ou antes da Idade Média se alinhavam ao desenvolvimento arquitetônico e na emergência da monarquia. O mundo do filme, entre o segundo e terceiro atos (entre a morte da mãe de Grendel e o início do evento com o dragão), muda intensamente. De muitas formas, durante o vácuo de 15 anos, o mundo evolui da Idade Média Arcaica para a Alta Idade Média, ou, como Gwendolyn Morgan argumenta, de um mundo épico anglo-saxão para um romance medieval.[9] Isso é visível de três formas: primeiro, a evolução do cenário de uma aldeia pequena com estruturas à base de madeira ao redor de um salão de hidromel, para uma cidade esparsa nos arredores de um castelo. Em segundo lugar, a evolução do politeísmo nórdico para o cristianismo como uma religião de maior poder cultural. E em terceiro, de uma estrutura de poder onde Hrothgar se destaca como líder local para uma em que Beowulf se torna rei de um território mais amplo.

Justin descobriu inicialmente que o mundo de *Beowulf* diferia de suas expectativas do passado medieval porque

> Justin: esperava que fosse um pouco mais desenvolvido e um pouco maior do que isso, um pouco mais avançado [...] os assentamentos seriam maiores [...] e haveria um monte de elementos agrícolas, como os campos arados [...] Eu esperava que fosse muito maior, realmente.

Isso promove a concepção acerca do conceito de Justin sobre a paisagem medieval da qual *Beowulf* difere nos pontos necessários: agricultura e cidades. Stephen encontrou outros pontos que faltavam: "cavaleiros e castelos e coisas assim; não há nada desse tipo, mas provavelmente apareceram algumas centenas de anos mais tarde". Justin, então, acrescentou: "Há um pouco disso no fim, quando o cenário pareceu se desenvolver um pouco mais." Jess também notou a mudança. Em primeiro lugar, ela reagiu positivamente à representação do salão de hidromel Heorot como modelo da Idade Média: "Eu gosto do salão da primeira parte, parecia um salão medieval para mim." Quando foi perguntada sobre detalhes, ela expressou desconforto:

> Jess: [De início] era uma área primitiva, de caça e banquetes, muito como um salão de hidromel. E então [...] não acredito que eles passaram daquelas cabanas para aquele castelo [...] o segundo castelo também pareceu muito... por que você construiria duas torres com uma ponte próxima a elas? [...] um esquema nada prático. Não achei muito realista.

Desse modo, enquanto Justin e Stephen sentiram que as mudanças arquitetônicas aproximaram o filme de suas percepções da Idade Média, Jess notou que as mesmas mudanças a afastou. Ela não se sentia à vontade com a ideia de uma rápida mudança cultural, não só por causa da estrutura impraticável do castelo, mas pela própria existência de um castelo. Talvez Jess achasse implausível por razões econômicas ou logísticas (a rapidez com que a aldeia se tornou uma cidade, ou a rapidez com que se poderia construir um castelo). No entanto, contribuir para isso pode ser uma falta de compreensão sobre a natureza muitas vezes rápida da mudança cultural. Enquanto todas as crianças em idade escolar na Grã-Bretanha aprendem a data 1066 e os acontecimentos que a rodeiam, Jess pode não ter compreendido completamente a revolução arquitetônica trazida pelos normandos. Como escreve Hugh Thomas:[10]

> Guilherme o Conquistador e alguns de seus seguidores também tiveram os primeiros fortes de pedra da Inglaterra [...] muitos castelos reais foram construídos para dominar cidades fortificadas, o que ajudou os normandos a consolidar sua conquista e dar aos governantes seguintes uma maneira de manter o controle de áreas urbanas.

Além disso, houve uma revolução simultânea na arquitetura da igreja:[11]

> Religiosos normandos também trouxeram mudanças importantes à arquitetura eclesiástica. Dentro de 15 anos de conquista, e em alguns casos dentro de trinta anos, os normandos começaram a reconstruir cada uma das igrejas na Inglaterra, exceto pela Abadia de Westminster.

Em suma, a Inglaterra passou de salões de madeira a castelos de pedra dentro de uma geração. Embora haja uma série de benefícios da modularização da educação histórica, a falta de compreensão sobre as transições entre períodos é um problema grave — períodos de mudança profunda que, indiscutivelmente, são as partes mais fascinantes do passado. Falando sobre a tese de Morgan de que *Beowulf* representa uma ponte entre estilos literários, o castelo não tem a intenção de ser um castelo real, mas um castelo do romance medieval.[12] Sua arquitetura fantástica tende a torná-lo um símbolo, e não um castelo real. Se essa era, de fato, a intenção dos cineastas, não atingiu seus objetivos nesta audiência em particular.

Alguns, em vez de discutir *Beowulf* dentro de um contexto histórico, pensaram na narrativa de forma contrária. Eles a enxergaram como um conto universal que apenas é medieval porque foi situado naquele período pelos cineastas — apesar de suas origens pré-medievais. Erica sustentou esta visão: "Você poderia vesti-lo com qualquer tipo de roupa, e então teria pertencido a qualquer época. [...] tudo que é diferente nele é a armadura." John também ponderou que a narrativa era independente de seu período:

> John: A história foi situada propositalmente naquela época, Idade Média ou tempos medievais, para parecer uma história completa. Quero dizer, a história da História por si só. Se você tirar todas as pequenas descrições, é sobre alguém que detém o poder e que teve um passado vergonhoso, e então seria possível modificá-la para caber em dias atuais [...] Se se passa nos tempos medievais, ninguém vivo hoje — bem, algumas pessoas poderiam ter uma ideia de como é —, mas acho que é mais concebível para a maioria dos espectadores [...] eles podem imaginar que houve dragões nos tempos medievais porque não estavam vivos.

John aceita a narrativa do "passado vergonhoso" (inventada pelos cineastas) sendo autêntica à história original. Porém, e mais importante, ele aqui faz uma observação interessante sobre o papel da Idade Média como um parque cultural comum de fantasia. Uma vez que, para ele, muitos espectadores não conhecem bem a Idade Média (fora da memória em vida), então posicionar uma história naquele período a torna verossímil. No entanto, John está apenas parcialmente correto. Ao ignorar, por um momento, as origens medievais do poema, não há razão para que uma adaptação de *Beowulf* deva se passar na Escandinávia Medieval Antiga — o livro de Neil Gaiman, *The Monarch of the Glen*, situa a história de *Beowulf* nos dias de hoje, e tanto o filme de 1999, *Beowulf: O guerreiro das sombras* [*Beowulf*], quanto um episódio de *Star Trek: Voyager* ambientaram o conto no espaço.[13] Mas a Idade Média é conhecida na consciência histórica popular principalmente por seus ícones e metáforas — e se tornou um lugar-tempo aceitável, até mesmo padrão, para a fantasia como gênero. Estabelecer uma narrativa fantástica na Idade Média tem o potencial de torná-la mais aceitável. O filme não foi posto em um lugar e tempo verdadeiramente desconhecido de seu público (na Sibéria do século IV, por exemplo), mas em um lugar-tempo já carregado de ganchos mentais nos quais os cineastas puderam sustentar a sua história.

Em suma, as múltiplas ideias e imagens da Idade Média que os participantes sustentavam fizeram com que fosse difícil para eles situar *Beowulf* em um período histórico de forma segura. Por um lado, a maioria aceitou o filme como "medieval" porque retrata a sua percepção de uma era "bárbara", repleta de extremos de indulgência humana — luxúria, gula, embriaguez e violência. No entanto, a mudança do início da Idade Média para a Alta Idade Média foi notada e celebrada pela maioria dos participantes. A mudança de representação da mudança cultural para um mundo em conformidade com as suas percepções do que era a Idade Média foi bem recebida. Alguns tiveram dificuldade em enxergar *Beowulf* como medieval e fantástico. Eles se envolveram historicamente com os aspectos que consideravam históricos e não com os que consideravam fantasiosos. No entanto, alguns tiveram uma interpretação mais rígida — para eles, o hibridismo não se encaixa bem. Essas pessoas não estavam inclinadas a acreditar que qualquer coisa na tela fosse histórica, uma vez que elementos fantásticos foram introduzidos.

Aspectos fílmicos de *Beowulf*

O criticismo dos participantes em torno de *Beowulf* focou em dois pontos: o CGI e a linguagem. Seu desapreço pelos dois aspectos pode, em um primeiro momento, não estar ligado ao seu conhecimento sobre a Idade Média (e, portanto, seria irrelevante para este livro). No entanto, ao criticar esses dois elementos, os participantes os discutiram em termos históricos. Suas percepções da historicidade do filme pareceram intimamente entrelaçadas aos vários aspectos do filme que, ostensivamente, têm pouco a ver com sua relação com o passado. Por exemplo, quase todos os participantes reagiram negativamente à técnica de captura de movimentos CGI, utilizada extensivamente no filme. *Beowulf*, como nos outros filmes de Robert Zemeckis, *O expresso polar* [*The Polar Express*] (2004) e *Os fantasmas de Scrooge* [*A Christmas Carol*] (2009) foi praticamente criado por computador. O filme foi gravado usando uma mistura entre filmagens tradicionais e animação computadorizada; os atores vestiram roupas de *lycra* munidas com sensores de movimento e encenaram em um palco de som especialmente projetado para o filme (chamado "The Volume" por Zemeckis).[14] Depois que as cenas são gravadas, artistas digitais completam a cena colocando um olho virtual dentro de um espaço tridimensional para fornecer a perspectiva de uma câmera, e então preenchem texturas, iluminação e fundos nos *wireframes*. Ao criar o filme dessa forma, os cineastas possuem controle total sobre o produto final manipulando os dados a partir do computador. Fotos e ângulos de câmera não são o resultado do posicionamento de um dispositivo mecânico, mas o produto da perspectiva de uma câmera virtual. Os movimentos dos atores forneceram apenas uma estrutura de base sobre a qual os animadores digitais, então, adicionaram camadas de carne, pele, tecido e luz. Cada centímetro da paisagem e cada ponto de costura foi fabricado por um computador. Até mesmo o corpo de Beowulf foi criado através da mescla do rosto de Ray Winstone com o corpo de outras duas pessoas — o ator Alan Ritchson e o modelo fitness Aaron Stephens — para gerar um monstro Frankenstein esculpido digitalmente.[15]

Sean revelou que o CGI dificultou sua capacidade de se envolver com o filme: "Tenho alguns problemas em me envolver com a história quando é animada." Os participantes também notaram que a animação fez com que o filme parecesse destinado "a crianças". John foi um dos dois únicos que gostaram do CGI, mas até ele o condenou com um fraco elogio: "Pensei que o CGI seria muito pior." Robert disse: "Achei que [o CGI] estragou a história. Outra coisa que achei foi que houve uma mistura entre bajular o original e [...] a tentativa de ser historicamente preciso." Para Robert, "bajular o original" é oposto a produzir um filme historicamente preciso. O CGI era parte dessa divisão. Chloe foi mais categórica — quando perguntada sobre o que poderia ser feito para tornar o filme mais medieval, ela respondeu:

> Chloe: Tirando os gráficos de computador, e gravando, como ele disse antes, com atores e atrizes, e usando animações antigas para os dragões, ou...
> Moderador: Então o CGI por si só não lhe parece medieval?
> Chloe: Hmm [sim]. Concordaria com você.
> Moderador: Por quê? Por que acha isso?
> Chloe: Porque você sabe que é [gerado por] computador, não pessoas. E isso estraga imediatamente, acho, [que] coloca uma coisa gigante na minha frente que não me faz ser capaz de entender sob a perspectiva da vida real.

Para Chloe, um filme em CGI não pode ser medieval; a função de um filme histórico é interpretar eventos reais. O CGI é tido como uma camada interferente entre ela e a história na tela. O realismo, especialmente o realismo histórico, depende de uma relação entre o público, a câmera e o objeto a ser filmado. Quebrar essa barreira — como os cineastas de *Beowulf* fazem ao criar o mundo inteiro com um computador — remove o filme da realidade e, portanto, da História. Erica e Robert também sentiram que o uso da tecnologia violava o que esperavam de um filme medieval. Erica relatou:

> Erica: Sempre que penso em medieval, penso sempre em Robin Hood, [e] efeitos horríveis, realmente horríveis. E, não sei, esse tipo de atmosfera faz com que pareça mais medieval. Enquanto o que é gerado por computador, todo brilhante e polido, é novo demais.

Robert acrescentou: "Não é um período muito brilhante e polido, não é?" O corroteirista do filme, Roger Avary, curiosamente refletiu o desconforto dos participantes ao dizer: "Foi um modo estranho de produzir um filme que deveria ser sujo e lamacento."[16] Para eles, apesar da sujeira e do sangue em *Beowulf*, o CGI dá ao filme um senso de novidade. As técnicas dos cineastas eram novas e lustrosas, logo eles não poderiam produzir um filme com a pátina daquela época. Para todos, a tecnologia chamou a atenção para o filme como um produto da época atual em vez da medieval.

Os participantes travaram no CGI em *Beowulf* por razões históricas e estéticas — indicando uma conexão inconsciente entre eles. No entanto, apesar das duas críticas, uma câmera tradicional, é claro, não é mais medieval do que um computador voltado para a captura de movimentos. Ainda assim, nenhum dos participantes de forma alguma teve problemas com a Idade Média ser representada em filmes. Gerações futuras podem se acostumar com o CGI como um meio válido de apresentar a História, mas muitos da geração atual, não.

A segunda maior crítica levantada foi quanto a linguagem ser inapropriada para um filme medieval. A linguagem e o sotaque possuem um papel importante em um filme; podem rapidamente estabelecer aspectos culturais de um personagem e anunciar os espaços sociais que eles habitam. No entanto, em um filme histórico, atuam estabelecendo o período e podem até mesmo afirmar — ou contradizer — a percepção da precisão histórica.

A maioria dos participantes concordou que *Beowulf* não trabalhou bem esse aspecto. Todos os participantes criticaram os sotaques, particularmente o sotaque "londrino" adotado por Ray Winstone (Beowulf) e o sotaque "americano" de John Malkovich (Unferth). Jake, por exemplo, constatou: "Em *Beowulf* havia sotaques americanos, o que obviamente não se encaixa em filmes medievais." Porém, os participantes que reagiram negativamente aos sotaques tiveram dificuldade em propor uma alternativa melhor. Foi perguntado: "Que tipo de sotaque você esperava que ele tivesse?" Robert respondeu: "Se querem precisão histórica, procurem um ator dinamarquês ou façam com que Ray Winstone tome uma surra [risos] de sotaque dinamarquês." Justin contou que esperava o sotaque "sueco". Nenhuma dessas sugestões seriam historicamente exatas; nem os dinamarqueses modernos nem os suecos falam o inglês antigo do poeta de *Beowulf* ou o nórdico dos dinamarqueses medievais primitivos, embora Robert e Justin não tenham percebido isso.

Mas logo após sugerir o sotaque sueco, Justin recuou: "Assim como a música. Nós não poderíamos saber como era a música ou algo assim. Mas os sotaques — digo, o sotaque britânico, pareceu errado. O sotaque ligeiramente americano do John Malkovich não pareceu certo." Justin notou que sua intuição sobre os sotaques e música "pareciam errados" pode ter pouco a ver com o seu conhecimento de História. Ainda que os participantes estivessem enganados sobre o inglês ou o nórdico antigo não serem como o dinamarquês moderno ou o sueco, ninguém sugeriu que o filme deveria ser legendado para línguas estrangeiras, mas sim que deveria utilizar a convenção de Hollywood em indicar estrangeirismos através de mudanças no sotaque do inglês falado.

Isso é relevante à luz do fato de que a história do filme, por acaso, é baseada em uma linguagem estrangeira. *Beowulf* dança entre inglês moderno e o antigo sem legendas, falado por Grendel e sua mãe. Na cena em Heorot, os poetas (bardos) também cantam partes do poema original em inglês antigo. Stephen notou o uso dessa língua:

> Stephen: E agora, o monstro está falando anglo-saxão antigo? Pareceu que sim, não era inglês que ele estava falando, não é? Porque sei que é um poema anglo-saxão, um poema épico, então acho que Grendel falou partes do poema original.

Robert também sentiu que os aspectos da língua estrangeira do filme eram históricos. Quando lhe foi perguntado "que partes você acha que visavam a precisão histórica", sua primeira resposta foi: "Bem, os trechos semigermânicos."

Beowulf é o único filme neste estudo em que a linguagem é usada para estabelecer a historicidade (como um "efeito histórico", explorado mais adiante). Para esses participantes, produzir um filme em um idioma diferente do inglês faz com que pareça mais histórico, mais "estrangeiro". No entanto, qualquer sotaque regional inglês que os participantes pudessem identificar, especialmente de lugares que percebessem como não medievais (nesse caso, o londrino ou o americano colonial) "pareciam" anacrônicos. A falta de reações negativas às pronúncias recebidas (a partir daqui: PR) pode se dar pelo fato de que a PR é padrão para filmes históricos, bem como o "inglês britânico padrão". John H. Fisher chama de PR "a pronúncia que distinguiu a classe dominante britânica até ao fim da Segunda Guerra Mundial, e que ainda é ensinada em todo o mundo como 'inglês britânico padrão'".[17] Isso apoia a afirmação de M.J. Toswell de que

> o personagem medieval não anglófono é geralmente o vilão, e o personagem sem sotaque aprovado por Hollywood tem de demonstrar virtude, em vez de ser tomado pelo valor nominal.[18]

Embora, no caso de *Beowulf*, os personagens devessem demonstrar sua medievalidade em lugar de sua virtude aos espectadores na contramão do que o sotaque representa.

Apesar das críticas, *Beowulf* foi majoritariamente considerado medieval. A aceitação do que os participantes viram dependia das expectativas latentes em sua consciência histórica: como se relacionava a sua experiência com o *Beowulf* escrito, e como aderia às suas expectativas sobre a Idade Média. O CGI e os sotaques depreciaram o sentido de sua historicidade, mas isso contrastou com um filme que quase conscientemente aderiu às suas expectativas do que a Idade Média significa: beberrona, suja e violenta.

CRUZADA

Cruzada é um tipo de filme histórico diferente de *Beowulf*. É o único filme "baseado em fatos reais" neste estudo — ou seja, o único que pretende retratar pessoas reais participando de eventos históricos reais. Obviamente, filmes desse tipo — apesar dos protestos — não apresentam a História como ela era. Mas seu marketing, gênero e figuras de linguagem fazem afirmações sobre a verdade histórica que outros filmes não fazem. A essas afirmações se dá o nome "efeitos de realidade".

EFEITOS DE REALIDADE E EFEITOS HISTÓRICOS

Roland Barthes foi quem primeiro cunhou o termo "efeitos de realidade" em seu livro *The Rustle of Language* [*O rumor da língua*], de 1984, ao discutir a literatura de Flaubert.[19] Os teóricos anteriores, ao escrever sobre o trabalho de Flaubert, consideraram "supérfluos" ou "frívolos" os segmentos que procuravam estabelecer o realismo do trabalho ao leitor.[20] Barthes, por sua vez, os considerou criticamente importantes. Barthes também aplicou o conceito do efeito de realidade aos livros de História e aos filmes históricos, onde o detalhe, e em particular certos detalhes icônicos, indicam ao público a veracidade histórica da obra. Por exemplo, Barthes analisa o penteado da "franja romana", visto na versão de *Júlio César* [*Julius Caesar*] (1953) de Mankiewicz como um efeito de realidade. O corte de cabelo com franjas curtas no filme é uma marca comum romana (tanto que todos os personagens romanos masculinos do filme ostentam o penteado). A marca ganhou vida própria, adornando as sobrancelhas dos romanos em *A queda do Império Romano* [*The Fall of the Roman Empire*] (1964), *Gladiador* [*Gladiator*] (2000), *A legião perdida* [*The Eagle*] (2011), *A vida de Brian* [*Monty Python's Life of Brian*] (1979), entre muitos outros. Mas a sua onipresença tem muito mais a ver com referências definidas por filmes anteriores do que com a História.[21]

A teórica de cinema Vivian Sobchak levou essa ideia um passo adiante em seu exame da fenomenologia dos filmes históricos épicos, dizendo:[22]

> Quero iniciar esta exploração fenomenológica do épico histórico de Hollywood sem estabelecer ou debater definições sobre o "épico" ou o "histórico", ou pôr à prova as "demandas verdadeiras" do gênero. Em vez disso, meu projeto visa descrever, tematizar e interpretar um campo experimental no qual seres humanos constroem pré-teoricamente e desenvolvem uma forma particular — e culturalmente codificada — de

existência temporal. Já que meu objetivo é "isolar os efeitos históricos" do épico histórico de Hollywood, mas de modo que "pertençam a uma *audiência*" e à "indústria da vida pública", meu objeto de estudo não é bem os filmes em si, mas a *práxis* retórica e semiológica em torno do que o público vivencia a partir deles — expresso na linguagem "pré-reflexiva" ou "comum" utilizada em nossa cultura particular para delimitar e descrever o que é comumente captado como um modo "extraordinário" de representação fílmica.

Em outras palavras, Sobchack aplica o conceito de um "efeito de realidade" especificamente aos filmes históricos como um "efeito de História", que, para ela, é um momento, modo de representação ou figura de linguagem genérica que faz o indivíduo vivenciar, mesmo inconscientemente, outro tempo. São, na minha opinião, uma subcategoria de efeito de realidade, uma vez que o seu propósito é criar na audiência, simultaneamente, o sentido de que a imagem na tela é real e histórica (embora nenhum deles seja, de fato, verdadeira).

Alguns efeitos de História são fáceis de identificar. Títulos fortemente serifados (ou até mesmo em estilos de fonte inspirados no gótico) para indicar autoridade por associação à letra impressa. Materiais de marketing semelhantemente enfatizam a verdade do que está para ser assistido, estampando variações de "baseado em fatos reais". O trailer e os pôsteres (Figura 5.2) do filme *Robin Hood*, de Ridley Scott, por exemplo, alegavam contar "a história que não foi contada do homem por trás da lenda" — uma verdade que, quando analisada de perto, faz pouco sentido.

Dentro dos próprios filmes, é possível dizer que qualquer elemento que não adere à percepção popular do passado, e que não tem utilidade direta no desenvolvimento da trama, pode ser chamado efeito de realidade. *Beowulf*, apesar de ser um filme fantástico, apresenta muitos deles — a legenda de entrada que estabelecia a data em que a história se passa, o banquete repleto de pessoas bêbadas e o uso do inglês antigo como meio de estipular alguma credibilidade histórica para o seu público.

Cruzada, ao ser apresentado como uma "história real", teria efeitos de realidade ainda mais potentes. É compreensível esperar que os participantes do estudo aceitem o filme como uma fonte histórica mais confiável do que os outros. Mas, apesar disso, os participantes não acreditaram que todos os elementos apresentados eram verdadeiros, credíveis ou realistas.

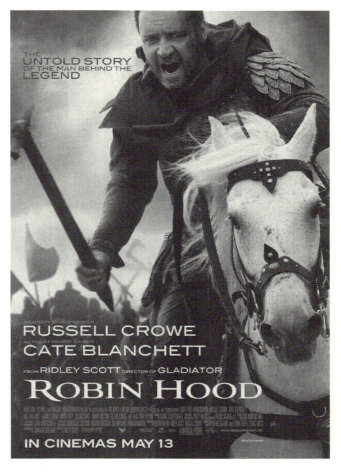

Figura 5.2 Cartaz publicitário de *Robin Hood*, de Ridley Scott, que faz uma afirmação ousada, ainda que confusa, da verdade histórica (Universal Pictures, 2010).

CRUZADA: HISTÓRIA E REALIDADE

Todos os participantes consentiram que *Cruzada* é um filme totalmente de acordo com a sua imagem da Idade Média e, portanto, um retrato fiel daquela época. No entanto, houve discordância entre o que era representativo do mundo "medieval" ou da "Idade Média". Robert achou o filme "muito Idade Média", mas "não medieval", porque "o medieval é menos realista em minha cabeça, e esse filme é bem real, mundano, em vez de mitológico". É interessante o uso de "mundano" como qualidade do realismo cinematográfico da "Idade Média", que simultaneamente relembra ideias vitorianas de uma Idade Média próxima à natureza, enquanto as ideias modernas do período são cobertas por pó e sujeira. Apesar de admitir que os participantes sabem pouco sobre a história apresentada, Stephen acreditava que *Cruzada* era realista por causa de seu gênero: "*Beowulf* buscava, acho, um público voltado para ação e aventura em geral, enquanto este filme tenta ser um pouco mais — quase digo 'real', mas não sei o quanto dele é verdade." Jake também se sentiu desta maneira: "Você não sabe se esses personagens existiram na vida real [...] porque deve haver bons e maus [...] Ao mesmo tempo, achei a história muito verossímil." Embora Stephen e Jake estivessem conscientes de que não sabiam o quanto do que assistiram "era verídico", eles o consideraram mais realista devido às suas figuras de linguagem genéricas, o que os levou intuitivamente a acreditar que era verossímil.

Os participantes não basearam o seu julgamento da exatidão do filme a partir de uma impressão global, mas em uma série de impressões menores. Eles analisaram elementos específicos, pesaram o realismo dos aspectos individualmente e depois agregaram esses resultados para formar um raciocínio holístico. Bem como em suas respostas acerca de *Beowulf*, eles atribuíram os problemas da história à influência corruptiva de Hollywood. Justin sentiu que as figuras de linguagem de *Cruzada* eram mais realistas e menos manipuladoras do que as de *Beowulf*.

> Justin: Bem, teria que haver elementos do cenário para serem destruídos. Quero dizer, até tinha aqui, mas [em Beowulf] a cena era feita de modo que prendia a sua atenção deliberadamente,

quase obviamente, como quando alguém corre por uma ponte que desmorona aos poucos. [...] neste [Cruzada], foi mostrado um aspecto tático dos dois lados, digo, em termos de batalha.

As convenções de *Beowulf* foram consideradas irrealistas por suas tentativas diretas de atrair a "atenção deliberadamente, quase obviamente". Por outro lado, o retrato bilateral de *Cruzada* da batalha foi considerado mais autêntico. Justin é um cinéfilo sofisticado, familiar o suficiente com convenções fílmicas que ele entendia se destinarem à manipulação das emoções — uma familiaridade que o preveniu dessa manipulação. Mas algumas manipulações de Hollywood passaram despercebidas. Ao contrário de *Beowulf*, nenhum dos participantes comentou sobre a pronúncia de personagens em *Cruzada* (nem o uso das línguas inventadas por Tolkien em *O retorno do rei*). Todos os personagens cristãos em *Cruzada* (exceto o personagem estereotipado simbólico do "grande bárbaro germânico" na comitiva do pai de Balian) falavam em inglês com pronúncia adquirida. Apesar do uso do sotaque, todos os personagens cristãos no filme são franceses.[23] Os participantes não apontaram a pronúncia adquirida usada pelos personagens franceses porque ela se tornou a forma convencional dos filmes de Hollywood retratarem os povos históricos europeus, particularmente os pré-modernos. Isso também pode contribuir para a ampla expectativa de que filmes sobre a Idade Média seja sobre povos *ingleses*, e que o período definitivamente se refere à Inglaterra. Jess expressou surpresa ao descobrir que *Cruzada* é sobre o povo francês.

Muitos se referiram à cultura material do filme como particularmente — e louvavelmente — precisas. Já o roteiro não foi tão bem assim. Robert disse: "O filme representou o período muito bem, como nas roupas, e passa a sensação daquela época. Mas a história me pareceu clichê e estereotipada [...] em si não parecia real." Outros participantes, como Robert, distinguiram entre os aspectos visuais e narrativos do filme.

Em termos visuais, a avaliação dos participantes sobre a exatidão pareceu se basear na impressão de detalhes — o que constitui um importante efeito de realidade/História. Por exemplo, apesar de afirmar que não sabia muito sobre como era o período, ao ser perguntado sobre se o filme parecia realista para ele, Robert respondeu:

> Robert: Suponho que, de certa forma, sim. Quer dizer, sem nenhum conhecimento prévio, se alguém viesse para mim e dissesse "era assim que se parecia", eu teria acreditado. Mas, obviamente, estou avaliando a partir de um filme. Então eu o julgaria como realista. Mas, no que diz respeito a parecer real, não me chocaria se não fosse.

Curiosamente, ele diferenciou o filme por ser "real" — querendo dizer, na verdade, que era historicamente preciso— e "realístico" — que parecia real. Essa impressão de detalhes foi uma influência importante nas percepções de outros participantes. Robert, por exemplo, disse:

> Robert: Para mim, sinto que eles gastaram um tempão trabalhando nos detalhes do filme para que não falhassem nisso. Pessoalmente [...] pareceu importante para o diretor construir todos os detalhes de forma correta.

Os participantes tiveram a sensação de que a cultura material do período histórico de *Cruzada* foi bem representada pelo diretor, que, assim, fez do filme uma fonte histórico-visual confiável. É difícil assimilar o que causou essa impressão especialmente, mas é um salto lógico compreensível. Se o mundo do filme parece tão detalhado como o que nos rodeia diariamente — com uma variedade similar de roupas, ou uma cena repleta com objetos bem detalhados da vida cotidiana — será intuitivamente mais realista. Esse sentimento persistirá mesmo que não se saiba de que se trata de algo "real". Em muitos casos, a exatidão dos detalhes é menos importante do que a impressão propiciada de que existem em um mundo completamente concreto. Isso confere credibilidade à teoria de Barthes acerca dos efeitos da realidade — os detalhes "desnecessários" são, de fato, primordiais para transmitir um senso de realidade tanto no filme de Ridley Scott quanto nos romances de Flaubert.

Muitos destacaram a violência do filme, constando que correspondia às suas expectativas e fez com que parecesse mais realista. Em um primeiro momento, o filme entrou em conflito com a compreensão de Mark sobre a Idade Média e a era pré-tecnológica: "Eu não sabia que eles já tinham torres de cerco, eu talvez tenha pensado [...] que seria um desenvolvimento tecnológico posterior." A forma como Mark formula essa ideia é importante; começando com "eu não sabia", e usando o subjuntivo "eu talvez tenha pensado" (em vez do mais assertivo "eu não acho" ou "eu acho isso"); está claro que ele julgou o filme como uma fonte confiável de conhecimento — talvez ainda mais do que sua consciência histórica. Em suma, esse foi um momento de aprendizagem. Dan, Mark e Jake também acharam que a violência no filme era credível:

> Dan: Eu considerei o enredo geral muito cabível. Algo que sempre me irrita em filmes são as espadas, quando matam pessoas com espadas — o que não acontece. Meio que glamouriza a batalha um pouco, quando você pode morrer rapidamente ao cortarem a sua cabeça. Enquanto, na verdade, as espadas não eram tão afiadas, então eles deveriam bater uns nos outros com elas até a morte.
> Jake: O mesmo acontece com as flechas, também. É como naquela primeira cena de batalha, quando estão na França. Não é o tipo de situação em que um disparo de flecha que mata imediatamente =
> Mark: = Sim, na verdade um disparo não é suficiente =
> Jake: = Se você tem algo pontiagudo e afiado em você, alguém virá para cima. Achei que foi muito bom. Mais plausível.

Esse grupo aplicou uma combinação de conhecimento e intuição às figuras de linguagem — um entendimento prévio de que as espadas medievais eram menos afiadas do que as tipicamente retratadas nos filmes,[24] e que uma pessoa não necessariamente morreria instantaneamente de uma ferida causada por flechas. A violação das retratações típicas de Hollywood foi celebrada em *Cruzada*. As figuras dos filmes podem, portanto, ser autodestrutivas; espectadores aprimorados as veem pelo que são e, em vez disso, celebram os desvios se as cenas são mais plausíveis. Não foram apenas as armas em si que contribuíram para o realismo do filme, mas também a forma como as batalhas foram gravadas. Stephen e Justin perceberam que o estilo cinematográfico das cenas de batalha tornou o filme mais realista.

> Stephen: Acho que é possível ter uma sensação de corpo a corpo, que foi o =
> Justin: = O caos do corpo a corpo =
> Stephen: = Você não vê nada, só o caos ao redor. Você vê algumas pessoas [e] não sabe de quem é a mão que acabou de ser arrancada, se é muçulmana ou cristã. E, no frenesi da batalha, não é possível saber o que está acontecendo [...] Acredito que é de onde o realismo vem. O fato de estar bem ali, no nível dos soldados, no meio da batalha, na batalha.
> Justin: Sem esconder o fato de que aquilo é algo horrível pelo qual algumas pessoas tinham de passar.

Várias das cenas de embates em *Cruzada* (mais particularmente os grandes confrontos após o ataque da cavalaria no castelo de Kerak e o entrave na brecha na muralha ao final do cerco de Jerusalém) empregam uma técnica recentemente adotada para filmar cenas de batalha. Essa técnica adota *close-ups* extremos, manuseio de câmeras portáteis, tomadas em perspectiva de primeira pessoa e uma alternância entre cortes e avanços rápidos e câmera lenta para retratar a desorientação e o caos do corpo a corpo. Essa técnica se tornou comum nos últimos anos, utilizada por vários gêneros no cinema e na TV, incluindo *O resgate do soldado Ryan* [*Saving Private Ryan*] (1998), *A identidade Bourne* [*The Bourne Identity*] (2002), as franquias *Batman*, de Christopher Nolan, e *James Bond*, além de *Game of Thrones*.[25] A técnica se diferencia substancialmente de outros estilos cinematográficos de representação de batalhas (como visto, por exemplo, em *Beowulf*, *O Senhor dos Anéis: O retorno do rei* e as outras batalhas em *Cruzada*), nos quais são mostradas faces e corpos ao público, tipicamente em plano médio. Nessa nova abordagem, o público se vê desorientado, e as habilidades do herói na luta estão implícitas em vez de explícitas. Partes do corpo e armas se dissociam de seus donos, e é difícil distinguir aliado de inimigo. O resultado do combate — quem está vivo ou morto — só se torna claro quando a fumaça da luta se dissolve. O prazer em assistir as habilidades físicas do herói perde valor. Em *Cruzada* — assim como em muitos outros filmes que adotaram a técnica —, esse método de gravação de batalhas se destina a transmitir a ideia de que a guerra é caótica, aleatória e terrível. Isso contribui para a mensagem geral do filme: a guerra, em si, é a antagonista.

Os participantes responderam positivamente ao que entenderam ser rupturas com figuras de linguagem genéricas de Hollywood (em que a morte por espada ou flecha é, muitas vezes, rápida e sem sangue, numa tentativa de minimizar a violência e, assim, evitar a censura) em favor de uma visão mais violenta, caótica, menos "Hollywoodiana" e, para eles, mais realista da guerra medieval. Desvios limitados dessas figuras de linguagem genéricas podem ter efeito histórico. Tudo isso contribuiu para que os participantes sentissem que *Cruzada*, especialmente em sua representação da guerra medieval, é uma fonte confiável e apropriada de conhecimento histórico (principalmente sobre a cultura material das Cruzadas) com a qual se pode aprender. Claro que, tal como acontece com o estilo de gravação de *Cruzada*, esses desvios podem rapidamente perder a sua validade quando são adotados por outros filmes, e se tornam um novo "normal".

Baseado em uma história real?

O enredo não foi considerado tão bom quanto a cultura material. Muitos personagens em *Cruzada* são baseados em pessoas reais. Balian de Ibelin, Guy de Lusignan, Renault de Chatillon, conde Raymond III de Trípoli, conde Raymond de Tiberíades, princesa (e, mais tarde, rainha) Sibylla de Jerusalém, rei Baldwin IV de Jerusalém, Saladino, Imad-Ad-Din e Ricardo I da Inglaterra existiram, de fato. No entanto, os participantes desta pesquisa provavelmente não estavam cientes disso (exceto sobre Ricardo I e Saladino). Muitas vezes não há como o espectador casual de um filme histórico saber, enquanto assiste, quais personagens são reais, e quais entre eles são inventados ou combinados. Também é importante lembrar que todos os personagens de um filme — não importando sua origem histórica — são percepções dos cineastas. Como Roger Ebert observou em sua revisão de *Hurricane — O furacão* [*The Hurricane*] (1999):[26]

> Diversas pessoas me disseram duvidosamente que o filme era "ficcional". Bem, é claro que era. Aqueles que procuram a verdade sobre o filme de sua vida também podem procurá-la através de sua amada avó. Muitas biografias, assim como muitas avós, enxergam apenas o bem em um homem e demonizam seus inimigos. Elas passam silenciosamente por seus romances incautos. Ao dramatizar as suas vitórias, simplificam-nas. E proporcionam os melhores roteiros para os mais interessantes personagens. Se não fosse assim, nós provavelmente não pagaríamos para assisti-los.

Apesar disso, retratar uma pessoa que realmente existiu em um filme histórico comunica ao espectador que a história pode, ou até deve, ter *literalmente* acontecido. A pretensão de ser baseado em uma história verdadeira aumenta a expectativa de autenticidade histórica e realismo, em *Cruzada* muito mais do que em *Beowulf*. Enquanto este tinha apenas que parecer realista (de uma forma arquetípica ou icônica), aquele precisava aparentar ser *real*.

Acreditar que os personagens na tela não eram apenas realistas, mas reais, foi fundamental para as crenças de alguns participantes de que a história era verdadeira, e assim desfrutarem do filme. Katy descobriu que era mais capaz de acreditar na história e simpatizar mais com os personagens neste filme, porque atestou que *Cruzada*, ao contrário de *Beowulf*, mostrou pessoas reais. "Acho que a maior parte foi realista. E achei um pouco mais fácil, porque não havia personagens místicos, míticos; era tudo muito humano. [...] Era possível não simpatizar, mas ver a realidade." Dito isso, muitos questionaram se o protagonista — Balian de Ibelin — e a sua história eram reais. Como mencionado acima, Balian existiu (e Ibelin era um lugar real). No entanto, o histórico Balian de Ibelin foi, talvez sem surpresa, muito diferente do seu retrato no filme. A fim de obter empatia do público e adicionar drama à sua jornada, Balian é apresentado em *Cruzada* como um ferreiro que alcança poder e prestígio depois de embarcar na cruzada. Isso se encaixa em uma narrativa "do pobre ao rico", e, como em outros filmes que adotam esse tipo de narrativa (*Coração de cavaleiro*, por exemplo), a moralidade de classes mais baixas de Balian se justapõe contra a vilania de seus rivais aristocratas. A suposta moral superior da classe trabalhadora é uma metanarrativa comum na cultura popular e no discurso político, tanto no Reino Unido como nos EUA. O verdadeiro Balian era um nobre nascido na Terra Santa, e herdou o senhorio de Ibelin de seu irmão.

Há também uma série de outros desvios do registro histórico em relação ao personagem de Balian no filme. O diretor escalou o jovem Orlando Bloom para o papel, e projetou um encontro romântico entre seu personagem e a princesa Sibylla de Jerusalém. No entanto, durante esse período, o verdadeiro Balian tinha 15 anos de idade e era casado, com quatro filhos. Ao contrário do filme, a família de Balian não apoiava inabalavelmente o rei de Jerusalém. Durante o cerco, Balian trabalhou em estreita colaboração com o patriarca de Jerusalém, ao contrário da relação antagônica descrita no filme. O Balian histórico lutou na batalha desastrosa de Hattin, mas escapou com vida e fugiu de volta a Jerusalém. O Balian cinematográfico se abstém da batalha como objetor de consciência.

Posto isso, o verdadeiro Balian de Ibelin realizou alguns dos feitos heroicos relatados em *Cruzada*: conduziu a guarnição de Jerusalém a um impasse com a força amplamente superior de Saladino, consagrou sessenta cavaleiros burgueses da cidade em um dia, e negociou com êxito a rendição da cidade (em que a maioria dos cidadãos foi autorizada a comprar sua liberdade para evitar serem tomados como escravos dos sarracenos).[27] Mas, além disso, é difícil para um historiador discernir uma visão sem verniz dos traços característicos de Balian de Ibelin, pois existem vários relatos de sua vida a partir de diferentes crônicas. Essas crônicas diferem muito devido à fidelidade política dos seus autores —

alguns dos quais estavam alinhados a Balian, e outros ao rei Guy (o *Estoire de la Guerre Sante*, de Abroise, por exemplo, chama Balian de "mais falso do que um duende").[28] Como resultado, os relatos medievais (não muito diferentes dos filmes históricos) pintam um retrato irrealisticamente heroico ou vil do homem.[29]

Mas essas diferenças entre o registro histórico e o filme foram percebidas? Os participantes, muitas vezes, questionaram se Balian foi uma pessoa real por duas razões. Primeiro, havia uma percepção de que a jornada do herói — tanto a sua jornada moral, social e geográfica — era irrealista. Sua viagem geográfica o leva da França para a Terra Santa, e de volta outra vez; já a sua ascensão social evolui de ferreiro desconhecido até o título de barão de Ibelin, comandante da guarnição da cidade de Jerusalém e cônjuge da rainha do Reino de Jerusalém; sua viagem psicológica é da perspectiva de um cristão cansado que busca a absolvição até um herói vitorioso que abraçou o humanismo secular. As Cruzadas são apenas o pano de fundo facilitador dessas missões pessoais. Muitos participantes constataram que esses arcos eram irrealistas. Mark disse: "Sou um pouco cético sobre — não sei quanto tempo leva a história do filme —, mas sobre ele ter evoluído de ferreiro até ser o governante de Jerusalém. Sou um pouco cético quanto a isso." Erica sustentou esse aspecto. "O Orlando Bloom, ele era, não um fraco, mas um ferreiro feliz fazendo seu trabalho, e de repente ele se torna um grande, inabalável cavaleiro, que conhecia tudo — isso não pareceu convincente." Justin, Sean e Stephen citaram este motivo para acreditar que Balian não era real:

Justin: Não acho que o personagem do Orlando Bloom foi real.
Sean: [Sim, achei que ele era apenas um ferreiro, e então [ele] se tornou um guerreiro incrível.
Justin: É, ele foi apenas usado como um]
Stephen: Foi estilizado, suponho, como Shakespeare fez com Henrique V — o tipo de líder firme e heroico que vai levar Jerusalém à... rendição. [risos] Mas, não.
Justin: Foi quase, quase algo do tipo do "lixo ao luxo".

Este aspecto em especial do arco de Balian provocou as reações negativas devido à compreensão dos participantes de que a Idade Média foi um período de pouca mobilidade social, e com grandes diferenças entre ricos e pobres. Para eles, o heroísmo tem um componente de classe; qualquer camponês que suba ao nível da nobreza heroica requer explicação. Os cineastas explicam essa ascensão nas fileiras como uma característica da Terra Santa, que Finke e Shichtman vinculam de forma convincente a uma narrativa de excepcionalismo americano.[31] No filme, Godfrey apresenta Jerusalém como uma terra única de oportunidades, empregando palavras escolhidas para ressoar na imaginação do público americano acerca de seu próprio país:

> Você sabe... o que há na Terra Santa? Um mundo novo. Um homem que na França não tem um lar, é na Terra Santa um mestre de uma cidade. Aquele que é um mestre de uma cidade mendiga na sarjeta. Lá, no fim do mundo, você não é o que nasceu, mas o que tem dentro de si para ser.

Parte do texto de introdução apresenta Jerusalém de forma semelhante: "A Europa sofre nas garras da repressão e da pobreza. Camponeses e lordes vão para a Terra Santa em busca de fortuna ou salvação." No entanto, essa declaração — ainda que inserida na introdução para produzir efeito real — não foi suficiente para superar a percepção dos participantes de que era improvável. Esse tipo de narrativa pode ter sido eficaz sobre o público americano, mas não aconteceu o mesmo com o público inglês.

Histórias do tipo "da pobreza à fortuna" são comuns em filmes, e constituem uma metanarrativa para a autodefinição comum do "sonho americano". O filme também traz o comportamento cultural replicado da classe trabalhadora, estrangeiros notáveis que ganham poder político e prestígio (notoriamente exibido em *A mulher faz o homem* [*Mr. Smith Goes to Washington*], de 1939 — que é incrivelmente similar a *Cruzada* se imaginarmos Jimmy Stewart vestindo cota de malha e em meio a um cenário de guerra).[32] A inclusão dessas ideias aparentemente modernas em um filme que retrata a Idade Média provocou as reações negativas dos participantes — além de o roteiro do filme ter sido categoricamente considerado irrealista.

O SISTEMA DE ASTROS DE CINEMA E AS MASCULINIDADES MEDIEVAIS

A presença de Orlando Bloom no filme também fez com que alguns participantes não acreditassem que seu personagem era real. Curiosamente, isso se deu, em grande parte, porque o próprio ator não estava de acordo com as suas expectativas do que é um líder medieval. Na verdade, pareciam prestar mais atenção a ele do que ao personagem, Balian. Durante as discussões, o nome de Balian foi pouco utilizado, sendo lembrado, muitas vezes, apenas como "o personagem de Orlando Bloom". Muitas vezes, o nome do ator substituiu inteiramente o do personagem, como na fala de Erica: "[...] no início, quando a esposa do Orlando Bloom teve a cabeça cortada". Em contraste, os personagens de *Beowulf* e *O Senhor dos Anéis: O retorno do rei* foram lembrados pelos seus próprios nomes, e não pelos dos atores — até mesmo Legolas, interpretado pelo próprio Orlando Bloom, em *O retorno do rei*. Isso indica que algo em *Cruzada* os impediu de enxergar o personagem em vez do ator. Talvez seja uma consequência do sistema de astros de cinema, que fez de Orlando Bloom um nome conhecido naquela época, o retrato do personagem ou o fato de que "Balian" é um nome incomum (embora não menos que "Frodo", "Aragorn" ou "Beowulf").

Os participantes não gostaram do fato de terem reconhecido o ator que desempenha o papel principal. Katy, por exemplo, achou que Orlando Bloom foi escalado apenas em prol de uma manobra de marketing, e que seu papel era de objeto sexual: "Orlando Bloom, um personagem desses, interpretado por um ator como aquele, [Bloom] é provavelmente uma espécie de manobra para fazer as pessoas assistirem [...] isso força as pessoas a assistir, porque, particularmente, as mulheres gostavam dele." Stephen concordou. "Acho que foi por isso que não acreditamos nem reagimos bem, porque sabemos que ele está lá como o astro [...] para atrair pessoas ao filme." Os participantes pareciam hiperconscientes de que estavam vendo uma estrela no papel principal, e se depararam com o que perceberam ser outra tentativa de manipulação de Hollywood. O repúdio a Orlando Bloom, no entanto, não se deu apenas porque ele era uma estrela conhecida. Stephen citou características físicas andróginas de Bloom como uma razão para não gostar dele no papel: "Orlando Bloom é conhecido como uma celebridade e é um galã [...] [ele é] ofuscante demais [...] ao avistar Orlando Bloom, você logo conclui que ele é um rapaz bonito." As duas últimas palavras, "bonito" e "rapaz", são de igual importância; a percepção do apelo a um público feminino heterossexual ou masculino homossexual, e também a juventude, prejudicam a apreensão do encaixe de Bloom como protagonista de um épico medieval.[33] Quando perguntado que ator seria mais apropriado, Justin disse: "Liam Neeson [que interpreta o pai de Balian] era um pouco mais o que eu pensava desse tipo de personagem." Quando comparado a Neeson, alguns supuseram que Bloom era muito jovem ou imaturo. Stephen alegou "Acho que tem muito a ver com a idade", e que um herói apropriado deveria ter "cabelos brancos".

A reação a respeito de Orlando Bloom no filme é bastante semelhante à de homens heterossexuais no tocante à estrela de cinema da década de 1920, Rudolph Valentino, famoso por suas interpretações de uma série de "amantes latinos", altamente sexualizados. Como Harry Benshoff e Sean Griffin recontam:[34]

> enquanto multidões de fãs do sexo feminino o adoravam intensamente, alguns espectadores do sexo masculino se tornaram antagônicos em relação a ele, em parte porque os fazia competir pela atenção de suas mulheres, mas também porque a imagem objetificada do astro Valentino estava desconfortavelmente perto das imagens também objetificadas das estrelas do corpo feminino. Ele foi considerado bonito demais. Não era para homens posarem assim! Colunistas de jornais masculinos começaram a manchar a masculinidade de Valentino sugerindo que ele era efeminado.

Também pode haver um componente biológico para a percepção de que a jovialidade e características andróginas de Orlando Bloom o tornam menos apropriado para interpretar um herói medieval. Pesquisas recentes nas Escolas de Psicologia das Universidades de Aberdeen e Stirling encontraram uma correlação entre masculinidade (e características faciais masculinas) e desejo em comunidades pouco saudáveis em geral. Por outro lado, em comunidades mais saudáveis, características femininas eram as mais desejáveis nos rostos dos homens. Eles reportam:[35]

> Em trinta países, a preferência pela masculinidade aumentou à medida que a saúde diminuiu. Essa relação era independente das diferenças interculturais na riqueza ou nas estratégias de acasalamento das mulheres. Esses resultados mostram diferenças transculturais não arbitrárias nos julgamentos de atratividade facial.

Esse fenômeno pode desempenhar um papel na formulação da expectativa de que homens medievais adequadamente atraentes tenham características muito masculinas, já que a Idade Média é entendida como uma época de saúde precária e pobreza intensa. Isso pode ser enfatizado em filmes como *Cruzada*, que são parte da visão mais sombria da Idade Média. Talvez aventuras alegres e leves possam ser estreladas por Douglas Fairbanks ou Errol Flynn, mas a demanda por filmes medievais cheios de lama e sangrentos requerem alguém mais agressivo. A nossa visão do homem ideal para a Idade Média é diferente da face do século XVIII (pense em *Ligações perigosas* [*Dangerous Liaisons*] ou *Amistad*), e ainda mais longe do vitoriano (*Sherlock Holmes* ou *O grande truque* [*The Prestige*] — o alter ego do dr. Jekyll, sr. Hyde, parece praticamente medieval).

De outro modo, a preferência pode ser puramente um produto das maneiras que a Idade Média tem sido representada em filmes anteriores. Como argumentam Finke e Shichtman (numa discussão sobre o trabalho de Susan Jeffords), filmes da década de 1980 apresentavam heróis masculinos hipermasculinizados "não restringidos pela diplomacia, protocolo militar ou procedimento policial", e que eram "competitivos, atléticos, decisivos, sem emoção, fortes, agressivos, poderosos e, acima de tudo, nunca femininos".[36] E enquanto os heróis de ação do século XX se afastaram da masculinidade da década de 1980, o herói medieval apresenta mudanças mais lentas. Finke e Shichtman citam William Wallace, de *Coração valente* [*Braveheart*], como o avanço desse tipo de personagem na década de 1990, e Susan Aronstein analisa a ascensão e a queda do cavaleiro arthuriano musculoso em seu livro *Hollywood Knights: Arthurian Cinema and the Politics of Nostalgia* [*Cavaleiros de Hollywood: cinema arthuriano e a política da nostalgia*].[37] O mesmo pode ser dito de *Beowulf*, em que, como já mencionado, um corpo musculoso foi construído para Ray Winstone a partir de princípios computadorizados.

Ou talvez a liderança na guerra seja a diferença crucial. Bloom foi particularmente criticado pelos participantes por não ter a imagem do que deveria ser o protagonista de um filme de guerra medieval. Muitos compreendiam a liderança na guerra como a mais alta qualidade do herói medieval. Carin disse:

> Carin: Não acredito que todos os homens o sigam. Acho que eu não o seguiria [...] Não acho que ele seja um bom ator, e ele é tão... ele não é o tipo comum de... não sei, ele só me parece um pouco... fraco.

Carin não especificou o que era "fraco" em Bloom, embora outros, sim. Com as minhas desculpas ao sr. Bloom, alguns opinaram que ele era inadequado, porque sua voz ou comportamento careciam de "seriedade" ou "poder". Stephen disse que o principal problema era

> Stephen: O contexto de haver um grande líder, que leva as pessoas à batalha, é algo bem medieval. Bem, historicamente, talvez, e não exclusivamente medieval. Mas não é necessário ter seriedade em *Uma linda mulher* [*Pretty Woman*] [...] Orlando Bloom não me convenceu durante os discursos e outras coisas [...] [ele] não tem a voz, não tem seriedade para isso.[38]

Justin também destacou esses pontos:

> Justin: Acho que ele não conseguiu porque não tem o jeito, mesmo. Ele parecia um pouco... [Bloom] não parecia ter o poder que o faria liderar pessoas.

Não se sabe se os participantes estavam sendo modestos ou explorando nuances — se o problema era a voz, seu comportamento ou os músculos. Qualquer que fosse, parece ter sido uma preocupação também dos cineastas; no livro com extras do filme, eles dizem:[39]

> A preparação de Bloom exigiu uma grande intensidade de treino físico [...] O treino vocal também fazia parte do pacote: Scott queria que ele usasse uma voz mais profunda e madura para Balian.

Infelizmente, o treinamento de Bloom parece ter sido insuficiente para satisfazer os participantes.

Uma imagem do homem medieval ideal é revelada a partir da consciência histórica dos participantes: ele precisa de uma voz profunda como marcador de idade e maturidade e está associado a uma masculinidade agressiva, heterossexual e musculosa. Seus valores remetem a um guerreiro, particularmente um líder de guerra. Características *queer* ou androginia não têm lugar no retrato do homem medieval. Essa não é uma época em que tenores são heróis.

Para esses participantes, há um determinado "tipo", que é a forma abreviada de um líder de guerra, tanto em sentido histórico amplo, quanto especificamente medieval. Muitos pensaram que Orlando Bloom não se encaixa nesses parâmetros. Bloom era muito conhecido, muito "galã". Não tinha a "seriedade" proveniente da idade ou maturidade, ou a masculinidade que o fariam ser mais apropriado como herói de guerra. Em suma, heróis medievalistas não são "rapazes bonitos".

ALEGORIA POLÍTICA E CRENÇA
Outra característica única em *Cruzada* é a alegoria central do filme. A

narrativa vincula as Cruzadas aos atuais conflitos no Oriente Médio. Pode, portanto, ser interpretada como uma parábola em que as Cruzadas, e, por extensão, todas as guerras motivadas por motivos religiosos, se revelam moralmente falidas. Os verdadeiros heróis são os secularistas, como Balian, que se esforçam por promover e manter a paz. Ou, como Finke e o Shichtman disseram:[40]

> [Ridley] Scott parece compreender que precisa desconectar pelo menos os seus heróis do fanatismo religioso e dos motivos materialistas que conduzem os cruzados. Os heróis, Balian e seu pai, Godfrey, devem ser vistos como cruzados seculares que lutam pela liberdade e tolerância religiosa contra as forças do fundamentalismo de ambos os lados.

Muitos participantes captaram essa mensagem no filme — embora não tenham identificado a tentativa de ensinar uma lição. E, mesmo aqueles que não visualizaram o filme como uma metáfora dos conflitos modernos, o assimilaram através do que pensam sobre a guerra.

Ao ser questionado sobre seus aprendizados com o filme, Stephen apontou a parábola pacifista: "Acho que a divisão entre bons e maus no filme veio de quem queria paz e coexistência, [como o] rei leproso [e] Orlando Bloom, e todos os que queriam a guerra, como Guy e Saladino."[41] Jess respondeu positivamente a essa divisão, indicando que isso tornou o filme mais realista. "Acho bom o modo como havia muitos bons e maus de ambos os lados, não era um filme unilateral [...] Achei que isso o tornou mais real." Sean concordou. "Acho que foi um bom trabalho não separar os cristãos dos muçulmanos, e não foi como se os cristãos fossem bons e os muçulmanos, maus, como é feito com frequência. Achei muito bom." Jake também gostou de a divisão moral não ser definida pela religião: "Gostei do jeito que ele [Saladino] não era assim, [os cineastas] não usaram a coisa óbvia de fazer dele o bandido e o exército de Jerusalém, os mocinhos [...] Eu questionei a moral das pessoas." Jake e Sean sentiram que a posição padrão seria aquela em que os cristãos são os protagonistas, e os muçulmanos, antagonistas. No entanto, pelo menos nos filmes sobre as Cruzadas, este não é o caso —

Saladino é um herói nas concepções ocidentais daqueles eventos (o que é discutido mais adiante). Embora no filme *As cruzadas* [*The Crusades*] (1935), dirigido por DeMille, as colunas sarracenas sejam retratadas como vilãs, é pouco provável que os participantes tenham visto esse filme em particular. O único outro filme que se passa nas Cruzadas mencionado pelos participantes foi *Robin Hood: O príncipe dos ladrões* — que apresenta Azeem, um personagem muçulmano positivo (se não problemático), interpretado por Morgan Freeman.[42] Em vez disso, sua opinião é provavelmente um produto do que Jack Shaheen identificou como "estereótipo penetrante" — particularmente desde a década de 1970 —, em que os árabes foram travestidos de vilões em filmes de todos os gêneros e tópicos (quer fossem ou não do Oriente Médio).[43] Esse estereótipo cinematográfico, em vigor desde antes do nascimento dos participantes, levou-os a enxergar um "Oriente Médio" vilanesco, independentemente do lugar ou do período de tempo.

Quando perguntado se a divisão entre o bem e o mal no filme, no sentido de pacifismo e belicismo — em vez de Europa e Oriente Médio — era credível, Justin opinou:

> Justin: Acho que provavelmente é. Acho que isso o torna mais credível, [...] porque você sabe que em uma situação como essa, nem todo mundo vai ter esse tipo de crença plena, [em que] você vai junto com o zeitgeist. Acho que se você quer passar a ideia de que todo mundo estava feliz com isso e todo mundo quer lutar contra a oposição, e a oposição quer lutar contra você, e todo mundo quer participar, então é uma espécie de "nós contra eles", essa coisa "batida", o bem contra o mal, em vez de mostrar que há dentro da sociedade pessoas que querem algo diferente. Nesse caso, transmite-se um pouco mais de elemento humano.

Justin adotou aqui uma abordagem pós-moderna — para ele, o tradicional "bem contra o mal" das Cruzadas seria "batido" e menos "humano". Ele preferiu uma visão das Cruzadas em que o movimento é composto por indivíduos com diferentes motivações e níveis de comprometimento com a causa. Esse é, provavelmente, um reflexo do conflito mais profundo, as atitudes complexas em relação à guerra mantidas por uma parte do público britânico desde o envolvimento da Grã-Bretanha na guerra no Iraque. Para ele, seria irrealista descrever uma guerra com amplo apoio popular, uma vez que ele não vivenciou uma. Stephen foi um dos poucos a discordar de que a ideia pacifista do filme era realista. Ele presumiu que não combina com o seu conhecimento sobre as Cruzadas. No entanto, sentiu que o filme foi apresentado de forma realista o suficiente nessa narrativa para ser acomodada como uma nova nuance em sua compreensão:

> Stephen: Parecia que, na minha opinião, as Cruzadas eram sobre pessoas lutando por suas religiões. Mas de fato mostrou que há pessoas apenas querendo poder e [...] que, essencialmente, querem apenas guerra.

Dito isso, ele focou no nível de que as Cruzadas foram eleitas para parecer que havia preocupações seculares:

> Stephen: Eu acreditava que, em qualquer guerra, haveria pessoas manipulando os sentimentos e religiões de todos pelo poder. Mas, relacionando isso ao que é mostrado no filme, não pareceu que alguém estava mesmo lutando por sua religião. Eram apenas pessoas que tinham desejo pelo poder, ou, no caso das pessoas que queriam a paz, lutavam pela humanidade, estavam sendo humanistas. Queriam que os dois lados coexistissem; não parecia haver uma forte corrente ideológica que quisesse manter a cidade apenas para a própria religião.

Talvez sem saber, Stephen repercute os debates acadêmicos que emergiram da questão acerca da motivação das Cruzadas — tanto aqueles que embarcaram nos movimentos por lucro, ou uma expressão de suas crenças, ou por outras razões. Stephen reflete as ideias de Jonathan Riley-Smith, que, na década de 1970, afastou as Cruzadas historiograficamente do entendimento de que elas foram uma forma de colonialismo precoce na qual alguns descendentes enredaram para buscar riquezas.[44] Em vez disso, Riley-Smith argumentou que muitos dos cruzados eram motivados por um profundo sentimento religioso, chegando mesmo a chamar a Cruzada de "um ato de amor".[45] Mas o conhecimento de Stephen de que as Cruzadas foram combatidas por indivíduos motivados pela religião era maleável. Essa ideia foi, em última análise, ultrapassada pelo que ele considerava uma avaliação mais realista apresentada em *Cruzada*. Quando perguntado sobre se a representação, conforme havia descrito como realista, ele disse: "Imagino que [...] a religião seja usada como camuflagem para o desejo das pessoas de fazer guerra." O processo interpretativo de Stephen está em andamento; ele recuou da ideia de que ninguém durante as Cruzadas era motivado pela piedade, mas também concordou com o princípio geral de que a religião é, às vezes, empregada para justificar a guerra. Sua posição final foi uma síntese do conhecimento antigo e das novas ideias. As ressonâncias do filme com os conflitos contemporâneos podem ter sido a fonte da resistência dos participantes a uma narrativa clara de "bem contra o mal"; essas conexões com os conflitos contemporâneos requerem um tipo diferente de esquema de identificação, para que o filme não pareça "batido", ou os seus personagens, "não humanos". Segundo Evelyn Alsultany, essa tem sido, paradoxalmente, uma tendência nos meios de comunicação social após os atentados de 11 de setembro. Embora, após os ataques, vários programas de televisão americanos tenham apresentado o estereótipo do "mau árabe", explorado por Shaheen, uma nova contratendência também surgiu. Como ela escreve:[46]

> A mudança trazida pelo 11 de setembro não foi uma em que os árabes são retratados apenas como terroristas para aquela em que são vistos simpaticamente. É a partir de algumas representações excepcionais e simpáticas das identidades de árabes e muçulmanos que uma nova estratégia representativa cujas representações simpáticas são padronizadas como um recurso capital das narrativas midiáticas. [...] Depois do 11 de setembro, essas estratégias, especialmente aquela de incluir um "bom"

árabe americano que se contrapõe a um "mau" terrorista árabe, veio a definir um novo padrão ao representá-los. *Cruzada* aplica a estratégia pós 11 de setembro em sua representação de personagens muçulmanos "bons" e "maus" (bem como de bons e maus cristãos). Os participantes notaram e responderam positivamente ao seu uso.

COMPARAÇÕES DIRETAS COM OS CONFLITOS ATUAIS

Como explicado anteriormente, as entrevistas conduzidas foram abertas, de maneira que os participantes decidissem — e articulassem — suas próprias impressões sobre o que era mais importante em cada filme. Por esse motivo, as questões não fizeram qualquer relação entre os filmes e a política contemporânea, bem como conflitos atuais, uma vez que fazê-lo implicaria que é possível interpretá-los dessa maneira, ou que exista alguma relação entre eles. Apenas um dos grupos (junho) levantou espontaneamente o assunto depois de assistir à *Cruzada*. O grupo em questão já havia produzido comparações entre o passado e o presente, uma vez que sua discussão pré-filme também focou nas relações entre as Cruzadas e os conflitos atuais no Oriente Médio. O grupo de junho não considerou a mensagem política do filme um obstáculo que o prejudicasse em ser uma representação do passado — muitas vezes a mensagem parecia coincidir com suas ideologias e expectativas políticas. Os membros do grupo projetaram sua compreensão do mundo contemporâneo nas Cruzadas e utilizaram o longa-metragem como suporte para as conexões que já tendiam a desenhar.

Stephen, por exemplo, analisou os conflitos atuais sob a ótica da *Realpolitik*: "No fim das contas, [os conflitos] são ainda provavelmente motivados por pessoas, de ambos os lados, que estão ávidas por poder." Katy concordou. "Eu concordo que se trata de poder. Muito disso é sobre poder [...] eles acham que estão mostrando poder impondo suas visões religiosas sobre o mundo." Ao ser solicitada que esclarecesse se falava sobre o filme, as Cruzadas ou os conflitos de hoje, Katy disse: "Todos. As batalhas das Cruzadas, o filme e o que se passa agora também. Acho que [eles] todos são sobre a imposição de um conjunto de crenças que você acredita serem verdadeiras e inquestionáveis para o resto do mundo, para salvar o mundo." A sua interpretação fundamental sobre o que é conflito como resultado do desejo de poder é um elo que pode ser traçado entre passado e presente e, também, com *Cruzada*. Justin não acreditou que todos os aspectos das Cruzadas retratados no filme correspondiam à sua compreensão dos conflitos atuais. Ele definiu a diferença baseada em que lado estava o agressor:

> Justin: Mas é muito de um — é uma espécie de troca agora, não é? No passado, eram os cristãos que impunham suas crenças aos [...] muçulmanos. Agora há poucos, mas eles existem, fundamentalistas que geralmente vão de encontro ao cristianismo.

Justin enxergou nas Cruzadas um ato agressivo por parte dos cristãos, enquanto os conflitos atuais são causados devido aos fundamentalistas muçulmanos. Stephen também pensou que as Cruzadas, assim como apresentadas no filme, eram apenas sobre o controle de Jerusalém, enquanto os conflitos no Oriente Médio possuem um foco diferente. Ele disse: "Não é sobre o controle de uma cidade em particular, é sobre o que eles pensam que o mundo deveria ser."

É difícil entender com certeza as razões por que os participantes de outros grupos não tocaram nas implicações políticas do filme; não houve sinais que indicassem o porquê. Isso posto, poucos participantes visualizaram o filme alegoricamente, apesar de ele ser uma alegoria política bastante explícita. Mesmo após o texto final (Figura 5.3), "Cerca de mil anos depois, a paz no Reino dos Céus continua difícil", a maioria dos participantes parecia desinteressada em relacionar o filme à política moderna. Talvez isso tenha sido um esforço para manter a conversa em um nível educado — o único grupo que discutiu as implicações políticas foi o composto por amigos. Não houve hesitação em opinar assertivamente sobre muitos outros tópicos controversos (religião e sexualidade, por exemplo) nos demais. Portanto, não está claro por que não discutiram o tema político incutido em *Cruzada*.

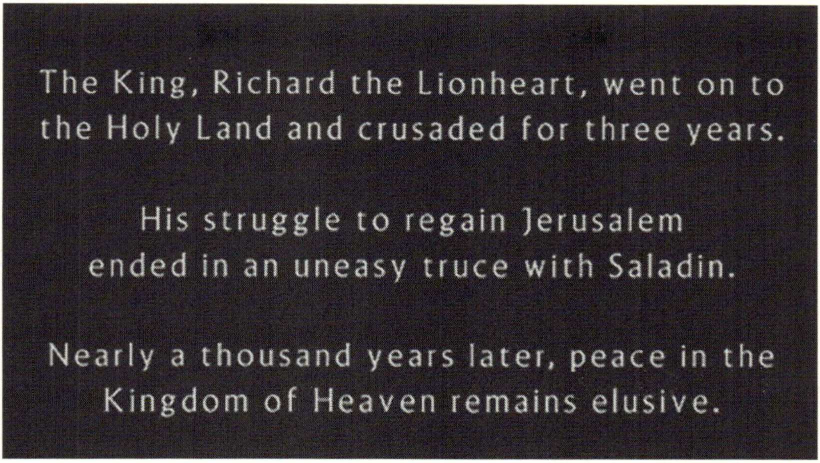

> The King, Richard the Lionheart, went on to the Holy Land and crusaded for three years.
>
> His struggle to regain Jerusalem ended in an uneasy truce with Saladin.
>
> Nearly a thousand years later, peace in the Kingdom of Heaven remains elusive.

Figura 5.3 Reforçando a mensagem; o intertítulo de encerramento de *Cruzada*. Fonte: Ridley Scott, *Cruzada* — DVD Edição Definitiva (20th Century Fox, 2005).

Preconceito antimuçulmano

Embora muitos não tenham comparado o filme aos conflitos modernos, outros participantes revelaram, em seus comentários, opiniões sobre a cultura e o povo do Oriente Médio, referindo-se tanto a esses aspectos no sentido medieval quanto contemporâneo. Como mencionado anteriormente, muitos deles consideraram *Cruzada* um contraponto positivo em relação ao tratamento de cristãos, frequentemente representados como heróis, e os muçulmanos, como inimigos. Mark elogiou, para citar um exemplo, vigorosamente a representação de Saladino, o governante muçulmano: "Ainda bem que não retrataram Salah-ad-Din[47] como um assassino sanguinário, porque teria sido falso." Saladino é uma figura interessante na discussão da representação estereotipada dos muçulmanos na cultura popular ocidental. Contrariamente às expectativas de Mark, Saladino tem sido descrito como um herói, particularmente desde o romance de Sir Walter Scott, *O talismã*, de 1825, que o consolidou como "o nobre inimigo magnânimo" dos cruzados.[48] Foi a partir dessa imagem orientalista e ocidentalizada de nobre opositor que Saladino se tornou o herói anti-imperialismo ocidental para alguns no Oriente Médio.[49] Mark não parecia ter conhecimento disso, já que demonstrou orgulho em reconhecer que Saladino não era "um assassino sanguinário". Erica considerou atemporal a cena em que Balian auxilia seus servos na construção de um poço:

> Erica: A cena em que Orlando Bloom visita suas novas terras e constrói um poço. Isso poderia ter sido feito em qualquer época. Eu não vi nada de medieval, ou referente a Idade Média naquelas cenas. Aquilo poderia ter sido gravado em qualquer tempo, em qualquer lugar [...] A cena poderia ser de ontem, por causa das roupas e tudo mais. Não pareceu medieval.

Na cena, Balian examina suas terras recém-herdadas, bem povoadas, mas secas. Ordena, então, que seus homens construam um poço. O próprio Balian lidera a equipe de escavadores, até mesmo saltando para o buraco lamacento. A água é bombeada, e, nas cenas seguintes, suas terras se transformam em um oásis. A cena é controversa, porque remete a uma narrativa imperialista, orientalista e colonialista, em que os europeus eram necessários para "fazer florescer o deserto" — levando o progresso ao mundo árabe.[50] Em suma, as pessoas que viviam nas terras de Balian não precisavam de um ferreiro francês para lhes ensinar a cavar um poço. Mais do que tudo, a cena é sobre liderança — o pai de Balian não se importou com suas terras, então ela murchou. Balian, sim, e a fez florescer. Isso gera um paradigma problemático em que, sem os ditames de um líder forte (europeu), as pessoas são tão apáticas que nem sequer podem trabalhar em conjunto para satisfazer suas necessidades mais básicas. A percepção de Erica sobre a universalidade da cena é baseada em uma crença incorreta de que a cultura material árabe, a paisagem e o vestuário não tiveram mudanças significativas desde as Cruzadas. Sua afirmação de que "isso poderia ter sido feito ontem" implica também que ela enxerga o Oriente Médio medieval — e provavelmente o seu análogo contemporâneo — como um Estado empobrecido e fracassado que necessita de ajuda para conseguir água.

Esse aspecto da Idade Média de Erica parece advir de propagandas de instituições de caridade internacionais.

Os participantes também acharam que os conflitos eram combatidos da mesma forma que as disputas modernas. Justin revelou que *Cruzada* divergia do que ele conhecia das Cruzadas:

> Justin: Não esperava que a oposição [os sarracenos] tivesse uma força tão grande. Não esperava que fosse assim. Achei que seria, como eu disse, um tipo de guerrilha, apenas um pequeno grupo em vez de um exército. [...] Acho que entendo da mesma forma como vejo a guerra no Iraque agora [...]. Talvez porque os Estados Unidos apenas foram lá e os invadiu. Mas é apenas como achei que as Cruzadas seriam; não esperava que fossem dois grandes exércitos um contra o outro.

Justin relacionou instintivamente a guerra no Iraque às Cruzadas (embora parecesse desconfortável com esse instinto). Ele comparou os militares americanos aos cruzados — pelo menos em termos de superioridade militar. Como resultado, Justin esperava que os sarracenos fossem análogos aos da insurreição iraquiana. Katy também esperava assimetria entre as forças dos cruzados e os muçulmanos. "Sempre que surge uma cruzada, penso nisso, nos exércitos fracos e fortes." Justin e Stephen foram ainda mais longe, em uma discussão que uniu suas ideias sobre a Grã-Bretanha, o Oriente Médio, o passado das cruzadas e os conflitos contemporâneos. Justin rapidamente ficou desconfortável ao falar:[51]

> Justin: De certa forma, não esperava. E é por isso que não esperava dois grandes exércitos. Porque achei que... eu não estava, quero dizer... por não saber nada sobre de Jerusalém daquela época, não percebi que, como cultura... sabe... Porque a cultura da Grã-Bretanha sempre foi muito... especialmente no passado, foi muito, sabe, avançada. Quer dizer, não quis dizer avançada, entende o que quero dizer? Ela sempre esteve [no lado do progresso

Stephen: A-ainda que], ainda que eu saiba que, naquele período, o mundo islâmico estava no centro do conhecimento: temos muitos matemáticos e coisas desse tipo daquele período. Por algum motivo, entende, algum instinto, talvez alguma insinuação de algum lugar, de algum livro ou filme ou série de TV, seja lá o que for, eu... eu concordo quando você diz que não acha que eles eram civilizados.
Justin: Eu não... Não acho que... Eu não disse que eles não eram civilizados, eles eram apenas... eu não acho que eles fossem...
Stephen: = Sof... sofisticados, [é a palavra
Justin: Sim], desculpe, [sofisticados.

Ouvir esses pontos de vista foi angustiante, mas revelador. Há muito que tirar disso.

É fácil repudiar as visões desses participantes, mas é importante não as descartar. Essas pessoas não são comuns — são inteligentes, estudantes avançados em uma universidade conceituada. Além disso, a instituição fica localizada em Yorkshire, uma região da Inglaterra com uma comunidade paquistanesa significativa — o que sugere que eles, provavelmente, lidam com muçulmanos todos os dias. Seu posicionamento político não tendia à direita, nem expressaram racismo, xenofobia ou islamofobia fora do grupo. De fato, em outros tópicos, eles se orgulhavam de seus posicionamentos liberais e se divertiram ridicularizando personalidades e meios de comunicação de direita. Ainda assim, possuem preconceitos enraizados acerca de muçulmanos dos quais estão cientes, e que os deixam muito desconfortáveis.

O discurso hesitante indica dificuldades em admitir que pensam assim, e ainda quando expuseram as ideias nitidamente, buscaram fontes externas para as quais pretendiam transferir a culpa. Não obstante, Justin e Stephen não puderam ignorar seus preconceitos.[8] Embora lembrassem de que aprenderam sobre o mundo islâmico cultural e tecnologicamente avançado, simultaneamente mostraram a percepção contraditória de que o mundo islâmico medieval — ou talvez o mundo islâmico por definição — não era e, aparentemente, não poderia ser, "sofisticado". Dito isso, é possível perceber os benefícios — e as limitações — da educação histórica. Por um lado, a sua educação — seja adquirida através da sala de aula ou de fontes informais — providenciou um contraponto ao seu preconceito. No entanto, o conhecimento histórico de Stephen e Justin não estava claro em seus pensamentos, resultado de uma crença maior simbolizada por um fato confuso.

A concepção de que o Oriente Médio não é civilizado pode ter sua base na forma em que os meios de comunicação retratam aquela região, principalmente (mas, com certeza, não exclusivamente) depois dos atentados de 11 de setembro.[52] Entre os relatos de guerra civil, atentados suicidas, assassinatos, opressão de mulheres, revogação dos direitos civis e repressão sangrenta de regimes autocráticos, tornou-se muito fácil, efetivamente, vislumbrar o Oriente Médio de forma muito diferente. Essa percepção, aparentemente, foi associada à tendência intuitiva de acreditar que as culturas não se modificam — ou, pelo menos, que a Grã-Bretanha sempre "foi muito avançada", ou esteve no "lado do progresso". Sem dúvida, não é o caso.[53] Contudo, considerando que a educação histórica deles se concentrou na História da Grã-Bretanha e excluiu outras, além de a História que aprenderam na cultura popular ser focada nesse país, é compreensível que desenvolvam a noção de "nação mais avançada". O caso reflete um viés de confirmação: o conhecimento de que a Grã-Bretanha era relativamente mais avançada é baseado no fato de que o seu conhecimento sobre o país é relativamente mais avançado (ao menos em contraste com o conhecimento sobre outros lugares).

Stephen e Justin tiveram dificuldades em negociar um senso comum entre as duas ideias — um mundo medieval islâmico tecnológico e um primitivo — e não chegaram a um acordo durante a reunião do grupo focal. No encontro seguinte, relataram que o debate continuou no caminho para casa. Sob certo aspecto, esse debate é um bom motivo para enaltecer o filme. Apesar de suas falhas, *Cruzada* mostrou a esses dois participantes uma imagem atraente de um mundo islâmico poderoso, "civilizado" e sofisticado, em contestação a suas compreensões incorretas do passado. O filme forçou os dois a confrontar um preconceito do qual eles não tinham conhecimento em si mesmos. Essa troca mostra o potencial de filmes históricos, que desafiam as ideias dos próprios espectadores — essencialmente, para bem ou para o mal, atuando como um professor de História.

No entanto, é conveniente ter cautela. Em primeiro lugar, esses participantes nunca chegaram a uma conclusão clara sobre em que acreditar. Em segundo lugar, a alegoria política em *Cruzada* só foi descoberta porque apresentava uma semelhança entre o moderno e o medieval que era menos óbvia do que eles pensavam. Nenhum dos participantes citou diretamente o filme para ajudá-los a estabelecer a ligação entre as Cruzadas medievais e a guerra no Iraque, porque os participantes identificaram que as Cruzadas eram *mais* como a guerra no Iraque do que o filme retratou. Como resultado, a alegoria no filme lhes pareceu natural, mesmo não indo suficientemente longe. Assim, o filme possivelmente reforçou suas ideias de que as Cruzadas e conflitos atuais no Oriente Médio estão relacionados ou são semelhantes, ainda que tenha pintado uma versão mais colorida do passado. Finalmente, a visão de *Cruzada* de um mundo islâmico poderoso e sofisticado era quase universal: de um lado está Saladino e seus exércitos, de outro, os camponeses carentes de Ibelin, que precisam de um homem branco para ensinar-lhes irrigação básica. Ambas as imagens produziram efeitos, embora as duas sejam problemáticas.

Em suma, os participantes chegaram a uma série de conclusões complexas sobre *Cruzada*. A maioria, certamente, caracterizou o filme como muito medieval e realista. No entanto, o protagonista foi considerado convencional demais para ter sido real — a estrita ordem social na ideia da Idade Média dos participantes não permitiria que Balian de Ibelin ascendesse repentinamente ao poder. Orlando Bloom foi universalmente considerado "não medieval", não por sua atuação, mas por sua voz, corpo e *sex appeal*. A definição do que implica em ser um "homem medieval" não ficou clara, embora o "rapaz bonito" seja a sua completa antítese.

Apesar de o filme ter produzido uma conexão óbvia entre o passado e o presente, muitos participantes não acharam esse aspecto digno de nota. Entre os que se aperceberam da questão, ficaram divididos entre a representação de um mundo islâmico poderoso e os seus preconceitos sobre as comunidades muçulmanas de países atuais — entre um mundo de tecnologia e cultura, e outro repleto de guerras civis, ocupações estrangeiras e fome. Em última análise, é difícil saber qual imagem os participantes acharam mais convincente — se "aprenderam" que o mundo muçulmano na época era, de fato, composto por sociedades poderosas e sofisticadas, ou se os participantes acabaram voltando atrás em sua percepção de que o mundo muçulmano é, atualmente, como sempre foi no passado. *Cruzada* é apenas uma fonte de informação em suas vidas, e quando o filme é posto ao lado das constantes representações do mundo muçulmano em todos os meios de comunicação que o pintam como um lugar fundamentalmente pobre, é fácil entender porque a imagem contrária pode ser descartada.

Como todos os filmes, *Cruzada* apresentou uma série de mensagens, algumas delas conflitantes entre elas mesmas e com as quais os participantes pensavam que sabiam. Os espectadores recordaram e se envolveram com aquelas que consideraram relevantes e coincidentes com suas crenças preexistentes. Não porque decodificaram mensagens de formas distintas, mas por recordarem as que lhes eram mais significativas. Salvas exceções, o resto foi ignorado.

O Senhor dos Anéis: O retorno do rei

O Senhor dos Anéis: O retorno do rei foi o último filme assistido, e o que menos se aproxima da Idade Média. Não se baseia no produto de uma imaginação medieval (como *Beowulf*) nem é "baseado em uma história real" (como *Cruzada*). No entanto, a trilogia *O Senhor dos Anéis* é um excelente exemplo de fantasia medievalista.[54]

Ao contrário de *Beowulf* (ou da maioria das fantasias escritas durante o período medieval), *O Senhor dos Anéis* não se passa no nosso mundo. Embora a Terra-média traga consigo muitas comparações, não é a nossa realidade.[55] Apesar disso, o cenário é projetado de modo a se parecer como o mundo real. A série *O Senhor dos Anéis* (livros e filmes) é reconhecidamente medieval no seu teor, em suas culturas materiais e sociais, suas semelhanças com a literatura medieval e nas línguas utilizadas pelas personagens.[56] No entanto, até que ponto os participantes enxergaram a conexão entre a fantasia medievalista e a História Medieval? *O retorno do rei* foi considerado reconhecidamente medieval? Se sim, os participantes confiaram em seu conhecimento histórico para interpretar o filme? Poderiam ter aprendido sobre a Idade Média a partir de uma fantasia?

Romances e fandoms

Um dos principais fatores que afetaram a interpretação dos participantes foi a experiência anterior com os livros. Muitos expressaram familiaridade com *O Senhor dos Anéis*. Entre os grupos, todos os que indicaram ter lido os livros também assistiram aos filmes, e mesmo alguns que não leram os livros, assistiram, senão todas, algumas das adaptações para o cinema. Embora não tenha havido indicações de que assistir aos filmes anteriormente tenha influenciado a interpretação construída durante os grupos focais, o contato com os livros, sim. Alguns participantes se autodenominaram "fãs" da série. No grupo de maio, por exemplo, Carin relatou ser uma "grande fã de *O Senhor dos Anéis*", de ambos "livros e filmes". No grupo de junho, Sean e Justin declararam que leram os livros. Sean frequentemente recorria ao seu conhecimento dos livros durante a discussão. Os dois, por vezes, recorriam à sua carteirinha do *fandom* para impor um tipo de autoridade social de como *O retorno do rei* deveria ser interpretado. A familiaridade do grupo focal de junho com a proveniência histórica de *O Senhor dos Anéis* (como um livro do início do século XX) criou certa resistência por parte dos participantes em classificar *O retorno do rei* como "fantasia medieval". Stephen postulou:

> Stephen: Acho que um pouco do que faz a gente não entender a história como uma fantasia medieval vem do fato de que foi escrito, não foi escrito naquela época [na Idade Média], ou não se origina diretamente de lá, é um pouco moderno. Acho que é uma visão moderna, bem, relativamente moderna do que a fantasia medieval é. Não a achamos autêntica por isso — porque foi escrita centenas de anos depois do período medieval.

De modo contrário ao que ocorreu com *Beowulf*, os participantes que leram os livros de *O Senhor dos Anéis* não criticaram o filme em termos de sua fidelidade aos textos. Isso talvez se deva ao fato de que, sendo parte da ficção popular, *O Senhor dos Anéis* não faz parte do currículo escolar. Assim, sem a interpretação dos professores — como aquela que o professor de Erica forneceu para *Beowulf* (anteriormente) —, não haveria contradições em relação aos filmes. Do mesmo modo, é possível que os participantes achassem o filme relativamente fiel aos livros. Antes do seu lançamento, os filmes foram explicitamente propagandeados para os fãs de Tolkien como adaptações fiéis, e os participantes dos grupos focais aparentemente concordaram.[57] Como os participantes que leram os livros se revestiram de autoridade social para interpretar o filme, o livro, como uma fonte para o longa-metragem, foi considerado a "história verdadeira", sob a qual o filme devia ser medido (não muito diferente do modo como *Beowulf* foi interpretado). Ironicamente, como eles não estavam familiarizados com a história por trás de *Cruzada*, este foi o único filme que não foi julgado segundo a sua fidelidade.

O Senhor dos Anéis medieval
Mas o filme é "medieval"? Como esperado, nenhum dos participantes acreditou que *O retorno do rei* retratava acontecimentos reais. No entanto, a maioria relatou que o filme é perceptivelmente medieval, ou continha elementos que coincidiam com as suas expectativas acerca da Idade Média. Justin avaliou que o filme "cabe no que imagino que um mundo medieval se pareça, de certa forma". Quando perguntados como *O retorno do rei* pode ser comparado aos outros filmes assistidos, Erica respondeu: "Achei que era uma espécie de mistura dos dois que havíamos assistido antes. Havia os elementos de fantasia, montes deles. É óbvio que se passa numa época média, medieval." Ao ser questionada sobre o que o fazia parecer medieval, Erica respondeu que havia "as batalhas, os cavaleiros, reis; havia o banquete, apesar de sem o rei [Denethor] [...] E tinha também a parte mitológica". Carin, Claire e Erica, quando foram solicitadas a esclarecer o que queriam dizer com "mitologia", listaram "as coisas dracônicas", "os feiticeiros" e o "um

Anel". Da mesma forma, quando perguntado o que, no filme, parecia medieval para eles, alguns participantes do grupo de junho disseram que "principalmente [...] as roupas e as armas" e "as roupas, as armas, Rohan, também, eu diria". Dan chegou ao ponto de manifestar que *O retorno do rei* "provavelmente reproduziu a Inglaterra medieval melhor do que *Beowulf* [...] Penso que refletiu culturalmente [a cultura medieval] melhor. Não sei se conseguiu, mas na minha mente parecia fazer sentido". Novamente, a tendência de enxergar o medieval exclusivamente na Inglaterra é aparente, apesar de *Beowulf* e nem (obviamente) *O Senhor dos Anéis* se passarem por lá. Mas, para Dan, a cultura era suficientemente parecida à sua ideia de Inglaterra medieval, que para ele representava todo o período; havia uma indistinta qualidade que fazia o filme parecer uma boa representação da Inglaterra medieval apesar de ter confessado não saber como precisamente era a Inglaterra medieval..

Muitos relataram não ter aprendido muitas coisas sobre a Idade Média com *O retorno do rei*. Erica disse, por exemplo: "Acho que é só fantasia. Mas eles basearam o período de tempo no medieval. [...] É fantasia demais para aprender algo histórico sobre os tempos medievais."

No entanto, alguns relacionaram exemplos de que o que eles assistiram correspondia ao seu conhecimento sobre o mundo medieval. Além disso, houve evidências de que o seu conhecimento sobre o mundo medieval *havia sido estabelecido pelos dois filmes assistidos anteriormente*. De fato, as comparações com os filmes previamente apresentados foram frequentes. Erica encontrou semelhanças nas "batalhas como as grandes torres [de cerco] [...] e as coisas descartáveis [trabucos] que usaram em *O Senhor dos Anéis*; usaram as mesmas em *Cruzada* [...] parecia baseada em tempos medievais". Sean também se concentrou nas batalhas:

> Erica: A cena da batalha é [...] muito semelhante à de Cruzada. É a mesma coisa. O mesmo tipo de armamento. É o mesmo tipo de tática empregada por ambos os lados. Parecem batalhas medievais, tirando o fato de que um dos lados eram monstros [não humanos]. Mas pareciam medievais.

É importante destacar que essas batalhas não se parecem com batalhas medievais *per se*, mas com batalhas retratadas no cinema e na cultura popular; não são batalhas *medievais*, e sim batalhas *medievalistas*. Tanto para Sean como para Erica, a guerra de cerco e a tecnologia são características que definem a batalha medieval e sua presença em ambos os filmes abrem comparações. Embora Laura estivesse insegura quanto ao seu conhecimento da Idade Média, também citou semelhanças entre a apresentação do cerco de Minas Tirith, em *O retorno do rei*, e o cerco de Jerusalém, em *Cruzada*:

> Laura: Não sei nada sobre batalha medieval e coisas assim. Mas parecia haver muitas semelhanças para mim. Obviamente havia o elemento fantasia, então não havia elefantes gigantes no último filme [*Cruzada*] nem nada. Mas, havia, não sei como são chamadas, mas as coisas altas [torres de cerco] [...] e há também... se chamam trabucos, ou algo assim? Ou catapultas, esse tipo de elemento.

O retrato de *Cruzada* acerca da guerra medieval o fez ser considerado uma fonte de informação conclusiva. Assim, os cenários parecidos de *O retorno do rei* — apesar dos elementos fantásticos — também foram considerados comprovadamente medievais. Se um filme em particular se torna uma fonte de conhecimento histórico, comparações positivas com outros filmes podem conferir autoridade e permitir ao público enxergar a História onde, de outra forma, não poderia ser vista.

Alguns também julgaram medievais os aspectos narrativos de *O retorno do rei* por causa de sua similaridade com *Cruzada*. Por exemplo, Erica concluiu que "também foi uma cruzada para destruir o Anel". Para Justin:

> Justin: Volta ao que eles [os outros participantes de seu grupo focal] disseram semana passada sobre cruzada ser uma espécie de viagem, acho eu. Talvez isso tenha acontecido mais neste filme [*O retorno do rei*] do que no outro [*Cruzada*], porque há uma

estrada que Aragorn trilha para se tornar rei, e há a missão de Frodo para destruir o Anel.

O trecho iguala a ideia de "cruzada" com a de "missão" — ou talvez agrupe cruzada dentro de missão (como, talvez, um subesquema), retirando as implicações violentas no processo. As missões de fantasia em *O retorno do rei* são, assim, tornadas medievais para os participantes ao associarem às Cruzadas. Estes dois filmes não foram apenas comparados, mas também usados para reforçar um ao outro. Esse processo indica que as pessoas que consomem vários filmes medievais podem entrar em um círculo vicioso de referências intertextuais. Os espectadores identificam um recurso narrativo no filme A. O filme B também contém esse recurso — que valida o filme A e torna o filme B mais crível. A cada reiteração, o conhecimento se torna ainda mais solidificado, apesar de não haver validação externa desse conhecimento. Quanto mais filmes são assistidos, mais reforçado o conhecimento se torna.

Vários tipos de conhecimento foram reforçados em *O retorno do rei* através desse processo. Como mencionado, os participantes se referiam mais frequentemente à cultura material quando descreveram *O retorno do rei* por "medieval". Dan percebeu que um aspecto muito medieval do filme era "a ideia dos cavaleiros, e a maneira como eram blindados, como acampavam. Achei muito bom. Além disso, as roupas pareciam iguais às que eu achava que os senhores vestiam." Carin concordou: "As indumentárias eram bastante medievais. E as armaduras." Ao explicar o que disse, Carin continuou: "É aquele tipo de vestido, que as mulheres usavam e, claro, a armadura." Sua resposta, aparentemente instintiva, parece destacar principalmente as vestimentas. Quando questionados sobre o quão medieval o mundo de *O retorno do rei* era, Justin, Sean e Stephen responderam com essa troca:

> Justin: De certa forma, era bastante medieval. Em termos do que eles usavam =
> Stephen: = Sim, a forma como parecia.
> Justin: Talvez na forma como apresentaram o discurso e as coisas quase

da mesma forma. O modo como falavam.

Stephen: Muito arcaico.

Moderador: Como assim?

Justin: Não consigo pensar em exemplos, mas, você sabe, havia uma certa maneira de falar, às vezes, que era semelhante a, talvez o que foi visto em Cruzada, em que era muito [...] Não consigo lembrar a palavra.

Moderador: Alguém pode ajudá-lo?

Sean: Eu sei o que ele quer dizer, mas também não consigo explicar.

Justin: Parecia... parecia um pouco pomposo, na verdade. E especialmente quando alguém como Aragorn falava [...] era meio parecido com Balian. Eu acho que medieval no sentido de [...] o que eu imaginaria ser medieval [...] se fosse colocado em uma tela e alguém me dissesse que era medieval, eu não duvidaria, mesmo sabendo que, talvez, não fosse verdadeiramente medieval, mas, como o filme é assim, eu acreditaria, porque outros filmes também são da mesma forma.

Justin inicialmente (e, talvez, instintivamente) intuiu que as vestimentas fossem elementos medievais, e, em seguida, referiu-se ao aspecto visual do mundo em geral. No entanto, a conversa passou a abordar a língua. Para esses participantes, o idioma tinha certa cadência arcaica "pomposa", que coincide com suas ideias sobre a Idade Média. Apesar da dificuldade em se expressar, Justin identificou inteligentemente uma figura de linguagem comumente aceita que talvez tenha pouco a ver com a realidade histórica: discursos grandiloquentes, que são um efeito histórico específico da Idade Média, particularmente vindos da nobreza. É um efeito histórico para o discurso pré-moderno, provavelmente derivado dos padrões linguísticos arcaicos (mas ainda reconhecíveis) do inglês moderno primitivo de Shakespeare e da Bíblia do rei Jaime.

Por outro lado, à semelhança das suas críticas a *Beowulf*, John não gostou de alguns dos sotaques usados em *O retorno do rei*: "Muitos orcs tinham um sotaque londrino, que estava fora, obviamente, do tempo, porque não faz parte do período medieval. Quando percebi isso, senti que tirou um pouco do realismo." Para ele, o ambiente urbano do leste de Londres, que deu origem ao sotaque londrino, é definitivamente não medieval e, portanto, o uso dele nas bocas dos *orcs* (lembrando ainda que o protagonista em *Beowulf* também carregava o sotaque) "tirou um pouco do realismo". Esse é, possivelmente, também um produto das percepções (incorretas) mais amplas da Idade Média como um tempo sem espaços urbanos, onde os participantes apenas viam castelos, aldeias e campos como apropriadamente medievais (explorados mais adiante, no capítulo 6).

Dito isso, é importante ressaltar que, enquanto John se incomodou com um sotaque inapropriado, pareceu aceitar uma brecha na realidade representada pela *presença de* orcs. Isso mostra que os participantes têm uma compreensão multicamada do realismo histórico. Eles parecem dispostos a aceitar grandes violações do realismo como parte do mundo fantástico do filme (desde que se encaixe nas linhas gerais da "fantasia medievalista", ou seja, dragões e duendes, mas não robôs ou alienígenas). Porém, mesmo assim, não abdicam da sua percepção crítica da historicidade. Os *orcs* não são um problema — desde que pareçam, ajam e soem apropriadamente medievais. A selvageria que os *orcs* representam é, em muitos sentidos, uma hipermedievalização da barbárie, das trevas e da monstruosidade que se tornaram símbolos da época. Como resultado, muitos dos participantes entenderam que o filme é medieval e não medieval, histórico e não histórico ao mesmo tempo.

Para um historiador, isso pode soar estranho. *O retorno do rei* não é medieval. Da mesma forma, alguns participantes intuíram que alguns aspectos do filme eram menos medievais do que outros, enquanto alguns afirmaram estritamente que, como o filme não representa o nosso próprio mundo, não pode ser considerado medieval. John classificou de não medieval tudo aquilo que é fantástico ou mágico:

> John: Qualquer coisa que não seja real... qualquer coisa com mágica, para mim, torna-se antimedieval. Eu só enxergo o medieval naquilo que realmente aconteceu. Mas sei [...] que pode não ser um ponto

de vista comum [...] Sei que muitas pessoas acham que esse tipo de coisa é medieval [...] mágica, criaturas estranhas, algo assim.

Carin relatou que sua reação inicial, ao assistir *O retorno do rei* antes de participar deste estudo, não identificou nada medieval no filme. Ela contou que o próprio ambiente do grupo focal pode tê-la levado a relacioná-lo à Idade Média:

> Carin: Reparei que, desta vez, depois de ver os dois filmes anteriores, é como se, sim, juntando as batalhas e assim por diante, é como se fosse daquela época. Mas, ao assisti-los normalmente, eu só pensava em O Senhor dos Anéis, Terra-média, em vez de como ela se relaciona à nossa história.

Erica também reparou que a mudança na mentalidade ao assistir *Beowulf* e *Cruzada* logo antes a fez comparar os dois filmes com *O retorno do rei*: "Enquanto eu assistia, tentava apontar semelhanças, compará-lo com os outros dois. Não pensei nele não sendo [medieval]."

É provável que a formação do grupo focal, e por assisti-lo por último, influenciou a concepção acerca de *O retorno do rei* ser medieval ou não. Essa é uma limitação do estudo, e abre portas para pesquisas futuras sobre como os filmes de fantasia são consistentemente rotulados medievais. No entanto, a descoberta também infere que aqueles que não são tão familiarizados com a Idade Média — ou com filmes medievais — também tendem a classificar de medieval alguns filmes de fantasia como *O retorno do rei*. As frequentes comparações feitas entre *O retorno do rei*, *Cruzada* e *Beowulf* dão a entender que há conexões entre eles. Entretanto, essas podem ser aparentes apenas para consumidores de medievalismos.

O RETORNO DO REI E O REALISMO

Apesar de muitos participantes considerarem *O retorno do rei* medieval, alguns estavam menos inclinados a aplicar o rótulo de "realista" ao filme. Isso contrasta com a ideia, captada anteriormente através das reações aos dois outros filmes, de que a percepção de historicidade depende da percepção do realismo. O não realismo de *O retorno do rei*, para os participantes, adveio dos elementos fantásticos e o cenário configurado em um mundo diferente. Alguns tentaram traçar paralelos alegóricos entre os elementos fantásticos e a realidade, mas a maioria entende que são mutuamente exclusivos. Ao serem perguntados sobre quão realista era *O retorno do rei*, alguns participantes esboçaram dificuldades em decidir se o julgavam com base nas regras do nosso mundo ou as do inventado por Tolkien (e por Peter Jackson). Sob o questionamento de *O retorno do rei* ser realista ou não, Erica e Chloe divergiram sobre o que isso significava:

> Erica: Claro que não com todos aqueles elfos da Terra-média e coisas do tipo =
> Chloe: = Mas você quer acreditar, não quer? [risos] Eu estava aqui quase falando: vamos lá, suba aquela montanha!

O senso de realismo de Chloe estava ligado ao afeto emocional e empático do filme, enquanto o de Erica, à sua correlação com a realidade objetiva. Justin também achou que o realismo inclui afeto emocional empático. Quando perguntado se o filme era realista, ele perguntou: "Em termos de quê, expressar emoções e coisas assim?" Justin e Stephen argumentaram que os elementos fantásticos tornaram *O retorno do rei* mais satisfatório emocionalmente do que *Cruzada*, se menos realista. Stephen percebeu que o mundo fantástico trouxe um escopo que os outros dois filmes não possuíam: "É aí que o elemento fantástico entra, com eles lutando por algo muito, muito grande, com o Anel e tudo mais. Enquanto eles lutavam pelo controle de uma única cidade em *Cruzada*." Justin achou que o mundo fantástico era mais imersivo que o mundo real.

> Justin: Acho que o elemento fantástico ajudou muito, porque é possível sentir que dá para mergulhar um pouco mais nele, sabendo que é um mundo completamente diferente. [...] em Cruzada,

as questões religiosas estavam muito enraizadas que, de fato, aconteceram, e é possível acreditar nisso. Ao passo que, quando se sabe que é fantasia, sabe que tudo é possível.

Isso oferece alguns *insights* sobre como as fantasias atemporais podem ser filmes ainda mais eficazes — e emocionalmente afetivos — do que os estritamente históricos. O elevado interesse em *O retorno do rei* o tornou mais atraente. Um épico de fantasia como *O Senhor dos Anéis* pode ser satisfatório de assistir não só por não estar ligado à realidade, mas justamente por isso... Nesse ambiente em que "tudo é possível", Justin conseguiu se envolver emocionalmente mais rápido, porque a história foi criada para ser satisfatória. O realismo do filme foi construído de modo diferente do de *Cruzada*. Neste, o sentido de realismo pousou em extensos detalhes históricos, particularmente em culturas materiais, que agiram como um efeito histórico. *O retorno do rei* não está longe de culturas materiais detalhadas (em alguns aspectos, sem dúvida, fornece um modelo para *Cruzada* e outros épicos). Mas foi a habilidade do filme de Peter Jackson de tocar os participantes emocionalmente, em vez de deslumbrá-los com o visual, que foi o efeito mais notado — embora este seja um efeito de realidade, e não um efeito histórico. Obviamente, tanto o espetáculo como a empatia são importantes em termos de criação de uma peça cinematográfica de qualidade. Mas, para os participantes, os filmes de fantasia e os históricos exigem prioridades diferentes.

Em suma, muitos aspectos de *O retorno do rei* foram considerados "medievais" pelos participantes, ainda que o próprio mundo não o fosse. Além disso, certos elementos ainda eram julgados com base na precisão histórica, embora fossem inteiramente fantásticos. É possível que isso tenha ocorrido em decorrência do desejo de que o mundo se apresentasse, como um todo, coerente. Curiosamente, parece que a história é a cola que une os mundos de fantasia, e os desvios da História são, portanto, considerados uma ruptura no espaço imaginário. Os participantes não disseram que o filme era "realista" em nada além da emoção afetiva, embora muitos cressem que fosse verossímil. Embora não mencionassem os exuberantes detalhes culturais materiais como um condutor de suas percepções de realismo (como fizeram com *Cruzada*), é provável que, se não estivessem lá, teria sido motivo de reclamação. Talvez a sua eficácia fosse poderosa o suficiente para não ser mencionada. Ao discutir quais aspectos do filme eram ou não "medievais", os participantes compararam *O retorno do rei* com os que foram exibidos anteriormente e encontraram elementos iguais. Isso implica que eles viram elementos diretamente comparáveis como parte de um ciclo de autoperpetuação, em que argumentos, mensagens e visuais dos filmes anteriores conferem credibilidade ao atual, e simultaneamente, vice-versa.

Conclusão

Cada filme tinha características únicas às quais os participantes reagiram. A Idade Média que eles encontraram em cada um deles era tão dependente das características únicas do filme quanto de sua consciência histórica. Suas interpretações eram muito diferentes do que um estudioso poderia encontrar nesses filmes. Por exemplo, apesar de os participantes terem interpretado *Beowulf* como uma adaptação do poema medieval, fizeram-no através de memórias difusas dos primeiros anos de escola, que também desempenharam um papel importante na sua percepção de tempo e de lugar. Eles estavam mais preocupados com os elementos que agradaram tanto as suas percepções do passado quanto as suas percepções de uma boa produção cinematográfica, isto é, o CGI e os sotaques. Para eles, os filmes teriam sido considerados uma história melhor se fossem filmes melhores. *Cruzada* teve problemas semelhantes, particularmente quando os participantes se concentraram no personagem principal e no astro de cinema. E embora suas críticas a Orlando Bloom pareçam mesquinhas, lançam alguma luz sobre o que, para eles, é um herói apropriado no mundo medieval. Embora muitos pesquisadores (inclusive eu) tenham escrito sobre a relação alegórica dos filmes com os conflitos reais atuais, a maioria dos participantes não notou essa conexão ou não sentiu que fosse importante o suficiente para mencioná-la. E aqueles que o fizeram estavam inseguros sobre como interpretar o que tinham visto, pois isso colidia com alguns preconceitos profundamente arraigados sobre o mundo muçulmano. Finalmente, os participantes estavam divididos sobre se *O retorno do rei* deveria ser considerado medieval. Apesar de algumas semelhanças icônicas, verificou-se que os participantes confiaram no conhecimento que tinham adquirido ao assistir os dois filmes anteriores muito mais do que em qualquer outra fonte externa. Aqueles que o rotularam medieval viram a Idade Média na Terra-média dentro de elementos específicos da(s) cultura(s) material(is). No entanto, em geral, embora o mundo retratado não fosse nosso, julgaram-no através de padrões históricos. Isso indica que alguns talvez não concordem que o filme é "medieval" e o julgam dessa forma com base em padrões de filmes históricos anteriores — e, portanto, podem ter suas concepções gerais sobre o mundo medieval influenciadas por eles. Essa influência parece funcionar através de um padrão cíclico em que, quanto mais medievalismos são consumidos, mais as ideias sobre o passado latente nos medievalismos são reforçadas. O fenômeno foi percebido até mesmo nos grupos focais, quando as discussões no terceiro dia de cada um sobre *O retorno do rei* se fundamentaram quase exclusivamente na comparação do filme com os outros dois. Foi desse meio que começou a emergir uma ideia mais coesa (ou pelo menos mais abrangente) sobre o mundo medieval.

São essas ideias mais amplas sobre o mundo medieval que iremos explorar a seguir. A questão do grau em que esses participantes aprenderam sobre a Idade Média (significando que sua consciência histórica mudou visivelmente) permanece em aberto. Como visto nas discussões de *O retorno do rei*, os participantes compararam e contrastaram as imagens que lhes foram apresentadas nos filmes, e pareciam aprender com eles. À medida que os grupos progrediram do primeiro dia ao terceiro, as comparações se tornaram cada vez mais frequentes.

Capítulo 6
Os mundos medievais que os participantes encontraram

"Ele pertenceu a uma cidade murada do século XV, uma cidade de ruas e calçadas estreitas e de pináculos finos, onde os habitantes usavam sapatos pontiagudos e calças curtas e precárias. Seu rosto era atrativo, sensível, medieval de alguma forma inexplicavelmente estranha, e eu me lembrei de um retrato que vi em uma galeria que fica em um local esquecido por mim, de um certo Cavalheiro Desconhecido. Se alguém o roubasse de seu *tweed* inglês e o trajasse em preto, com rendas na garganta e nos pulsos, ele olharia para nós, em nosso novo mundo, de um passado distante — um passado em que os homens caminhavam camuflados à noite, e ficavam na sombra de velhas portas, um passado de escadas estreitas e masmorras fracas, um passado de sussurros no escuro, de lâminas mais brilhantes, de cortesia silenciosa e requintada."
Daphne Du Maurier, *Rebecca*[1]

"Há muita coisa que é imortal nesta senhora medieval. Os dragões se foram, assim como os cavaleiros, mas ainda assim ela permanece no meio de nós."
E.M. Forster, *Um quarto com vista*[2]

À medida que os participantes assistiram mais filmes medievais ao longo do estudo, começaram a compará-los entre si sem serem incentivados. A análise das comparações revela mais camadas de nuances na consciência histórica dos participantes e indica como o seu conhecimento foi desafiado, apoiado ou revisado pelos três mundos cinematográficos medievais que experimentaram. As discussões foram a longo alcance, mas, muitas vezes, focadas em um destes cinco temas-chave: sociedade, gênero, poder, paisagem e religião. Estes temas emergiram dos dados da entrevista, mas não de forma discreta — os participantes nos suscitavam rotineiramente. Por exemplo, as classes sociais eram descritas como um produto e um produtor da paisagem construída. Os reis são o ápice tanto do poder medieval como da masculinidade medieval. Para eles, a cavalaria era, simultaneamente, uma distinção de classe, um ideal moral quase religioso e um ícone de masculinidade medieval. Este capítulo traça as relações complexas entre essas questões e descreve como elas se relacionam com a consciência histórica mais ampla dos participantes da Idade Média.

Sociedade medieval: louco, mau e perigoso de conhecer

Cada filme histórico reflete tanto a sociedade descrita em seu roteiro quanto (geralmente mais ainda) a sociedade que o produziu; como discutido nos capítulos anteriores, o cinema é culturalmente posicionado. Cada um dos filmes a que os participantes assistiram também imaginou as relações sociais medievais de formas diferentes, mostrando variadas relações entre indivíduos, estruturas sociais, culturas intelectuais e condições sociais. Os participantes reagiram fortemente às representações das condições sociais nesses filmes. Por vezes, estabeleceram ligações entre a cultura britânica contemporânea e a medieval e viram a Idade Média como um distante antepassado cultural. Mas, mais frequentemente, eles se divertiram com o *schadenfreude* presentista, ridicularizando as qualidades peculiares da cultura medieval, e afirmando sua autoridade sobre um passado que eles achavam inferior.

Cada uma das imagens contrastantes da Idade Média em suas mentes implica uma comparação entre a Idade Média e os dias de hoje.

Ou a Idade Média era melhor do que hoje (ou seja, uma era de luz, fidalguia, nobreza, beleza e fantasia), ou era pior (uma era de miséria, barbárie, tortura, sofrimento e doença). A Idade Média idealizada só muito raramente foi discutida após a exibição dos filmes. Muito mais frequentemente, os participantes viram neles uma validação à sua imagem de uma Idade Média esquálida e bárbara.

Robert percebeu que seria impossível retratar a suposta barbaridade dos vikings históricos precisamente em *Beowulf* sem que o filme não fosse classificado para maiores.[3] "Os vikings eram um povo bárbaro, então retratá-los fielmente excluiria o público infantil."

Dan, por sua vez, se pôs contra a ênfase no sexo em Beowulf, alegando que o tema foi exagerado:

> Dan: Parecia se concentrar muito no sexo. [...] Sei que era assim, mas não acho que tenha sido o foco da vida deles do modo que o filme retratou. [...] Há muitos locais hoje em dia onde há orgias regadas a álcool acontecendo, mas não significa que a vida é isso mesmo. Parece que diz "vejam o que acontecia na Idade Média".

Robert e Dan usaram o mesmo material de origem para chegar a conclusões radicalmente diferentes, tanto sobre o filme como sobre o mundo medieval. Robert colocou em voga a ideia generalizada de que os vikings são a imagem da "Idade Média bárbara", como relata Joseph M. Sullivan, "representando uma ideia mais generalizada de estrangeirismo, barbaridade e maldade".[4] Essa percepção dos vikings está ainda mais enraizada na ladainha de filmes e nos programas de TV, que retratam os vikings dessa forma. O programa mais recente desse tipo é a série *Vikings*, produzida pelo canal History em 2013, atualmente em exibição. *Vikings*, que parece imitar a fórmula de *Game of Thrones*, retrata um mundo nórdico repleto de sexo e violência extrema. Dan, porém, considerou *Beowulf* uma obra de arte culturalmente posicionada, e pontuou que o enquadramento limitado imposto sobre o mundo por um filme nunca representa a totalidade da experiência, ou a norma padrão. O seu grau de instrução em História e mídia relativamente eruditos o fez, ainda que por um instante, rejeitar os "estrangeirismos" da Idade Média e observar com empatia os seus antepassados históricos, julgando-os não tão diferentes das pessoas hoje em dia. Jess concordou com a posição de Robert. Para ela, na Idade Média, a violência reinou. Jess sentiu que *Beowulf* era uma representação exata da Idade Média, porque se concentrava no que eram, para ela, as duas maiores forças da sociedade medieval:

> Jess: Luta e [...] poder. Quero dizer, não é como se eles tivessem muito mais para fazer, não é? [...] Eu gostei da embriaguez e do sexo, fez sentido para mim. Sendo na época que era, porque não queriam beber água, porque era suja. Então eles enchiam a cara o tempo todo.

Isso mostra que um pouco de conhecimento histórico pode ser perigoso — a conclusão de Jess é baseada em um pedaço de informação histórica correta que ela aprendeu (que a cerveja, às vezes, era mais segura para beber do que a água). Mas então expandiu essa ideia até uma conclusão extrema: mil anos de embriaguez. Essa noção se enquadra perfeitamente na percepção comum de que a Idade Média era um lugar indisciplinado e sem lei, com tabernas lotadas de gente embriagada e feliz (ou infeliz). Porém, o mito comum ignora vários fatores problemáticos: uma vida de tolerância ao consumo moderado, a diferença de força entre a cerveja moderna e a medieval, o fato de as pessoas medievais desconhecerem o vetor de doenças que a água podia representar e a exaltação de qualquer bebida com consumo compulsivo. Mas pensar que eles faziam muito mais do que eles fariam atualmente revela uma ideia contrária à empatia histórica — enxergar as pessoas medievais como "outras", e, nesse caso, depreciadas. Talvez do mesmo modo, no que tange a construção desse mito, os nossos antepassados históricos "beberrões" justificam o consumo compulsivo moderno (apesar dos avanços de tratamento da água) como uma "tradição"? Ou será que essa Idade Média embriagada é apenas um local atraente para suprir fantasias, ou fugas?

As discussões sobre a sociedade medieval em *Cruzada* seguiram em um fluxo similar de falta de leis. Dan declarou irrealista uma determinada cena, porque "eles foram capazes de assassinar todos os homens do bispo, fugiram para Jerusalém, depois voltaram ao mesmo local do assassinato, a pequena rebelião foi completamente ignorada e ele pôde viver uma vida normal".[5] Em resposta a isso, Mark usou seu conhecimento sobre uma Idade Média bárbara para apoiar o filme:

> Mark: Sim, mas tenha em mente que a maioria das autoridades na época eram corruptas e ineptas [...] eles não tinham ciência forense, então bastava uma flecha furtiva no intestino ou um pouco de hera venenosa no copo... e adeus.[6]

Mark explicou, então, que a ilegalidade era generalizada na Idade Média "só porque a maneira mais rápida de viajar era a cavalo. Era difícil manter o mesmo nível de controle". Para Mark, a Idade Média não tinha lei, porque a lei (ou, a seu ver, o "controle") não pode ser imposta sem perícia e tecnologia (que Mark considera necessária para a civilização); os guardiões da lei medieval eram todos tão corruptos como o Xerife de Nottingham.[7] Mark parece imaginar o policiamento como um episódio de *Law & Order* [*Lei & Ordem*] ou *CSI*: sem investigadores profissionais, laboratórios de crime, e perseguições de carro, como poderia a sociedade medieval possivelmente trazer criminosos à justiça? A visão de Mark — certamente compartilhada por outros — é que a sociedade contemporânea é tão dependente da tecnologia que é impossível imaginar um mundo que funcione sem ela. Este é um exemplo de um dos principais desafios à imaginação histórica: a incapacidade de entender como as pessoas, ao contrário de si mesmas, poderiam viver.

Classe social

A classe social também desempenha um papel significativo em cada filme. *Beowulf* trata principalmente das elites guerreiras — no início, Beowulf é um guerreiro, e termina rei. Em *Cruzada*, o protagonista percorre não apenas fronteiras geográficas, mas também as culturais e de classes: no início do filme, é um ferreiro, passa a barão (e quase rei), e, no fim, perde (quase) tudo. *O retorno do rei* tem um duplo foco: uma vertente narrativa segue as ações da realeza de dois reinos e suas elites guerreiras, enquanto luta pela sua existência contínua; a outra apresenta *hobbits*, que desempenham o papel da nobreza rural, pois transcendem suas raízes rústicas e se tornam heróis. Os participantes escolheram as representações das estruturas de classe de filmes, mas se concentraram principalmente no fosso entre ricos e pobres. A primeira categoria incluía cavaleiros, damas, reis e rainhas; os pobres eram reunidos em uma massa homogênea de camponeses. John, Jess e Dan notaram que todos os filmes tratam de histórias sobre a classe alta:

> John: Eles nos ensinaram [na escola] um pouco em História sobre isso, os camponeses e coisas assim, mas não dá para saber sobre todos eles. Acho que é por isso que associamos tanto reis e rainhas com ela [a Idade Média], porque essa é a principal informação relacionada. São os mais importantes àquela altura.
> Jess: É, você não se importa com o que os camponeses têm a fazer todos os dias, "oh temos que cultivar, e nós temos que nos aquecer". É muito mais interessante ler sobre reis e rainhas. Então, sim, eu entendo isso, entendo o porquê se concentraram nessa parte. [...]
> Dan: Eu acho que é melhor focar no monarca porque eles estavam fazendo mais coisas.

Para os três, o foco na monarquia, e não no campesinato, é natural, até mesmo preferível, devido à sua percepção de falta de informação sobre os camponeses. Mesmo que fosse possível conhecer suas vidas, os pobres não têm importância; são inativos, até chatos, para eles. Como resultado, é natural que as histórias que os envolvem sejam raras. Sean, Stephen e Justin tomaram a posição oposta. *Beowulf* "concentrou-se um pouco demais nos cavaleiros e nos senhores". Stephen observou que o único personagem pobre em *Beowulf* era "o servo camponês que era sempre chutado". Ele também se confundiu sobre o criado, Cain, ter sido aquele que "acaba tendo seu rosto queimado" (na verdade, foi o seu mestre, Unferth) e substituiu um momento de justiça poética contra um mestre abusivo por uma falsa memória de mais uma crueldade contra os pobres. Stephen também confundiu Cain com um "servo" — no filme, ele é explicitamente referido várias vezes como um "escravo". É possível que Stephen tenha feito essa confusão porque a escravidão não é uma parte esperada da Idade Média, enquanto a servidão, sim — ainda que a escravidão fosse, de fato, comum.[8] Também é possível que ele tenha instintivamente associado a palavra "escravo" aos escravos africanos do período colonial; assim, Cain, sendo branco, pode não parecer o escravo típico. O próprio fato de o problemático termo "escravatura branca" — em que "branca" atua como um prefixo modificador — existir se deve a essa pretensão da cultura ocidental.

A falta de hierarquia de classes foi, para Stephen, uma razão para criticar *Beowulf* como uma má descrição do período. "Eu entendo, novamente, uma sociedade da Idade Média muito estratificada e hierárquica. Mas o rei estava lá bebendo com todo mundo, e era um deles." Isso levou Justin a concluir: "Ele parecia mais um chefe do que rei [...], alguém que movia a todos, que ordenava as pessoas, ao invés de ficar parado em uma sala espaçosa no topo de um castelo em algum lugar." Para Justin, a imagem do rei não é apenas retirada de seus súditos em termos de classe, mas também fisicamente: um governador isolado no topo de um castelo, separado de seus súditos. Não importa como fosse chamado no filme, Hrothgar, portanto, era um chefe, e não um rei. Assim, a ele confere um status menor, já que confraternizou com seus súditos inapropriadamente para um "verdadeiro" rei medieval.

Em resumo, a representação da classe social medieval era uma parte notável de cada filme. No entanto, houve pouco acordo sobre se a representação era exata. Alguns recuaram dos abusos acumulados sobre as classes mais baixas, enquanto outros compreendiam naturalmente, e até mesmo desejavam, o foco na nobreza. Os escravos colocados no período foram inconscientemente editados. Mas qualquer que fosse a representação da sociedade, permaneceu na mente dos participantes uma ideia incontestada de que a Idade Média era uma sociedade rígida, marcada pela embriaguez, pela anarquia e pelo sexo — apesar de ser uma noção comprovadamente errônea.

Gênero

Para muitos participantes, a Idade Média era caracterizada por papéis de gênero estritos e rigorosos, além das fronteiras sociais entre os sexos. Os homens eram reis e cavaleiros, sempre heroicos, figuras bélicas. As mulheres, por outro lado, são geralmente vistas como passivas: a boa rainha, a boa esposa, a princesa ou a amante. Cada um dos filmes se baseia nesse estereótipo rigoroso, tanto para subvertê-los quanto para reforçá-los. Os participantes se debruçaram nas representações desses estritos limites de gênero e da misoginia, mas geralmente os atribuíram a problemas com a sociedade medieval em vez de uma representação falha do passado medieval.

Mulheres

As mulheres não desempenham um papel central em nenhum desses filmes. Nenhum apresenta mulheres em um papel de liderança; nenhuma passa no Teste de Bechdel.[9] No poema *Beowulf*, as mulheres são relegadas a um papel secundário. Ali, além da mãe de Grendel, as mulheres raramente aparecem (embora algumas tenham recentemente argumentado que, apesar de suas aparições limitadas, seus papéis são importantes).[10] O filme apresenta um pouco mais as mulheres, mas recapitula a dicotomia tão criticada de feminilidade difundida na cultura popular: virgem x prostituta. A rainha Wealtheow é boa, sábia, virtuosa, casta e passiva. A mãe de Grendel é poderosa, má, violenta, sexual e ativa. As participantes enxergaram essa relegação das mulheres para laterais segundo plano como uma característica das realidades sociais medievais, em vez do sexismo dentro do filme. Sean brincou sobre a diferença na representação de homens e mulheres em *Beowulf*: "Os homens estavam todos correndo por aí fazendo coisas, e havia as mulheres, que apenas desse preocupavam com suas roupas — e com as saias um pouco chamuscadas logo falavam 'oh, céus' [...] O cara tinha só *um braço* àquela altura." Stephen, Justin e Katy analisaram criticamente o papel passivo das mulheres em *Beowulf*:

> Stephen: Achei interessante no que diz respeito ao papel das mulheres. [...] O rei anterior, ele deixou a esposa. E então ela aceitou muito bem quando ele começou a dormir com aquela mulher mais nova. Por isso não sei se foi =
> Justin: = Elas não pareciam ter nenhum tipo de livre arbítrio, né? Meio que tinham =
> Stephen: = E também não tinham nenhuma força, igualdade no casamento ou qualquer tipo de força =
> Justin: = E mais, na verdade ele tinha aquela amante por perto =
> Stephen: = Sim. E a mulher sabia disso e, até certo ponto, estava tudo bem. Sim, sim.
> Katy: A rainha sendo passada para trás, também =
> Stephen: = Sim, sim, exatamente.
> Justin: Mas, de certa forma, fez os homens parecerem fracos, acho, ao mesmo tempo.

Para os três, *Beowulf* retratou uma época em que as mulheres não tinham autonomia e eram tidas como propriedades, passadas de um homem para outro — implicando que isso não aconteceria hoje. Também perceberam que a impotência das mulheres em dar um fim às traições de seus maridos, sendo obrigadas a aceitá-las passivamente, era indicativo de realidades medievais, não modernas. Chloe, pelo contrário, tomou uma atitude mais feminista. Ela apontou impetuosamente que o papel das mulheres em *Beowulf* é mal representado tanto por parte dos cineastas quanto na Idade Média:

> Chloe: O filme tentou recorrer a muita gente, acho, pelo modo que retrata as mulheres, fazendo-as parecer objetos, e os homens serem aqueles que vão à luta. [...] Então acho que tentaram trazer o medieval e a Idade Média um pouco mais próximos do modo

como enxergamos e incorporamos a sociedade moderna. [...] Elas estão à parte, no fim das contas são apenas objetos, nada mais. [...] E o que acontecia naquela época provavelmente ainda acontece hoje.

Para ela, os maus-tratos às mulheres em *Beowulf* são um esquema de objetificação que pretende atrair o público a uma projeção da sociedade moderna na Idade Média. Essa projeção é, para ela, um elo exato entre o moderno e o medieval; ao retratar as mulheres dessa maneira, os cineastas conectam a violência contra as mulheres de outrora à atual. Isso parece implicar que Chloe entendeu *Beowulf* tanto como uma história que recapitula (e, possivelmente, perpetua) as estruturas patriarcais modernas, mas, ao mesmo tempo, como uma representação autêntica dos maus-tratos infligidos às mulheres medievais.

Katy considerou a descrição das relações de gênero historicamente imprecisa devido a suas próprias suposições acerca do rigor da religião medieval:

> Katy: Se você observar o tratamento dado às mulheres e ligar isso à religião, provavelmente não é o que você esperaria com eles saindo e tendo casos, e coisas assim. Você espera que elas sejam religiosas e se apeguem ao que o cristianismo dizia, e elas não estavam fazendo isso.

Katy vinculou sua percepção de gênero medieval à da religião medieval (que será explorada mais detalhadamente adiante). Ela compreendeu que todas as pessoas medievais eram cristãos devotos — uma crença comum que traz complicação — e projetou suas visões sobre a ética sexual do cristianismo contemporâneo na Idade Média. Assim, ela vê a imoralidade sexual casual do protagonista como um indicador de que ele não é um bom cristão e, por extensão, não muito medieval. Assim, a má conduta sexual não é uma dimensão medieval crível para o filme. Mas ela se confundiu — os adúlteros (Hrothgar e Beowulf) não são cristãos. Eles são explicitamente mostrados como não cristãos, até mesmo invocando Odin várias vezes. Isso mostra que alguns participantes (como Mark e Dan, acima) pensavam que o cristianismo é universal e atemporal, e que não muda com o tempo. Os preceitos morais são e continuam sendo os mesmos e qualquer desvio dessa conduta não é o cristianismo considerado "correto". Isso é falso, mas tampouco não é surpreendente. As instituições que promovem um ponto de vista moral (como as religiões) muitas vezes reivindicam a universalidade de suas ortodoxias, a fim de lhes dar um poder que vai além do próprio tempo. Muitos afirmam que Deus não muda. Enquanto a moralidade e o mal são questões filosóficas e teológicas complexas e espinhosas, a percepção de que as ideias sobre eles — mesmo dentro da própria religião — não mudam com o tempo é comprovadamente falsa. Além disso, só porque o cristianismo medieval difere do cristianismo contemporâneo não significa que um é "certo" e o outro "errado". A suposição aparentemente instintiva de que o cristianismo moderno está "certo" é um ponto de vista presentista problemático, mas difundido.

Retomando o foco ao gênero, em *Cruzada* há apenas uma personagem feminina importante. A princesa Sibylla atua principalmente como o interesse amoroso de Balian, fornecendo a trama secundária romântica comum em filmes de aventura e épicos.[11] Sibylla também desempenha o papel de "provedora de rei", e é o catalisador para o desastre no final do filme — ela tem o poder de escolher o rei quando Baldwin IV morre, e, ao escolher seu marido, Guy (depois de Balian recusar a coroa), indiretamente causa a queda do Reino de Jerusalém. Nenhum dos participantes de nenhum dos grupos discutiu as mulheres em *Cruzada* ou a representação de Sibylla. Embora isso implique que eles pensaram que a descrição era natural e não fizeram associações conflitivas com suas expectativas, na ausência de evidências, nenhuma conclusão pôde ser tirada.

Em *O retorno do rei*, há duas personagens femininas importantes, ambas quebrando os moldes sociais habituais. Arwen se rebela contra os desejos de seu pai e, ao fazê-lo, garante um final romântico feliz para o herói. Éowyn, contra as ordens dos homens da sua família, veste a armadura de um homem e se torna uma heroína guerreira por conta própria. A discussão dos participantes sobre as mulheres no filme se centrou no papel de Éowyn como uma heroína que quebra as regras. Erica, por exemplo, analisou o heroísmo de Éowyn como uma relação entre dois dos filmes:

> Erica: Notei nos dois filmes, *Cruzada* e *O Senhor dos Anéis*, que ambos tinham um tema, uma pequena trama secundária de que não importa de onde você vem, pode ser o herói [...] [em *Cruzada*] o cara principal era um escravo.[12] Era possível ser escravo, mas ainda teria a chance de ser cavaleiro [...]. E, então, *O Senhor dos Anéis*, o pequeno hobbit [Merry] e a mulher [Éowyn], embora tenham dito para que não fossem à batalha, ainda assim, foram. E eles foram os dois personagens sobreviventes [...] se não estivessem lá, poderia ter sido muito pior.

Erica, então, ligou essa narrativa de oportunidades iguais à sua compreensão da História Medieval. Quando perguntada se essa figura de linguagem era particularmente medieval, ela argumentou que sim, com base tanto em seu conhecimento da sociedade medieval como em sua inclusão nos filmes medievais:

> Erica: É muito mostrado nessas batalhas de filmes medievais. É sempre o desfavorecido que pode fazê-lo [...]. Acho que é medieval, porque as pessoas tinham de lutar, [...] se você era um ferreiro ou alguém que poderia largar as ferramentas e ir para luta — todo mundo poderia ser um herói.

A guerra naquele período era tão difundida que *até as mulheres* podiam ser heroínas.

As mulheres nesses filmes são tratadas como os participantes esperavam: abusadas, consideradas objetos, ou simplesmente ignoradas. As únicas vezes em que essas mulheres se elevam sobre esse paradigma é quando literalmente se trajam de masculinidade e desempenham o papel do homem. As historiadoras feministas da Idade Média parecem ainda ter um longo caminho a percorrer para mudar a percepção pública da vida das mulheres medievais. A indústria do cinema é cúmplice nisso — uma cinebiografia de Leonor da Aquitânia ainda não foi encomendada, e há muito poucos filmes medievais com mulheres no papel principal que não sejam a história de Joana d'Arc. Joana é a exceção que prova a regra devido à sua transgressividade de gênero como uma mulher que toma o manto de um herói bélico e masculino. Por outro lado, a recente inundação de interesses amorosos "superficiais" em filmes medievais centrados em homens (por exemplo, Marian em *Robin Hood: O príncipe dos ladrões*, de 1991, ou *Robin Hood*, de 2013, Jocelyn em *Coração de cavaleiro*, de 2001 e Guinevere em *Rei Arthur*, de 2004) fizeram pouco em reestruturar as ideias sobre o(s) papel(éis) de mulheres na sociedade medieval. Embora a sociedade medieval fosse fundamentalmente injusta para mulheres, não significa que não haja histórias convincentes para contar — é exatamente o contrário.

Homens

Em contraste, os protagonistas dos três filmes são homens. Ainda mais do que isso, em muitos aspectos, cada filme pode ser visto como uma parábola sobre o que significa ser um bom homem. *Beowulf* ascende por causa de suas proezas, mas cai por sua promiscuidade e mentiras. *Cruzada* mostra que ser um bom homem implica assumir o manto da cavalaria (como guerreiro e líder), usando isso para lutar pela paz. A narrativa de Aragorn em *O retorno do rei* exige que ele se torne o que é, descartando sua vida (relativamente) segura como guardião e assumindo o manto do heroísmo e da realeza. Como parte dessas narrativas, cada uma se concentra em duas instituições sociais medievais restritas aos homens: a classe guerreira (em particular, o cavaleiro) e a realeza. É através dessas instituições que a masculinidade heroica medieval é mais comumente vista nas telas.

Os cavaleiros são um dos principais ícones do passado medieval; "cavaleiro" foi uma das duas principais respostas em ambos os exercícios de associação de palavras "medieval" e "Idade Média". Como ícone da época, os cavaleiros têm um papel duplo: ser o emblema da classe guerreira aristocrática e a representação das virtudes idealizadas ligadas à palavra "fidalguia". Como Katie Stevenson e Barbara Gribling argumentaram, no entanto, essa ideia é um conceito incrivelmente maleável:[13]

> A fidalguia é um dos códigos éticos e culturais mais evasivos para definir. Está em constante mudança, adaptada nas mãos de cavaleiros medievais, príncipes renascentistas, antiquários modernos, estudiosos do Iluminismo, autoridades cívicas modernas, autores, historiadores e recriadores históricos. [...] Foi regularmente remodelada ou personalizada e, inevitavelmente, desenvolveu múltiplas matizes de significado para diferentes grupos, mesmo durante o seu "apogeu" medieval.

A ideia era igualmente maleável nos filmes e nas ideias dos participantes. Só *Cruzada* se dirige diretamente à cavalaria (tanto à realidade militar como ao ideal moral). É o único filme no qual qualquer personagem é explicitamente chamado de "cavaleiro", e no qual um código de fidalguia e ideologia da cavalaria é apresentado.[14] Poderia se argumentar que vários personagens em *O retorno do rei* agem como cavaleiros (particularmente os Rohirrim, ou o ataque condenado dos cavaleiros de Faramir), embora a palavra nunca seja usada para se referir a eles. Apesar disso, alguns participantes viram cavaleiros e comportamentos que rotularam de cavalheirescos em todos os filmes — muitas vezes em lugares inesperados.

Quem deveria, e não deveria, ser chamado de cavaleiro, muitas vezes estava envolto por discordâncias. Alguns chegaram ao ponto de propor que cada guerreiro medieval fosse considerado um "cavaleiro". Erica contou que, em *Beowulf*, o "monstro arrombou as portas para entrar, e foi aí que todos os heróis do tipo cavaleiro foram salvar o salão". Stephen, no entanto, não julgou os *thanes* de *Beowulf* cavaleiros. Para Stephen, classificar *Beowulf* de "medieval" seria esperar "cavaleiros e castelos e coisas assim; não há nada disso". Sean concordou que "em *Beowulf*, ninguém se destaca como cavaleiro".

Mas, se os *thanes* não eram cavaleiros, o que constitui um autêntico cavaleiro? Mark achou que os cavaleiros em *Cruzada* eram facilmente identificáveis, porque usavam "armadura, montavam cavalos, e, de preferência, traziam uma lança". Erica disse que os cavaleiros em *O retorno do rei* e em *Cruzada* eram essencialmente semelhantes porque ambos tinham o "mesmo tipo de capacetes, mesma armadura, mesmas espadas, mesmas máquinas parecidas com catapultas, [...] as mesmas bandeiras também, [...] num grande grupo, cada minúsculo grupo tinha a sua própria bandeira e crista". A inclusão de "máquinas parecidas com catapultas" (trabucos usados pelos gondorianos em *O retorno do rei* e pelos sarracenos em *Cruzada*) é reveladora. Erica não estava se concentrando nos guerreiros da cavalaria como cavaleiros, mas em todos os participantes das batalhas — aparentemente incluindo os exércitos sarracenos de *Cruzada*. A distinção crucial que os tornava "cavaleiros", em oposição aos guerreiros de *Beowulf*, era a heráldica. Erica continuou:

> Erica: Quando iam para a batalha havia [...] bandeiras e todos os diferentes tipos de armadura com a [...] crista neles, e os cavalos em armadura. E o fato de estarem todos sentados em um círculo redondo para discutirem tudo, e de serem todos responsáveis, os reis disseram-lhes o que fazer — apesar de existirem diferentes grupos de cavaleiros, todos receberam ordens do rei.

Ela passou rapidamente do que um cavaleiro veste para o que um cavaleiro faz, mostrando uma importância semelhante em cada um deles. Mas a memória dos cavaleiros de Erica não coincidiu com a do filme — ela construiu uma falsa memória de *Cruzada* que melhor corresponde aos arquétipos arthurianos de cavalaria. Os cavaleiros em *Cruzada* nunca estavam "sentados como num círculo redondo para discutiram tudo", a maioria não era "responsável", e apenas cerca de metade "recebeu ordens do rei". Parece que Erica aplicou mal a ideia de uma mesa redonda virtuosa de cavaleiros arthurianos aos cavaleiros (muitas vezes menos virtuosos) em *Cruzada*. Talvez ela não tenha considerado os Templários como cavaleiros (embora fossem frequentemente descritos como tal no filme), uma vez que não se comportaram de maneira esperada. A expectativa arthuriana anulou sua memória, apesar de ela ter visto o filme poucos dias antes. Para ela, os cavaleiros maus são um paradoxo. Memórias culturais como "cavaleiro sombrio" ou "cavaleiro sinistro" ilustram este ponto — sem o modificador, espera-se que um cavaleiro seja virtuoso. Vários outros também viram um componente moral necessário para identificar positivamente um "cavaleiro". Esses filmes, particularmente *Cruzada*, montam uma armadilha presentista para os espectadores. Seus personagens apresentam, e representam, a moralidade humanista secular dos dias modernos como se fosse medieval. Colocar a moral moderna em bocas históricas é uma das maneiras mais comuns através das quais os filmes históricos promovem uma perspectiva presentista. Isto é, talvez, de se esperar de filmes que tentam alcançar um público amplo e preencher a lacuna entre um passado distante e a sensibilidade moderna. Essa ponte — seja lamentável ou *de rigeur* — tem o potencial para influenciar as percepções. Mas nem todos os participantes caíram nessa. Laura via os cavaleiros como paradigmas da virtude: "Acho que vocês associam os cavaleiros à honra, embora sejam pessoas muito honestas. Quando se imagina um cavaleiro, não se tem cavaleiros imorais fazendo coisas ruins." Quando foi questionada sobre o que queria dizer com "honra", ela usou um discurso de *Cruzada* para reforçar a sua afirmação: "Penso nas coisas que eles enumeraram naquela cena do filme, sabe, dizendo a verdade." Laura se refere, com isso, à lista de mandamentos que Godfrey ensina a Balian enquanto cavalgam: "Encare sem medo a face de seus inimigos. Seja bravo e honrado, para que Deus possa amá-lo. Fale a verdade sempre, mesmo que isso possa levá-lo à morte. Proteja sempre os indefesos e não cometa erros." Mas o grupo de maio foi ainda mais crítico do que Laura. Embora os cavaleiros de *Cruzada* não tenham agido da maneira que esperavam, os menos virtuosos foram mais realistas, porque aderiram à sua visão mais cínica do período:

> Jake: Quando você ouve lendas de cavaleiros quando criança [...] sempre ouve falar desse tipo de "cavaleiro brilhante" que não faz nada de errado e sempre salva a princesa, e coisas assim.

Mark: E quando você fica um pouco mais velho e um pouco mais cínico, percebe que =
Jake: = Sim, obviamente [eles] eram como os franceses =
Mark: = o outro francês, que se tornou rei [Guy de Lusignan], [...] imagino que a maioria deles fosse assim.

Mark tendia a acreditar na descrição dos cavaleiros em *Cruzada*, porque a sua visão autoproclamadamente "cínica" ditava que a sua imagem de infância dos cavaleiros como guerreiros virtuosos era imprecisa. O grupo de maio também reformulou seu entendimento da cavalaria baseado na cena (discutida anteriormente) na qual Balian ajuda a construir um poço:

Jake: Eu gosto de como, quando você os vê partir [...] para as terras dele [de Balian] e vê os cavaleiros dele lá, só estavam ajudando na agricultura e construindo poços e outras coisas. Isso era bom. Não são apenas as lutas, as espadas e tudo o que é...
Mark: Muito mais orientado para coisas como a irrigação.
Mod.: Então ser um cavaleiro da mesma forma =
Jess: = Penso nos cavaleiros que têm o seu próprio castelo e que têm de proteger o seu povo que vive no seu castelo [e] que vive na aldeia à sua volta. E é isso que o Orlando Bloom faz com o seu "Ooh, vamos irrigar para fazer colheitas e tal".
Mark: Sim, um bom cavaleiro é aquele que se envolve no trabalho sujo.

Neste ponto, eles usam *Cruzada* para aplicar uma interpretação marxista à Idade Média. Balian, para eles, é íntegro, porque, como nobre, não se coloca acima dos proletários que trabalham em suas terras. Balian cria uma "comunidade de pessoas livres, que dividem os meios de produção, onde o poder do trabalho individual, combinado, se transforma no poder de trabalho comunitário", classicamente marxista.[16] Balian é um bom cavaleiro porque é um bom senhor, e, para os participantes, ser um bom senhor significa ajudar seus súditos não apenas os protegendo, mas se envolvendo diretamente com o "trabalho sujo". Além de ser presunçosa em relação aos árabes medievais (como discutido previamente), essa cena também apresenta uma versão irrealista de uma virtuosa igualdade social. Os cineastas reestabelecem a virtude de Balian, apesar de seu novo título, colocando-o entre as pessoas comuns. Isso se tornou bem comum nos medievalismos populares — diferente do aristocrata que se disfarça (como o Henrique V shakespeariano) para estar com seus homens de forma incógnita. Em vez disso, espera-se que ele se "torne alguém como eles", mesmo que temporariamente. Esse populismo é esperado também de alguns políticos atualmente — como quando o candidato conta sobre suas origens humildes, ou posa para fotos em bares locais ou em fábricas. O cavaleiro precisa, da mesma forma paradoxal, ser um "homem do povo", de modo que mereça seu status elitizado.

Jess se afeiçoou particularmente a uma cena em *Cruzada*, em que Balian sagra cavaleiros uma multidão de soldados e pessoas comuns. Para ela, o momento faz a fidalguia moderna ter mais sentido que a medieval. "Eu achei muito legal ele ter sagrado todos cavaleiros no fim. Mas o que realmente significa quando alguém o torna cavaleiro? Em um panorama geral, serve apenas para chamar uma pessoa por um nome diferente." Dan respondeu: "Geralmente, quando não existe um cerco na cidade, ser cavaleiro conferiria algumas honrarias [...], [acho que] como, por exemplo, ter a própria tropa." Jess, então, retrucou: "Mas isso, tecnicamente, não torna ninguém melhor que outra pessoa." Para Jess, a fidalguia é uma honraria, e não um estilo de vida, além de ter se irritado com a noção de que maiores status sociais significam progresso — e que a frase "seus superiores" deve ser entendida literalmente. Ainda segundo Jess, o título de cavaleiro, ainda que seja uma ferramenta motivacional útil, não confere nem confirma grandeza ou virtude. Trata-se de um tema comum a muitos medievalismos contemporâneos: a mobilidade social que culmina na cavalaria. Plebeus notáveis são retirados de suas origens rurais em situações atípicas e eventualmente são sagrados cavaleiros em diversos filmes, como ilustrado por William Wallace em *Coração valente*, William Thatcher, de *Coração de cavaleiro*, Lancelot da série de TV *Merlin*, ou, talvez, de modo indireto, Anakin e Luke Skywalker em *Star Wars*.

Quando Mark debateu sobre os Rohirrim de *O retorno do rei*, contradisse sua afirmação da virtude pacifista dos cavaleiros em Cruzada. Nesse contexto, Mark entendeu que a agressividade era qualidade de um bom cavaleiro: "O rei de Rohan é obviamente um bom exemplo de cavaleiro. [...] Ele está à frente de suas tropas, avançando em batalha, ajudando Gondor mesmo quando Gondor não retribui." Théoden é um bom cavaleiro dentro desse contexto: um bom líder, um guerreiro agressivo e um aliado leal. Dan concordou que Théoden era um bom cavaleiro porque

> Dan: decidiu lutar quando não precisava, e lutaram ainda mais que o último [filme, *Cruzada*]. Eles lutavam por um lugar que não possuía tanto valor [em *Cruzada*]; aqui, eles lutam pela sua existência em paz em vez de sair atacando o mundo.

Uma distinção moral clara está em curso aqui. Em *Cruzada*, as incursões estrangeiras são ruins, mas não em *O retorno do rei*. Dan não considerou que Jerusalém tinha tanto valor. Não era, obviamente, a mesma opinião das pessoas medievais, fossem cristãos, judeus ou muçulmanos. Mas esse é um dos pontos fundamentais dos discursos modernos incutidos em *Cruzada* — que não valia a pena (e não vale) derramar sangue por Jerusalém. À primeira vista, os Rohirrim e os cruzados, nos dois filmes, são semelhantes — "cavaleiros" estrangeiros chamados a percorrer grandes distâncias para repelir uma força invasora de "outros", de uma civilização que pretende dominar uma cidade importante. Para Dan e Mark, o contexto é primordial: a violência é virtuosa em *O retorno do rei* porque a Guerra do Anel foi apresentada, no filme, como uma guerra justa. Em *Cruzada*, as Cruzadas são guerras fundamentalmente injustas e, como resultado, a agressão, nesse caso, não é considerada cavalheiresca. Isso mostra como são maleáveis as percepções da virtude; a moralidade da guerra e da cavalaria (como com qualquer outra coisa) está intimamente relacionada com o seu contexto. A justificativa da ação apresentada no filme é um ponto pertinente, mais do que a própria ação. Pode ser interessante entender, no futuro, que tipo de ações virtuosas em um filme contradiriam o ponto de vista dos espectadores — uma representação celebrada das Cruzadas em um filme como, por exemplo, *As cruzadas*, de

DeMille [*The Crusades*] (1935). Os espectadores comprariam o contexto da narrativa apresentada no filme, ou rejeitariam o paradigma moral que lhes foi apresentado?

Poder

Embora nas discussões anteriores aos filmes os participantes se referissem frequentemente à monarquia em pares de gêneros (como por exemplo "rei e rainha"), as tramas dos filmes exibidos (e daí as discussões sobre eles) se centravam quase exclusivamente em reis. Nem Baldwin IV (*Cruzada*), Théoden de Rohan ou Regente de Gondor (*O retorno do rei*) têm uma rainha. A princesa Sibylla (*Cruzada*) e a rainha Wealtheow (*Beowulf*) desempenham papéis menores, e em sua maioria, passivos. Como consequência, não é surpresa que a discussão sobre a monarquia tenha se centrado na figura do rei.

Definindo o rei

Stephen definiu, sem titubear, um rei como "um homem em um palácio, que mata pessoas por capricho". No entanto, cada filme reflete sobre monarquia e poder de formas diferentes. Guy de Lusignan, em *Cruzada*, simboliza o tirano homicida de Stephen, mas todos os reis dos outros filmes exploram o papel e a ideologia da realeza de uma forma mais sutil. *Beowulf* realça como a monarquia pode falhar ao conceder poder total a uma única pessoa falível. Tanto *Cruzada* como *O retorno do rei* podem ser interpretados como parábolas sobre o que a liderança deve e não deve ser. Ambos Baldwin IV e Aragorn demonstram o sacrifício altruísta e a sabedoria necessários para um bom soberano. Mas as concepções sobre a monarquia diferiam muito entre os grupos de participantes — todos podiam imaginar o que era preciso para alguém ter ares de rei, e quais atributos podem tornar um rei medieval bom ou ruim. Para Justin, por exemplo, a principal diferença entre Hrothgar e Beowulf era que o segundo respondia melhor às expectativas de um rei: "[Beowulf] estava lá com sua armadura e seu cavalo vestido de vermelho. Ele se parecia mais com um rei." É notável o seu lapso momentâneo, em que ele equiparou "parecer rei" com "ser rei".

Figura 6.1 Rei Beowulf. *Beowulf*, de Zemeckis (Paramount Pictures, 2007).

Figura 6.2 Rei Aragorn. *O retorno do rei*, Peter Jackson (New Line Cinema, 2003).

O grupo de maio fez uma lista diferente dos atributos físicos ou visuais de um rei medieval: "barbudo" (uma barba bem aparada, especificamente), "coroa", "uma espada enorme e chamativa", "armadura de placas bonita e brilhante", "armadura dourada" e "trajado com roupas cerimoniais". Já o grupo de junho enumerou: "armadura", "um homem [...] alto e musculoso", "peitoral definido", "cabelos brancos distintos, sem calvície", "um cavalo branco" e "uma coroa de qualidade". Katy acrescentou: "Posso visualizar também cabelos grisalhos e a coroa, mas o vermelho também. Sempre imagino reis usando vermelho." Ao que Sean complementou: "É uma cor nobre de certa forma, não é?", e o grupo concordou. Mas, por que vermelho? Esta não é uma cor necessariamente associada à realeza; o roxo, por sua vez, é uma correlação mais comum. Nenhum rei além de Beowulf veste vermelho, exceto um: Ricardo Coração de Leão. Isso pode ser explicado devido ao fato de que todos os participantes eram ingleses; o dourado sobre um fundo vermelho se destaca na heráldica da monarquia britânica (desde Henrique II), e a bandeira da Inglaterra traz uma cruz vermelha sobre o branco. Os guardas reais se vestem de vermelho, guarnecidos com ouro. Desse modo, até mesmo as suas noções de cores associadas à realeza são influenciadas pela nação. Suas experiências de aprendizagem sobre reis medievais parecem, mesmo de formas bem sutis, persuadidas pelo desfile de monarcas (contemporâneos ou históricos) ostentando leões sobre um fundo vermelho. Assim sendo, seria revelador se os franceses associassem a cor azul "real" à realeza.

Stephen concluiu:

> Stephen: O modo como Beowulf se vestia em relação à sua vida e às pessoas ao seu redor é muito mais distinto que o do primeiro rei. O primeiro rei se vestia como todas as outras pessoas. Então não é que sejam qualidades de um rei se vestir de vermelho ou ter cabelos grisalhos, mas acredito que é uma marca visual, não é? Para um herói de Hollywood.

Figura 6.3 Rei Théoden. *O retorno do rei*, de Peter Jackson (New Line Cinema, 2003).

Figura 6.4 O quase rei Balian. *Cruzada*, de Ridley Scott (20th Century Fox, 2005).

Figura 6.5 A rainha Sibylla e o rei Guy. *Cruzada*, de Ridley Scott (20th Century Fox, 2005).

Beowulf era um rei apropriado não apenas porque preenchia os requisitos da lista de características visuais, mas também porque se distinguia daqueles ao seu redor. Alguns participantes se concentraram, no entanto, no corpo, e não nas vestimentas do rei herói. Dan disse: "É uma forma de resumir, não é? Quando alguém alto, que veste armadura e é musculoso entra em cena, você sabe que é o herói, em vez de ter de explicar que 'aquele baixinho gordo, é ele que vai ser o herói. Vejam!'" Para John, a estatura do rei reflete também a natureza do seu reino:

> John: Se é uma área pacífica, sem muitas lutas, o rei será gordo, basicamente. Mas se, por exemplo, se o reino se move para conquistar outras terras, o rei ou o líder daquela área será um cara forte, que consegue lutar, porque é preciso.

Tirando a parte do comentário atípico sobre colonialismo medieval,[17] para John, o rei e o reino estão ligados: se o reino é próspero, o rei será gordo; se o reino está em guerra, o rei estará pronto para a batalha. Seus comentários espelham um tom arthuriano, em que, assim como foi dito na descoberta do Santo Graal pelas mãos de Percival em *Excalibur*, de Boorman, "a terra e o rei são um".[18] O conceito da ligação entre o reino e o monarca é comum na literatura e nos medievalismos arthurianos — tanto na figura do Santo Graal quanto na do rei pescador. John, Dan e Mark continuaram a explicar que, mesmo que soubessem que corpos gordos eram valorizados na Idade Média, seria sempre prudente que o rei fosse atlético:

> John: Aos nossos olhos é um pouco diferente, acho, porque era atrativo ser gordo no passado. Isso significava que você possuía comida [...] e dinheiro. Mas, eu sei que aos nossos olhos, associamos pessoas gordas como sendo glutões. E então, ao mostrar cenas de reis apenas se empanturrando, faz com que pensemos que eles são ruins. [E isso] pode não ser o caso [...]
>
> Dan: Reis gordos são geralmente maus ou mal preparados. Se há uma mudança de circunstância em que um rei atlético que vai para a guerra, entra em período de paz e aí engorda, tudo bem. Aí, sim, eles podem ser gordos. Já os reis gordos, quando a guerra chega até eles, estão despreparados. Não podem lutar. Serão representados apenas como idiotas que se tornaram letárgicos e não podem fazer nada.
>
> Marcos: Enquanto um rei atlético provavelmente se manterá dessa forma.

O extenso questionamento hipotético entre eles os levou a uma resposta simples: um bom rei é um rei atlético — uma resposta com a qual filmes e séries de TV medievais tipicamente concordam. Em *Game of Thrones*, Robert Baratheon aparece como um rei que outrora foi atlético, mas que se tornou gordo, preguiçoso e complacente — o que o leva, e também o seu reino, à derrocada. Hrothgar, em *Beowulf*, também se torna gordo e decadente, e então sofre a queda. Já em *O retorno do rei*, Denethor, o Regente de Gondor, não é gordo, mas, parafraseando John acima, é apresentado "se empanturrando" de comida. Naquele momento no filme, sua gula é contrastada com o sacrifício do próprio filho em campo de batalha, o que concede ao público a percepção de que é moralmente corrupto devido à sua indiferença voraz. Essas noções sobre pessoas gordas estão muito mais relacionadas à ansiedade contemporânea sobre ganho de peso e viés antigordura do que com as percepções medievais de obesidade. A literatura romântica medieval, como Georges Vigarello explora, tem uma relação complexa com o tamanho, onde os heróis do romance são celebrados por devorarem enormes quantidades de comida, e sua força, muitas vezes, ligada à sua robustez e apetites vorazes.[19] No entanto, há um limite pelo qual a obesidade extrema se tornou um impedimento para suas habilidades de luta ou sua saúde (como foi o destino final de Guilherme, o Conquistador ou Luís, o Gordo), e assim a dignidade desejável deu lugar ao indesejável.[20] O ideal se tornou uma quimera — um torso forte sobre pernas flexíveis, o que Vigarello chama "a junção de largo e estreito, grande e leve que se torna a forma padrão de evocar uma condição de firmeza hábil".[21]

No fim, muitos participantes mostraram ter uma ideia do que o físico do rei deve ser coincidentemente como os reis mostrados nos filmes. Um bom rei devia ser magro e atlético, barbudo e maduro (mas não velho). Essas qualidades físicas também estavam conectadas com outras interpretações do que ser um rei: um guerreiro único, modelo de masculinidade moderada e um administrador sábio. Um rei não é apenas um corpo com uma coroa, mas um governante. Cada filme forneceu exemplos de boas e más lideranças, e os participantes responderam de formas diferentes às ações de cada um.

POTÊNCIA DINÁSTICA

Ao ser perguntado sobre quais características não físicas inspiravam realeza, Stephen respondeu que "a resposta lógica sobre as qualidades que formam um rei é que ele é o filho de outro rei, ou alguém que herdou a cadeira de quem abandonou o trono. Por isso, por causa da genética, poderia ser qualquer um". John também se centrou na sucessão dinástica:

> John: O rei deve fazer parte de uma linhagem de sangue [...] na família. Eu sei que, em *Beowulf*, de qualquer forma, [ele] meio que virou rei porque salvou a cidade. Mas [...] na maioria dos casos os reis são predeterminados, o que parece historicamente preciso.

Dessa forma, *Beowulf* (e, em certo grau, os dois outros filmes) viola os termos, visto que a realeza não segue as normas da dinastia. Mas a sucessão real, e os anseios por trás dela, estão presentes em cada um. Beowulf assume o trono quando Hrothgar, sem filhos, morre (e então descobre que ele mesmo não pode produzir herdeiros). Guy de Lusignan recebe a coroa de Jerusalém, pois Baldwin IV falece sem deixar herdeiros. E Aragorn evita o desastre tomando a coroa de Gondor assim que a linhagem dos Regentes de Gondor termina. A sucessão real e toda a sua problemática relacionada aos termos de governo (levando maus reis sucederem bons reis, ou reinos entrarem em colapso após as linhagens reais terminarem) têm um papel significativo em quase todos os filmes medievais em que a realeza tem papel de destaque. Considere os anseios presentes em filmes tão distintos como *O leão no inverno* [*The Lion in Winter*], *Camelot*, *Coração valente* e *Robin Hood*. As preocupações sobre a sucessão real não são exclusivas de filmes medievais, mas parecem se encaixar mais naturalmente neles, e são uma das ferramentas disponíveis para construir uma trama medievalista. Embora a monarquia dinástica exista desde antes da Idade Média, e continua viva até hoje, tornou-se principalmente, e até mesmo definitivamente, associada à Idade Média.

Os ideais do rei

Na opinião de Justin, as qualidades da realeza são pessoais ou morais: "Acho que, quando se veem os grandes castelos e os exércitos enormes, a pessoa que está no topo de tudo isso tem alguns tipos de qualidades [...] presença física [...] e habilidades em comandar." Ele, então, explorou outras características reais:

> Justin: Nobreza. Poder. Capacidade de comandar pessoas, suponho. Não sei. talvez tenha sido aí que a história [*Beowulf*] se tornou interessante, porque Beowulf era o herói, mas acabou virando alguém falível. Então, penso que seja um filme sobre a natureza de que — um rei está realmente acima de todos os outros?

Para Justin, o elevado status social de um rei — que requer, ou confere, a capacidade de comandar — implica que a pessoa também deva ser moralmente elevada. A natureza falha de Beowulf foi um desvio singular da norma, o que o levou à sua queda e, para Justin, pôs em xeque todo o paradigma da heroicidade da realeza. Erica também insinuou que um rei deve parecer moral e fisicamente forte:

> Erica: A maioria dos reis neles [nos filmes] são fracos [...] fisicamente, como no caso do filme de ontem à noite [*Cruzada*], com a lepra e assim por diante. No primeiro [*Beowulf*] ambos [Beowulf e Hrothgar] eram fracos por causa da tentação do monstro. [...] [Guy de Lusignan] queria batalhar por seus próprios motivos e [...] não pensou no seu reino como um todo, mas apenas com egoísmo.

A avaliação de Erica sobre os fracassos de Guy se relaciona com outra métrica comumente expressa de boa ou má realeza: como, e por quê, um rei conduz uma guerra. Robert concluiu que os dois reis em *Cruzada* eram exemplos de boas e más abordagens reais à guerra. Para ele, Guy de Lusignan era "o tipo ambicioso de rei, ganancioso, que quer poder [...], o outro [Baldwin IV], [...] mantinha a paz, era inteligente". Jess, Jake e John concordaram; para eles, Baldwin IV era um bom rei medieval, porque "não queria lutar, só queria permitir que pessoas como os muçulmanos entrassem na cidade e convivessem em paz". Guy, por outro lado, "sempre quis ter uma guerra e sair vitorioso, ser visto como um herói". Eles argumentaram que o bom rei "não deve procurar a batalha. Ele não deve sair e começar guerras sem sentido, ou apenas com desculpas frívolas". Esses participantes reagiram positivamente a *Cruzada*, porque acham que o pacifismo é um dos caminhos que formam um bom rei. Por sua vez, um mau rei medieval, como apontou Jess, "estaria lá apenas pela alegria e pela glória".

Apesar de desejarem reis que não procurassem a guerra a todo custo, quando o assunto era ação em batalha, os participantes pensaram diferente. A liderança do rei à frente de suas tropas enquanto marcha contra reis malvados que observam de longe é uma figura de linguagem comum em filmes. Cada um dos três filmes exibidos no estudo continha essa figura: o bom rei (ou aqueles, como Balian, postos em lideranças um tanto régias) é representado como guerreiro máximo que lidera o *front*, enquanto os reis da oposição são colocados na retaguarda da batalha. Essa característica dos filmes foi notada pelos participantes; para Erica, por exemplo, "um rei é bom quando ele luta com as tropas e as conduz. Um mau rei é egoísta, e fica em sua pequena torre, ordenando tropas, ou não ordena tropas, entra em pânico [...] fica lá e não faz nada". Erica usou o Regente de Gondor como exemplo de péssima liderança, mas fez uma avaliação semelhante de Hrothgar, porque "ele pagava as pessoas para lutarem por ele. Ele nunca saiu e lutou". John citou Aragorn como exemplo de bom rei, porque, na batalha em frente ao Portão Negro, no fim do filme, "ele está lá na frente, não é?". John relacionou o conceito de um rei medieval, que é o guerreiro maior, ao de macho alfa no reino animal:

> John: Em certas espécies, dois dos machos mais fortes lutam pela escolha de fêmeas e tudo mais, e geralmente serão considerados os líderes. [...] Isso não é tão diferente de alguns grupos medievais primitivos, em minha opinião. Em muitos casos, haveria os melhores lutadores, e o melhor deles devia ser rei, pelo que imagino. Obviamente não é o caso aqui, porque já sabemos que ser rei não significa ser apenas forte.

Para John, a Idade Média primitiva era uma de líderes literalmente fortes — a diferença entre medieval e moderno é a mudança de foco da força física para a pessoal. John, dessa maneira, insinua que as pessoas medievais foram literalmente mais animalescas do que as pessoas de hoje. Ele entende que a cultura moderna é superior porque a sociedade "ultrapassou esse estágio", como se esses fossem comportamentos sociais infantis, imaturos ou, pior, tendências animalescas, que ficam melhor deixadas para trás. O pensamento, que envolve o extremo lógico da noção de progresso histórico baseado no julgamento do passado à luz do presente, é extremamente problemático. A Idade Média já não é apenas bárbara, atrasada ou incivilizada, mas menos sapiente. Os povos daquele período não foram apenas bárbaros, mas animalescos. Essa avaliação de pessoas medievais reflete na retórica racista comum em que traços raciais ou culturais de "outros" são comparados a animais ao longo da História. Considere, por exemplo, uma longa exortação de Edward Long de 1774 dos atributos intelectuais, físicos e culturais de "negros", que culmina com a avaliação de que "em muitos aspectos, eles são mais como bestas do que homens", e que "o orangotango e algumas raças de homens negros são muito próximas",[22] ou a opinião infame de David Hume de que "os negros em geral e outras espécies de homens [...] são] naturalmente inferiores aos brancos [...] eles falam de um negro como um homem de partes e que pode aprender, mas é mais provável que seja admirado por progressos básicos, como um papagaio, que consegue falar algumas palavras claramente".[23]

É preocupante averiguar como John pensa sobre outras culturas menos avançadas tecnologicamente hoje em dia; será que ele acha que os aborígenes australianos ou as tribos africanas estão mais próximas de animais do que ele? Devido à inaceitabilidade do racismo aberto na maioria das sociedades contemporâneas, é improvável que John concorde. Mas por que estamos seguros de praticá-lo com nossos (extremamente recentes, evolutivamente falando) ancestrais medievais? E que outros problemas poderiam surgir como resultado da concepção da História dessa forma?

O REI COMO GOVERNANTE

Um rei faz mais que lutar. Muitos participantes discutiram como um rei deve governar e chegaram à conclusão de que o relacionamento dele com seus súditos é de vital importância. No grupo de abril, Chloe disse que um bom rei "precisa do respeito do povo e para o povo". O grupo de maio, em vez disso, compilou-se coletivamente uma lista de atributos da boa realeza — e se concentraram nessa ideia também. Para eles, um rei medieval ideal "deve procurar proteger seu povo"; paradoxalmente, "deve ser o servo supremo" e "certificar-se, dentro dos muros do seu reino, de que eles [seus súditos] estão seguros". Eles elegeram o "egoísmo" a característica principal de um mau rei. Um mau rei seria "alguém que não cuida do seu povo. Se não há comida, é um mau rei. Se estão morrendo, é um mau rei". Carin também deduziu que o papel central de um rei era o de um protetor: "O personagem de Orlando Bloom [em *Cruzada*] era [um rei], de certa forma, porque ele defendia o povo, embora não fosse um rei."

As ideias dos participantes de que o rei protege e serve o povo provêm de *Cruzada*. Os outros filmes não possuem o "rei como servo e protetor", mas *Cruzada* parece obcecado com a ideia. No filme, Godfrey ordena a seu filho, o recém-sagrado cavaleiro Balian: "Se o rei morrer, proteja o povo." Balian, então, serve a seu povo, trabalhando ao lado deles, e justifica um ataque praticamente suicida contra a cavalaria muçulmana, porque "se nos retirarmos, estas pessoas [civis em fuga] morrerão". No fim de seu discurso na véspera da batalha, Balian anuncia: "Nós defendemos essa cidade, não para proteger essas pedras, mas as pessoas que vivem dentro dessas muralhas." A fixação de *Cruzada* em "proteger o povo" produziu um impacto na percepção dos participantes sobre os atributos de um bom rei, uma vez que, nas discussões pós sessão, repetiram a posição ideológica do filme quase que literalmente. Isso, obviamente, não conflitou com o seu conhecimento prévio; os seus novos conhecimentos podem ter levado os participantes a repetir a perspectiva do filme como se fosse a sua própria.

O grupo de maio imaginou que a tarefa mais importante de um rei era "reinar bem". Quando perguntados sobre como um rei poderia fazer isso, Dan e Mark responderam: "Não entrar em batalhas a menos que precisem", ter "boa administração", e "cumprir as promessas que eles fazem às pessoas que têm o poder de amaldiçoá-los até a morte".[24] Dan se referiu à hierarquia de Théoden para explicar o que quis dizer com "boa administração":

> Dan: Delegando autoridades específicas, como vimos com Théoden: ele tinha vários capitães que se ramificavam em outros níveis menores para organizar os homens, de forma que as decisões fossem passadas à frente. Uma hierarquia clara.

Laura se concentrou igualmente na liderança: "Todo o conceito de rei está centrado na liderança do povo. [...] Um rei ávido por poder não está realmente compatível com o que é ser um rei." Mas, para Dan, a essência de um rei é que "ele toma as decisões, tem a autoridade e o apoio da população [...] os reis perdem o apoio, então muitas vezes deixam de ser reis". Assim, de toda forma, o rei não deve ter fome de poder, mas, sim, ser poderoso. Além disso, Dan impôs uma ideia democrática à realeza medieval onde, à semelhança do primeiro-ministro do parlamento britânico, um voto de desconfiança (ou, no caso de um rei medieval, uma "lâmina de desconfiança") poderia despojar o rei do poder. Sob o seu ponto de vista, o verdadeiro poder está com a população. Ele parece ter juntado a noção de aristocracia — que poderia, de fato, desempossar um rei — com "a população" — que nunca poderia fazer isso. Enquanto reis medievais eram, às vezes, retirados por seus rivais, até mesmo as maiores revoltas populares durante o fim da Idade Média (tal como a Revolta de Jacques, na França, ou a revolta camponesa de 1381, na Inglaterra) não terminaram com a mudança de monarcas.[25]

Outra característica da realeza medieval, para os participantes, em contraste com a atual monarquia britânica (e europeia, em geral), reis medievais não eram apenas simulacros. Segundo Laura, "em comparação aos dias de hoje, seria muito menos um símbolo e mais alguém que realmente age. [...] Penso que um rei medieval se envolveria mais com o que estava acontecendo". Mas, ao tentar detalhar a sua definição, ela encontrou dificuldades:

> Laura: O poder de tomar decisões sem que haja pessoas contestando em todo lugar, que houvesse uma decisão final, e, provavelmente... Eu não sei. Não sei, algo assim. É apenas uma questão de ser um líder em termos de assuntos gerais em vez de, sabe, apenas alguém à frente de tudo.

Laura sustentou a imagem de um rei ativo, envolvido, mas, como outros participantes, não pôde explicar os detalhes. O seu retrato da realeza medieval é impressionista — precisa em pinceladas gerais, mas com detalhes embaçados.

Em resumo, os participantes supuseram que um rei medieval deveria ser ativo, além de um bom governante e administrador. Ainda assim, não conseguiram explicar ao certo como um rei conseguiria atingir tais objetivos. Os participantes se valeram de termos genéricos para descrever seus conceitos e deram poucos exemplos específicos. Não é de se surpreender, já que a maioria dos filmes e das representações da realeza na cultura popular se concentram mais na performance do rei em estado de guerra do que em detalhes acerca do modo de governo e meios administrativos (com a exceção do rei João, nas histórias de Robin Hood, e os impostos). Mesmo em *videogames* medievais estratégicos (como o já mencionado *Medieval: Total War* ou *Civilization*), onde os jogadores devem construir e manter certa infraestrutura, bem como conduzir a guerra, há pouco na mecânica do jogo que indique como isso acontecia no mundo medieval. Enquanto a guerra é muitas vezes traduzida em detalhes excruciantes e sangrentos, as ações dos governantes medievais em tempos de paz são frequentemente limitadas à preparação para a próxima guerra. Quando os grupos descreveram detalhes do governo de um rei, pareceram descrever um bom gerente, supervisor ou CEO que delega responsabilidades, estabelece fluxos de trabalho e linhas de comunicação, além de tomar decisões firmes. Em outras palavras, os participantes projetaram suas próprias experiências e expectativas de liderança em um papel medieval que eles não entenderam muito bem.

As concepções desses participantes sobre o arquétipo de rei medieval foram reforçadas pelas representações de reis nos filmes. Mesmo quando essas representações pareciam contraditórias (como a exigência de que um rei fosse tanto um pacifista como também alguém que fosse à guerra), os participantes aceitavam ambas as realidades com pouca comparação crítica ou senso de absurdo. Apesar das diferenças óbvias em suas histórias, os três filmes apresentam uma visão muito semelhante da realeza, e reis muito parecidos entre si — especialmente em termos de sua escolha de cabelo e barba (como visto nas Figuras 6.1 a 6.5).[26] Juntos, eles abrangem um "olhar" sobre o herói medieval masculino, particularmente do herói real, durante aquele período. O fenômeno provavelmente começou em *O Senhor dos Anéis* e foi replicado em filmes subsequentes.

Os três filmes, juntos, constroem uma imagem multifacetada da realeza que engloba tanto o aspecto que um rei deve ter, como o seu modo de agir. Muitas dessas ideias são anacrônicas, extraídas inteiramente dos três filmes, ou projetadas a partir das atuais expectativas acerca de líderes militares, políticos ou empresariais sobre os líderes medievais. O rei deve estar relutante em ir para a guerra (exceto quando é justo), mas ansioso para entrar na batalha (exceto quando é errado). Ele é barbudo (mas não desgrenhado), velho (mas não enrugado) e agressivo (mas não bárbaro). Ele serve, faz parte do seu povo e reina sobre ele, cujo bem-estar é a sua principal preocupação. Ele deve ser o CEO, rei da selva medieval.

A REGIÃO

A paisagem, artificial ou natural, desempenha, muitas vezes, um papel central em filmes históricos, especialmente nos épicos. Cenários arrebatadores são usados para emplacar o âmbito da ação e estabelecer montagens geográfica e/ou cronologicamente distantes e distintas. Um bom exemplo é *Lawrence da Arábia* [*Lawrence of Arabia*], de 1962, em que o deserto desempenha um papel importante na narrativa como contexto, obstáculo e metáfora. Imagens envolventes de uma paisagem, como as que foram utilizadas nos três filmes aqui discutidos, fazem com que os próprios personagens, suas lutas e suas ações pareçam, simultaneamente, irrisórios, mas de grande importância. São insignificantes em relação à terra, mas suas ações incutem consequências sobre ela.

Seguidas apenas pelos próprios personagens, a paisagem é, geralmente, o elemento visual dominante em um filme medieval. O fato funciona como uma epítome para um mundo maior, afetado durante a narrativa. Nossos três filmes não são exceção: cada um faz uso de tomadas com paisagens atraentes, especialmente em cenas de batalhas. Os participantes descreveram como as paisagens fabricadas e naturais se relacionavam com as suas visões de panoramas medievais reais. Eles também reagiram fortemente a assuntos ligados às paisagens, como a percepção de geografias conectadas, além de questões de viagem e navegação.

Ironicamente, cada paisagem natural dentro dos filmes assistidos é parcial ou totalmente artificial. A retratação do Oriente Médio em *Cruzada* foi filmada no Marrocos; as cidades da Terra Santa se situam, na verdade, de um deserto ao norte do Saara, na África. *O retorno do rei* foi gravado inteiramente na Nova Zelândia (tanto as cenas em paisagens naturais como as produzidas em um estúdio de som, na cidade de Wellington, também na Nova Zelândia); as formações montanhosas e a flora daquele país não são europeias, e muitas foram criadas a partir de pinturas e modelos gravados a longa distância ou produzidos pela empresa Weta Workshop, quando filmados de perto. As paisagens capturadas (ou criadas) na Nova Zelândia para a Terra-média emprestaram à história uma sensação de realidade exagerada; ao público não nativo, os cenários forneceram uma impressão estranha — planícies, colinas, florestas, pântanos e montanhas parecem, de uma só vez, familiares e hiperbólicas. As de *Beowulf* são as mais artificiais: a ação não ocorre em nenhum lugar exceto através de elétrons do computador que as criou. Como resultado, cada centímetro de paisagem vista na tela não foi explorado, mas desenhado quase literalmente como as paisagens reais.

Os participantes compreenderam a paisagem medieval frequentemente tanto como o que ela era (e o que continha em si) como pelo o que ela não era. Por exemplo, como visto anteriormente, alguns participantes não estavam certos se *Beowulf* era medieval (acreditavam que, pelo contrário, era pré-medieval). Em alguns casos, essas dúvidas estavam próximas das paisagens construídas nos filmes. Jess pressupôs que a Idade Média começou "quando começaram a construir castelos propriamente [...] como a Torre de Londres, quando ela foi construída, ou também grandes castelos de pedra. É o que eu penso da Idade Média: castelos, e então aldeões ao redor, e plantações". Por essa razão, o salão de madeira de Heorot não era uma parte apropriada da Idade Média. John e Dan descreveram o período de forma semelhante:

> John: Eu sempre imagino as cidades completas, e a maioria das cons-

truções feitas de madeira. Construída em volta de um castelo, cercada pelo campo.
Moderador: Cercada pelo campo, entendi.
Dan: Imagino isso, mas mais floresta do que campo.
Moderador: Mais floresta. Está bem.
Dan: Sempre que se fala de outros países que não estivessem especialmente desenvolvidos, a floresta está lá. Enquanto aqui, as florestas são áreas específicas, sabe? Quem é que vai desmatá-la se não for povoada? Penso mais em florestas.

No entendimento de Dan, a população da Idade Média era tão pequena (e o uso da terra, tão escasso) que a madeira selvagem teria dominado. Este é um equívoco comum, produto da (e que contribui para) percepção da Idade Média como uma época indomada, antes que a ciência e a indústria substituíssem o mundo natural. Na realidade, a maior parte da floresta selvagem da Grã-Bretanha havia sido desbravada no final da Idade do Bronze, e a maior parte da floresta medieval era gerida rigorosamente para madeira ou caça.[27] A Grã-Bretanha contemporânea, de fato, possui mais florestas do que a Grã-Bretanha medieval.[28] Embora a população da Grã-Bretanha medieval fosse certamente menor, não havia grandes extensões de terra não utilizada; mesmo no período anglo-saxão, a paisagem rural inglesa estava coberta de aldeias, em sua maioria a um dia de distância umas das outras.[29] Essa paisagem foi entrecruzada com uma rede de estradas, algumas datadas da Idade do Ferro, ou do período romano.[30] A densidade populacional era menor do que é hoje, mas o povoamento era considerável, até para os padrões modernos. A Inglaterra medieval, em seu ápice, tinha cerca de 3,7 milhões de habitantes, dando-lhe uma densidade populacional média de 25,5 pessoas por quilômetro quadrado.[31] Esse dado é comparável às densidades populacionais da Virginia Ocidental e Vermont de 2010. A paisagem era rural, mas dificilmente semelhante a um deserto inóspito.[32]

A presença de aldeias situadas, estrategicamente, em uma distância de um dia de viagem, levanta uma questão acerca das viagens. Como as viagens foram consideradas, especialmente, levando em conta que todos os três filmes focam em missões em terras distantes? Beowulf viaja para longe de Geatland para Heorot, onde sua aventura acontece; *O retorno do rei* e *Cruzada* são também histórias que se passam em locais estrangeiros. Os dois últimos seguem uma estrutura narrativa de "ida e volta" ou "exílio e volta", na qual os heróis se aventuram longe de casa para o seu destino, voltando assim que suas missões são realizadas (embora em ambos os filmes, as vidas dos personagens mudam tanto que não é possível voltar ao que era exatamente a sua velha vida).[33] Ambos também retratam as experiências — e dificuldades — das viagens medievais. Chloe e Erica se debruçaram sobre essa representação:

> Erica: Sim, não havia placas para lugar nenhum. Sempre que davam direções, era algo como "vá para onde falam italiano" ou =
> Chloe: = "Cavalgue por três dias" =
> Erica: = Sim. Você nunca... nada é mapeado, e não há placas em lugar nenhum. Enquanto, se isso acontece nos dias de hoje, todo mundo ficaria perdido todas as vezes que saíssemos de casa.

Aqui há um momento especial. Erica parece acreditar que pessoas medievais possuíam habilidades e proficiências que povos modernos não têm; em um mundo medieval, sem GPS nem satélites ou mapas que indicam o caminho de A para B, com certeza nos perderíamos. Isso é possivelmente verdade, até que reaprendêssemos a perguntar o caminho para outras pessoas.

Embora mapas medievais existissem, eles eram, muitas vezes, grandes e usados para conceitualizar o mundo, em vez de ajudar os viajantes.[34] No final da Idade Média, as rotas começaram a ser usadas,[35] mas, para a grande maioria das pessoas medievais, o conhecimento sobre os locais e conexões interpessoais eram mais importantes nas viagens. Os filmes, no entanto, apoiam a visão de que a viagem medieval era difícil e traiçoeira. Não há estradas em *Beowulf*. O mar dita a ação como uma barreira sombria, que nunca é pormenorizada; viagens pelo mar são perigosas devido às tempestades sempre presentes, e monstros marinhos. Os heróis vêm do mar e vão para lá quando morrem. Em

Cruzada, a ação começa em uma encruzilhada. Balian, então, é enviado em uma cruzada com a estrada sob seus pés, mas logo os caminhos se dissolvem e se confundem. Balian recebe apenas estas direções sobre como chegar à Terra Santa de seu pai: "[...] Vá até os homens que falam italiano e continue até falarem outro idioma" (como parafraseou Erica). Ele passa por um naufrágio e se encontra em um deserto sem vias de uma terra do Oriente Médio, a partir do qual ele deve fazer seu próprio caminho, tanto literal quanto metaforicamente. A trilogia de *O Senhor dos Anéis* engloba uma viagem do bucólico ao épico bélico, do moderno ao medieval. O Condado (onde a história começa) é um ideal pastoril vitoriano: uma terra de estradas, caminhos e paisagens rurais domésticas. À medida que os hobbits viajam rumo ao desconhecido, os caminhos desaparecem no mesmo ritmo que a civilização, e os personagens se veem percorrendo incontáveis paisagens do campo medievalesco/antípoda. No momento em que a ação começa em *O retorno do rei*, quase não há estradas. Ao viajar para fora de Rohan, Gandalf diz que o Reino de Gondor fica a "Três dias a cavalo, e os Nazgûl voam." (como Chloe referiu). Nesse mundo medieval, as pessoas galopam, andam ou voam sobre um país sem caminhos, aberto e vazio. Viajam como animais selvagens — às vezes, na verdade, sobre eles.

Quando perguntados se essas representações da viagem medieval refletiam realidades históricas, Erica pareceu convencida:

> Erica: Sim, eles deviam ter mapas porque mesmo no fim de *O Senhor dos Anéis* havia mapas. Mas não havia distâncias nele [...], ninguém havia estudado a terra o suficiente para dizer "siga oito quilômetros para nordeste e você chegará a certo lugar", e então você vai. É sempre "viaje durante alguns dias, e se não falarem italiano por lá, foi para o lugar errado".

Carin concordou em princípio: "Para ter um sentido vago da direção em que as coisas estavam, devia haver mapas e, não sei, alguma vaga ideia." Erica misturou informações aprendidas em *O retorno do rei* e em *Cruzada* e as aplicou ao seu entendimento sobre a navegação medieval, e Carin acrescentou que as pessoas só teriam um sentido intuitivo do caminho entre os lugares. Assim, a paisagem medieval não era apenas desconhecida para nós, mas desconhecida até mesmo por pessoas medievais. A percepção de dificuldade que atravessa o cenário medieval parece ter resultado em um dos arquétipos particulares do herói medieval: o herói meio selvagem/altamente civilizado. Eles não só vivem, como também prosperam em espaços selvagens, e têm uma capacidade quase mágica (ou mesmo mágica) de viver nas paisagens mais limiares. Robin Hood é o exemplo mais famoso, mas a literatura medievalista está repleta de exploradores e desbravadores: Aragorn, de *O Senhor dos Anéis*, Beorn, de *O hobbit*, e príncipe Gwydion, de *Crônicas de Prydain* [*Chronicles of Prydain*] são alguns dos principais exemplos.[36]

Todos os três filmes também incluíram cenas de viagens marítimas. Muitos participantes acharam isso surpreendente: Jess e Mark relataram ter aprendido em *Cruzada* que muitos cruzados viajavam por navios. Jess disse: "Nunca pensei em como eles chegaram a Jerusalém nas Cruzadas. Por alguma razão, imaginei que andaram ou montaram a cavalo o tempo todo. Então, quando ele entrou em um barco, fiquei muito surpresa." A isto, Mark acrescentou: "Mesmo aqui [...] eu tinha certeza de que eles iam a pé." É possível que essa percepção — de que as Cruzadas eram realizadas principalmente sobre a terra — tenha surgido da história da Primeira Cruzada, que ocorreu, de fato, principalmente em terra (depois de começar, em Constantinopla). No entanto, uma vez que Jerusalém foi tomada, e o Reino de Jerusalém estabelecido (incluindo, o que é importante, as cidades portuárias de Acre e Ascalon), as viagens por mar até os estados cruzados se tornaram comuns. A Segunda e Terceira Cruzadas tinham grandes contingentes viajando pelo mar.[37]

Mas é talvez mais provável que os participantes não tenham incluído as viagens marítimas em suas compreensões do mundo medieval. O mar, e, por extensão, a viagem marítima, não é uma parte comum da consciência histórica sobre a Idade Média (exceto, talvez, no contexto específico dos vikings), e não parecia fazer parte da deles. Talvez isso ocorra devido ao fato de a ciência da navegação, a exploração e a colonização serem características que alguns historiadores usam para separar a Idade Média dos períodos subsequentes. Por exemplo, David Waters argumenta que a invenção da medição científica, desenvolvida pelos navegadores para calcular a sua posição no mar, distingue o período Moderno Antigo da Idade Média.[38] As famosas viagens de Vasco da Gama, Cristóvão Colombo ou Fernão de Magalhães não são apenas consideradas pós-medievais, elas de fato o são.

Uma vez que a maioria dos participantes intuiu que a Idade Média se situava numa paisagem inglesa ou ocidental europeia, e que era um período de mobilidade extremamente limitada, não surpreende que a presença de viagens marítimas fosse novidade para eles. O seu ponto de vista (literalmente) insular pode ter contribuído para isso: se uma pessoa vive numa ilha e acredita — mesmo que apenas involuntariamente — que a Idade Média aconteceu apenas nessa ilha, a falta de viagens marítimas está implícita nessa cosmovisão. Os vikings chegam e partem (e nem sequer foram vistos como parte da Idade Média por todos os participantes). Os normandos invadem e ficam. Mas, salvo isso, há poucas outras viagens marítimas dignas de nota. Mesmo *O Senhor dos Anéis* (tanto os livros como os filmes) se passa em um continente inquebrantável. A grande maioria das suas referências às viagens marítimas — exceto talvez os Corsários de Umbar — são como uma metáfora da morte. Isso tanto reforça como contribui para o juízo de que a Idade Média não possuía litoral.

No entanto, muitos participantes optaram por acreditar que a representação das viagens marítimas nos filmes era mais um espelho da realidade histórica do que o seu conhecimento prévio. Por exemplo, Jess comentou: "Faz sentido, viajar de barco é mais fácil e mais rápido. Bem, exceto quando naufragam." Justin teve uma reação semelhante: "Fez sentido em *Beowulf*, já que os vikings viajaram muito de navio. Foram até para a América, certo? Mas não pensei em outros povos fazendo isso. Mas, se alguém vai para Jerusalém, suponho que sim, se pudessem." Este é um impacto positivo dos filmes em suas consciências sobre a Idade Média. Apesar de pensarem naquele período como uma natureza selvagem hostil e sem trilhas, os filmes ilustram com precisão que as viagens marítimas não eram apenas comuns, mas mais difundidas do que eles poderiam ter acreditado, e os participantes acharam essa descrição crível.

O AMBIENTE CONSTRUÍDO

A característica fundamental das construções no ambiente medieval, para a maioria dos participantes, era o castelo. Para John, a construção é tão necessária que "não situariam uma aldeia em um lugar sem castelos". Segundo a sua concepção, os castelos não eram apenas comuns, mas essenciais — teria de haver um deles em qualquer assentamento humano. Claro que não foi esse o caso. Na verdade, os castelos foram construídos para proteger grandes localidades povoadas, vilas e aldeias, já que cidades raramente eram construídas em torno de castelos. A ideia pode ter surgido da indústria do turismo patrimonial: os castelos são extremamente importantes para essa indústria no Reino Unido. As vilas, pelo contrário, são lugares para viver em vez de visitar. Mesmo no Reino Unido, não se vive no patrimônio medieval, mas sim se visita nas escolas, nos cinemas ou nas férias.

A consciência sobre a paisagem medieval construída influencia também as interpretações dos filmes. Justin percebeu que a organização de *Beowulf* não parecia medieval, porque "nunca havia assistido um filme assim, [que se passa] no meio do nada. Penso em algo que era mais alastrado." Por "alastrado", ele quis dizer dominado pela terra em vez de, como ocorre em *Beowulf*, pelo mar. Ele continuou:

> Justin: Não imagino que seja tão perto do mar, para começar, à beira de um penhasco.
> Stephen: Por alguma razão, isso é... não sei por que isso me surpreendeu. Eu não estava esperando — tudo parecia tão próximo do mar =
> Justin: = É, e eu só esperava que fosse mais, talvez mais agrícola, talvez mais [...] mais parecido com uma cidade, maior. Não sei. Como o formato de um quadrado, medido em quilômetros. Não sei.
> Moderador: Então, onde está a Idade Média, para você?
> Justin: Suponho que em todo lugar, mas nunca a vi, de fato. Por isso, quando penso nisso, visualizo algo mais centralizado no país, e assim por diante.

Ele sabe que a Idade Média está por toda parte, mas nunca a viu. Ou ele, talvez, nunca tenha enxergado uma Idade Média que não fossem os campos e as florestas do seu país natal. Para vários participantes, a civilização medieval se baseava em um castelo rodeado por um vasto campo. A paisagem escandinava sombria de *Beowulf* foi surpreendente, não só por causa do mar, sempre presente, mas também porque não poderia haver cultivo na neve. Se *Beowulf* fosse medieval, concluiu Justin, seria de se esperar "um monte de elementos agrícolas à vista, como os campos arados e coisas assim. Não achava que fossem construídos assentamentos, como vi no filme. Esperava que fosse muito maior". Por outro lado, Justin e Stephen, mais tarde, concordaram que a cidade de Minas Tirith, em *O retorno do rei*, não era medieval, porque era "imponente demais".

> Justin: Não consigo imaginar isso em nenhum mundo medieval porque é muito, muito imponente.
> Stephen: Entendo o que você quer dizer com imponente, é modelada. É modelada a partir de algo medieval. [...] as portas da cidade parecem com portas de catedrais, e parecia mesmo um pouco com uma igreja porque havia painéis com estátuas de pessoas neles [nichos]. Provavelmente, nesse filme, eles não são santos, mas parecem. É isso, se parece com uma igreja.

Eles perceberam que Minas Tirith foi criada para parecer medieval, mas sua percepção de que foi claramente "projetada" se tornou problemática. Os hipermedievalismos que encontraram lá os incomodou — portas de catedral e nichos fora do lugar, e uma cidade medieval demais para ser real. Então Heorot era imunda. Minas Tirith era muito imponente. Correta era Edoras, a cidade dos Rohirrim em *O retorno do rei*. Apesar de não terem lembrado de seu nome (Sean se referiu a Edoras como "a de madeira no topo da colina"), Justin e Stephen concordaram. "Sim, parece medieval." É curioso, visto que a representação de Edoras foi baseada em pinturas antigas de Heorot do artista conceitual Alan Lee.[39] Ironicamente, a versão de *O Senhor dos Anéis* de Heorot foi considerada mais medieval do que a própria Heorot de *Beowulf*, transplantada da mesma forma dos mares escandinavos para os campos e as montanhas da Terra-média. John também reagiu negativamente ao cenário escandinavo de *Beowulf*, porque, para ele, não parecia o suficiente com a Dinamarca:

> John: Parecia nevar muito. Eu não diria que se parece tanto com a Dinamarca. Muito perto do mar, também. Estando tão próxima do mar, não haveria tanta neve daquele jeito. [...] Eles construíram um castelo também, [...] próximo à arrebentação, e isso sei que nunca aconteceria. Nunca construiriam um castelo em que basicamente se espremessem entre as muralhas.

John achou que a paisagem do filme não era correta porque não correspondia ao que ele sabia sobre o ambiente e o clima da Dinamarca, mas também porque entrava em conflito com a sua compreensão acerca de táticas de batalha medieval — em que o mar era a própria muralha já que, ainda segundo o seu entendimento, pessoas medievais não utilizavam o mar para locomoção regularmente, em vez de apenas um meio de reposição de suprimentos. Ele claramente não conhece uma miríade de exemplos contrários, como o Monte Saint-Michel, na França, ou qualquer um dos "anéis de ferro" de Eduardo I ao longo da costa do País de Gales.[40]

A PAISAGEM SOCIAL

Alguns participantes também notaram que os ambientes construídos dos filmes espelhavam as estruturas sociais daqueles que viviam naqueles universos. Quando foi perguntada sobre o que ela achava particularmente medieval em *O retorno do rei* nesse quesito, Chloe disse:

> Chloe: Grandes reinos com castelos gigantescos, [pessoas que] viviam em construções imensas. Grandes e conjuntos assentamentos [...] todos vivem no mesmo lugar. Todos muito bem integrados [...] precisando um do outro, porque todos precisam comercia-

lizar. Então há o ferreiro, o carpinteiro. Todos têm um papel, ou quase todo mundo. E há famílias que trabalham e vivem juntas, ao contrário de como é hoje, todos separados.

Chloe acrescentou que o ajuntamento é comparável ao — iminentemente lamentável — individualismo moderno. "Pessoas são mais individuais hoje em dia. Você trabalha para si mesmo, enquanto antes você era..." Carin, então, completou: "Parte da comunidade." Para Carin, o ambiente construído de comunidades muradas isoladas era similar em *Cruzada* e em *O retorno do rei*.

> Carin: Os dois [filmes vistos] hoje e ontem, era tudo... todo mundo estava cercado por muralhas. Tudo, todos estavam juntos. E se precisavam de ajuda, era só pedir, e outras comunidades viriam ajudar. [...] poderia haver pessoas de fora da muralha para ajudar, mas, é. [Existe] um senso de fazer pela sua comunidade ao invés de fazer por si mesmo.

Para eles, as cidades de *Cruzada* e *O retorno do rei* são modelos de comunalismo medieval. Todos na comunidade local trabalhavam em prol de objetivos comuns, e a ajuda só chegava de outras comunidades isoladas e insulares semelhantes. O ambiente construído é, portanto, produto e causa da cultura social: as grandes cidades muradas implicam em um nivelamento comunitário dos estratos sociais (presumivelmente entre aqueles que não eram aristocratas), e uma comunidade fechada exige natureza coletivista e individualidade limitada para sobreviver em um mundo difícil. Sua ideia da estrutura social medieval parece projetada — intencionalmente ou não — a partir do medievalismo socialista de William Morris que, em seu livro *A Dream of John Ball* [*Um sonho de John Ball*], enxerga a Idade Média como uma idade de ouro socialista.[41] Ou talvez vejam a Idade Média como o camponês em *Monty Python em busca do Cálice Sagrado*: "Somos uma comuna anarcossindicalista."

A PAISAGEM AGRÍCOLA

Embora a sociedade agrária comunal pareça simbolizar a Idade Média, *Cruzada* é o único filme em que terras agrícolas ou a agricultura estão realmente presentes. Havia campos verdes em *O retorno do rei*, e Stephen achou que essa característica o tornava mais medieval que *Beowulf*: "Poderia ser assim [...] *Beowulf* era, principalmente, um deserto cheio de neve, mas havia verde em Rohan." Justin se contrapôs: "Mas não se parecia com campos de colheita. Apenas parecia um campo." Stephen presumiu que deveria haver algum tipo de agricultura: "Talvez não agricultura avançada, mas deveria haver ao menos algumas plantações." Para os dois, a agricultura é tão necessária para a paisagem medieval que eles estavam dispostos a imaginar a sua existência. Não era "avançada", é claro, porque, para eles, a Idade Média não era avançada de forma alguma. Mas as plantações deviam estar lá.

Para Katy, a paisagem de *O retorno do rei* parecia medieval porque a agricultura está implícita nos espaços abertos e vazios:

> Katy: Na maioria das vezes, eu penso em agricultura, e as grandes igrejas, estruturas e imponência — na verdade, eu lembro de estruturas imponentes, mas no meio do nada. Apenas com campo ao redor. Esse tipo de coisa. Sem ver, sem estar construído, presumo que seja agrícola. E é isso que estava em *O Senhor dos Anéis*. Em termos de onde está ambientado, [isso] é o que eu provavelmente esperaria ser medieval.

Katy continuou a explicar que tipo de paisagem não era medieval:

> Katy: Não me passa pela cabeça que filmes medievais possam mostrar grandes municípios ou cidades. Eu sempre... acho que é por causa dos campos de batalha. Quando você pensa em batalha, pensa também onde elas ocorrem, e então tudo se mistura nos campos e à agricultura. Eu não sei por quê.

Para Katy, a paisagem medieval é delineada por grandes edifícios postos em grandes extensões ermas de terra fértil— pronto para que as batalhas irrompam. Os campos ora estão cheios de plantações ou repletos de cadáveres. O urbanismo não existe. A cidade é uma imagem poderosa, ao que parece, em quase todos os períodos europeus, com exceção da Idade Média. O mundo clássico tem Roma, recentemente trabalhada em *Gladiador*, e a série de TV, *Roma* (2005-2007). Elizabeth e Shakespeare têm sua própria Londres, assim como Dickens, Conan Doyle e Victoria. A versão de Chaucer da cidade, por mais distinta e convincente que seja, ainda não se enraizou na consciência popular, apesar da sua presença em *Coração de cavaleiro*.

É assim que a paisagem natural medieval é retratada nos três filmes: há batalhas sobre vastas extensões de terra. Nenhuma é utilizada para nada além da batalha. A sua função fora da guerra é um espaço vazio, em vez de preenchida com as vidas e o trabalho das pessoas. Este é um subproduto das necessidades do cinema (plantar e esperar que o cultivo cresça, apenas para ser pisoteado por um exército, parece, particularmente, um desperdício). Mas essa peculiaridade dos filmes parece ter moldado, e reforçado, a percepção da paisagem medieval não só como rural, mas também selvagem e despovoada. A paisagem medieval da consciência histórica dos participantes é um deserto estéril, marcado apenas por um castelo aqui ou uma batalha acolá.

A PAISAGEM INGLESA

Como discutido anteriormente, muitos participantes situaram a Idade Média, aberta ou instintivamente, na Inglaterra ou na Grã-Bretanha, protagonizada principalmente por pessoas inglesas ou britânicas. No entanto, nenhum dos filmes se passa na Grã-Bretanha. Também não há personagens que sejam ingleses ou britânicos além do âmbito dos seus sotaques.[42] Jess comentou sobre isso ao analisar *Cruzada*:

> Jess: O que me surpreendeu foi que eram franceses. Aquele cara — Balian, ou sei lá o quê, o Orlando Bloom — era francês, e veio de França. Não sei por quê, mas presumi que fossem ingleses. Quer dizer, esqueci de que havia outros por todo lado. Foi bastante óbvio quando aquele alemão apareceu também. A princípio foi uma surpresa para mim.

Mark concordou, dizendo: "Esperava isso, mas talvez seja um pouco idiota." Mesmo quando os participantes reconhecem que suas impressões estavam incorretas, o instinto de esperar ou presumir que as narrativas medievais são inglesas permanece. Para o grupo, *Cruzada* também revelou a tendência de que os personagens não ingleses em filmes medievais são tipicamente representados por atores que falam inglês com sotaques ingleses. Por exemplo, Jake afirmou:

>Jake: Tem a ver como como é de fato [...] geralmente se fala inglês. Há, obviamente, mais pessoas que falam inglês nos papéis principais [...], é claro que os personagens são franceses, mas falam inglês. E não têm nem ao menos um sotaque francês falso, ou algo assim.

Jess concordou: "Exceto por nomes estúpidos como Guy e Reynard, ou qualquer que fosse seu nome [Reynald], esqueci que eram franceses." Para esses participantes, a Idade Média se passa na Inglaterra, em parte, porque não há nenhum indício de estrangeirismo nos personagens dos filmes medievais assistidos. No entanto, considerando o quão distrativos eles acharam os sotaques em *Beowulf*, como discutido no capítulo 5, apresenta-se aqui um problema complexo. O uso de sotaques ingleses perpetua a ideia de que a Idade Média é, por definição, inglesa, mas os espectadores estranham o sotaque de outras línguas.

Acrescentando ainda mais complexidade a essa questão, quando perguntado quais aspectos de *Beowulf* não eram medievais, Robert citou o cenário dinamarquês.

>Robert: Quando dissemos medieval, associamos à Grã-Bretanha, mas obviamente aconteceu na Dinamarca. Então...
>Chloe: Hmm... [concordando].
>Robert: Não sei, foi uma espécie de mistura.
>Chloe: Como os vikings, mais ou menos.
>Robert: É, sim.
>Moderador: Então os vikings parecem medievais para vocês, ou não?
>Robert: Eles não pareciam antes; mas eu os considero parte da Idade Média.

Para Robert e Chloe, o "medieval" incluía a Grã-Bretanha, mas não a Dinamarca, enquanto "Idade Média" incluía a Grã-Bretanha e a Dinamarca. No entanto, a declaração de Robert, "Eles não pareciam antes", implica que ele pode ter reformulado sua opinião em decorrência do que assistiu em *Beowulf*.
Depois de assistir aos filmes, Dan foi o único participante a discordar da ideia de que as "Idades Médias" são inglesas, entendendo as Cruzadas em *Cruzada* como um fenômeno fundamentalmente internacional:

> Dan: Acho que foi uma boa representação das Cruzadas. Não achava que as Cruzadas eram predominantemente inglesas, então parti do ponto de vista de que as Cruzadas eram algo que uniu a Europa sob o catolicismo, em geral. Então era um trabalho de equipe [risos] da Europa.

A opinião de Dan não foi aceita por todos os membros do seu grupo. Para os participantes que assimilaram a Idade Média como um fenômeno principalmente inglês, os filmes lhes ofereceu uma reformulação. É difícil constatar se essa reformulação foi aceita como uma exceção à regra, ou uma nova regra. A Idade Média agora é inglesa, *exceto* nas Cruzadas, ou as Cruzadas começaram a redefinir a Idade Média?
No geral, os participantes recolheram uma vasta gama de informações (e desinformação) sobre a paisagem medieval a partir dos filmes, quer se tratasse de uma paisagem natural, construída, agrícola ou política. A paisagem nos longas funciona como um efeito de realidade barthesiana, porque não pode deixar de ser detalhada — especialmente quando fotografada, como em épicos, em extensos detalhes panorâmicos. Isso torna a paisagem um aspecto atraente e poderoso dos filmes históricos, e através do qual os indivíduos parecem aprender, mesmo subliminarmente. Enquanto os interesses orçamentários de um filme demandarem uma paisagem medieval mais estéril ou selvagem do que as realidades históricas, essas nuances seguirão sendo tomadas como fato histórico por aqueles que as veem.
Em termos de sua paisagem, *Beowulf* não era tão credível quanto

os outros filmes. Isto não só porque não correspondia às expectativas — localizadas nos mares escandinavos, longe dos castelos e da agricultura, mas também por causa da questão ontológica básica apresentada pelo mundo CGI. Não importava quantos detalhes os programadores colocassem, os participantes não conseguiam superar o fato de que não estavam observando um lugar, propriamente dito, o que minou a eficácia da paisagem atuante como um efeito de realidade. *O retorno do rei* foi considerado mais autêntico do que *Beowulf*, apesar das suas representações óbvias de um mundo de fantasia. Dito isso, os participantes ainda estranharam os hipermedievalismos representados pela cidade de Gondor. Filmes épicos se focam em lutas épicas, que ocorrem em vastas paisagens. Mas, quando essas paisagens se expandem para além da realidade, têm um efeito negativo perceptível.

Religião

O tema final discutido por todos os grupos foi a religião. Cada filme tratava a religião medieval de forma diferente. Em *Beowulf*, a religião é usada para estabelecer o período e mostrar a mudança cultural e temporal. No momento do filme, o cristianismo ainda se instalava na Dinamarca, no início da Idade Média. *Cruzada* posiciona a religião em primeiro plano; o fanatismo religioso, que conduz à guerra santa, pode ser lido como o antagonista do filme. Em ambos os filmes, o cristianismo não é uma luz particularmente positiva. Em *Beowulf*, o antagonista Unferth se torna um sacerdote (e maltrata seu escravo, curiosamente chamado Cain). Em *Cruzada*, o sacerdote de Balian, na França, é avarento e cruel; o Patriarca de Jerusalém é um covarde religioso, e os fanáticos templários espumam de raiva. *O retorno do rei* lida com a religião mais obliquamente; uma das características da fantasia medievalista é a sua frequente substituição da religião cristã por panteões inventados e a magia. Embora Gandalf discuta a vida após a morte com Pippin, o cristianismo (ou qualquer forma de igreja organizada) não existe na Terra-média.

Como era de se esperar, as discussões sobre religião nos filmes foram muitas vezes moldadas pelas visões de mundo religiosas dos próprios participantes. Os participantes não foram amostrados por religião e, portanto, para a maioria dos participantes, suas crenças (se haviam) eram desconhecidas. Alguns, como Mark, anunciaram sua religião nas discussões, mas foi uma exceção, e não a regra. Apesar disso, houve ocasiões em que uma perspectiva notavelmente secular sobre a religião medieval ficou evidente ao discutir os filmes.

VISÕES DESDENHOSAS DA RELIGIÃO MEDIEVAL

William C. Calin aponta, com razão:[43]

> Dada que esta noção — da simples, não problemática, Idade Média Cristã — não existia entre os medievais [...], pode ser considerada um exemplo de medievalismo. É um dos fenômenos medievalistas mais importantes, pois determina como acadêmicos e o público em geral veem a Idade Média — o que significa para eles.

Muitos participantes sustentaram o entendimento da religião medieval exposto por Calin de que ela era "simples, não causava problemas, uniforme, comum".[44] A isto, os participantes também incluíram "universal": a presença da religião — particularmente do cristianismo — era um ponto-chave da medievalidade. Correspondente a isso, eles reagiram negativamente a qualquer indício em que pessoas medievais não eram simpáticas à religião. Para eles, pessoas medievais eram, por definição, devotas. Sean, por exemplo, comentou:

> Sean: Fiquei surpreso com algumas referências cristãs [em *Cruzada* e *Beowulf*], na verdade, e que fossem negativas de certa maneira [...] eu tendo a pensar que todos eram extremamente [...] religiosos. E não questionavam a igreja neste ponto.

Para ele, as pessoas medievais não eram apenas religiosas, mas "extremamente" religiosas. A religião no Reino Unido é, em grande parte, algo particular, ao que o extremismo religioso. como o esperado dos medievais, era para ele socialmente inaceitável.

Chloe também achou que a religião em *Beowulf* era "completamente ignorada, e eu acho que, provavelmente, não era daquela época". Erica disse: "Você poderia pensar que eles estariam mais focados nisso [a religião], mas é como 'não, isso é normal'. [Eles] meio que evitaram [encolhe os ombros], e [...] não era historicamente correto". Justin, Stephen e Sean constataram que a descrição negativa da religião era "estranha":

> Justin: [...] em Cruzada, você definitivamente viu que as religiões eram muito, muito importantes e que isso ditava muita coisa. Compare isso a Beowulf, no sentido de que não havia muita religião, mas vimos o nascimento de uma. No entanto, você não vê que ela controla alguma coisa.
> Stephen: Sim, é muito estranho, porque em Cruzada havia apenas um sacerdote, ou bispo, ou qualquer outra coisa, apenas. Não havia muitos.
> Justin: E ele era um covarde!
> Stephen: E ele era um covarde, mas não acho... Posso ter esquecido, mas acho que não havia mais padres. Além do que ele [Balian] matou logo no início.

Ao mesmo tempo que eles entendem a importância da religião no mundo medieval, também têm pouco sentido de como a igreja medieval se instaurou ao longo da Idade Média, como começou e como cresceu. Portanto, os participantes pensaram que iriam encontrar uma igreja latina hegemônica com adesão universal mesmo em *Beowulf* e ficaram desapontados. Além disso, sua perspectiva não é apenas secular, mas ocasionalmente antirreligiosa — as pessoas medievais eram "extremamente" religiosas, a Igreja "controla" tudo — e, no entanto, embora o filme de Ridley Scott pareça ter seguido uma perspectiva semelhante (o clero é corrupto e o fanatismo religioso, a fonte do conflito), os participantes chamaram a atenção para esse aspecto anacrônico. Eles olharam para o sentimento religioso medieval com desdém, mas não esperavam que nenhum povo medieval realmente concordasse com eles.

De fato, o que Erica pensou ser mais medieval sobre *Cruzada* era como as práticas e atitudes religiosas cristãs pareciam estranhas:

> Erica: A forma como a morte foi abordada. A religião, quando disseram "queime os corpos", e o padre diz, "não pode fazer isso", porque não é a maneira correta de os enterrar. Ninguém diria isso hoje em dia. [...] Isso pareceu bem medieval, [...] quando, bem no começo, quando a esposa de Orlando Bloom teve sua cabeça cortada para que ela ficasse sem cabeça no inferno, e coisas assim. [...] há muito mais aspectos religiosos na morte [naquela época] do que haveria agora [...] muito mais mitos sobre a morte, o céu e o inferno do que há agora.

Erica parece inferir que essas práticas religiosas que ela não reconheceu eram representações precisas da religião medieval. A estranheza do pensamento e do ritual medieval era, ela mesma, um efeito histórico, onde o ritual e a visão geral irreconhecíveis a ela eram instintivamente tidos como medieval. Por um lado, esta é uma técnica eficaz para representar a diferença histórica — ela recordou essas cenas em particular, porque ofereciam algo inesperado. Por outro lado, os rituais e as visões de mundo são vistos como alienígenas, cruéis e estúpidos. Cortar a cabeça da mulher de Balian após sua morte por suicídio parece, para nós, desnecessariamente cruel. Recusar-se a queimar os corpos dos mortos é visto como estúpido, devido à nossa moderna compreensão dos vetores de doença. Assim, enquanto a apresentação do ritual medieval em *Cruzada* apresenta um momento em que os espectadores podem encontrar um "outro" histórico, esses o julgam como estúpido e bárbaro.

O sentimento de estranheza de Chloe às práticas religiosas medievais incluía ritual, cerimônia e "mito" — que ela acreditava estar ausente no cristianismo atual. A palavra "mito", usada por Chloe, é esclarecedora. Embora o seja usado espontaneamente para descrever qualquer narrativa sagrada, ela usa a palavra para sugerir que as crenças cristãs acerca do sobrenatural são "outras", supersticiosas ou falsas — parte de uma cultura morta há muito tempo.[45] Para ela, a morte foi despojada do rito no mundo moderno. Isso é amplamente impreciso — até mesmo os cidadãos seculares britânicos participam de uma série de rituais no momento da morte. É provável, portanto, que, tal como a sua percepção de "mito", Chloe não considere criticamente as atividades de sua própria cultura. Outros tempos e lugares estão cheios de "mitos" e "rituais" bizarros. Os dela, não.

Robert também comparou a crença e a prática religiosa medieval com suas contrapartes modernas. Mas adotou uma abordagem um pouco mais heterogênea:

> Robert: Atualmente não é tão... preto no branco. Você pode acreditar no cristianismo, mas não em tudo. Mas aquilo [o cristianismo medieval] é mais um... Eles acreditavam que você iria para o inferno, então as práticas em suas vidas eram ditadas pela crença: céu e inferno.

A principal diferença entre a psique medieval e a moderna é que, para Robert, todos os povos medievais acreditavam em todos os aspectos do cristianismo, enquanto os modernos escolhem os aspectos de sua religião mais convenientes para si. Compreender a natureza da devoção irrestrita na Idade Média é difícil, já que muitas das fontes existentes foram escritas por clérigos. No entanto, Robert presume que as pessoas medievais eram, em essência, fundamentalistas, e todos acreditavam na mesma coisa. Sua banalização parece um fracasso da empatia histórica ao acreditar que as pessoas medievais eram menos diversas em suas opiniões do que as pessoas são hoje.

Dan e Mark tinham uma opinião bem desdenhosa sobre as práticas religiosas medievais. Para Mark devido, em grande parte, à sua origem religiosa. Eles descobriram que a descrição negativa da religião em *Cruzada* era, portanto, exata:

> Dan: Acho que mostrou muito, não sei dizer bem o que era, ignorância genuína da época, do cristianismo, mas há muito que =

Mark: = Bem, tenha em mente que a Bíblia era escrita em latim, e a maioria dos camponeses nem sequer conseguia ler a sua língua materna. Havia muitas maneiras de as Escrituras serem mal interpretadas.

Dan: Não é bem necessário que seja evidentemente mal interpretado, eles só alimentavam as pessoas com isso, e elas nem saberiam o que o restante significava =

Mark: = Tá, deixe eu reformular. Eles não precisavam da Bíblia. As Escrituras não precisavam ser utilizadas, ou mal utilizadas, por outro lado para... Eles poderiam apenas dizer o que queriam, porque ninguém contestaria. [...]

Dan: Não tenho certeza se isso [a ampla religiosidade em Cruzada] era genuíno. Eu não acreditaria que fosse, pois havia muito pouco conhecimento sobre o que era o cristianismo.

Para eles, as pessoas medievais — particularmente os pobres — eram totalmente ignorantes, e assim mantidas por uma Igreja maliciosa. Dessa forma, eles louvaram a descrição do filme das malfeitorias do clero medieval e o malogro do que Mark e Dan presumiram ser os princípios centrais do Cristianismo. Desse modo, o cristianismo medieval não é um cristianismo culturalmente diferente do deles, mas, sim, um cristianismo "mal utilizado", que foi oferecido a um público indefeso e infeliz. Os participantes, portanto, demonstraram uma visão não histórica do cristianismo. Os valores que eles percebem como centrais no cristianismo e nas práticas cristãs com as quais estão familiarizados são os "corretos". A devoção medieval é uma perversão, ou ignorância, de sua verdadeira igreja — e eles encontraram muitas evidências para corroborar isso no filme.

RELIGIÃO EM *O RETORNO DO REI*

Uma das diferenças mais evidentes entre *O retorno do rei* e os outros filmes é a sua falta de referências claras à religião. Até mesmo o próprio Tolkien recebeu críticas sobre isso, às quais ele respondeu:[46]

A única crítica que me aborreceu foi a de que ela "não contém religião" [...] É um mundo monoteísta de "teologia natural". O estranho fato de que não há igrejas, templos ou rituais e cerimônias religiosas é parte do clima histórico descrito.

O grupo focal de junho concordou tanto com os críticos anônimos de Tolkien como com a refutação dele próprio, argumentando que não havia religião explícita, no entanto havia "o sentido de um poder superior", "não um deus criador, mas algo", e "havia uma crença de que havia mais. Mas não havia tanta estrutura para detalhar essa crença". Para os participantes, a religião existia em *O retorno do rei*, mesmo sem igrejas ou a Igreja.

A magia, segundo Justin e Stephen, tinha inclinação religiosa no filme: "Alguns personagens, como Gandalf, fizeram coisas incríveis. E havia o Orbe [Palantir] que... entende? É muito espiritual —" Stephen, então, interrompeu, dizendo: "E os milagres, mas não sei se é uma conexão religiosa." Para eles, os feitiços de Gandalf são "milagres", e o Palantir, um tipo de relíquia. Mark também achou que Gandalf "era tanto padre como um bruxo", porque

> Mark: Ele coroou Aragorn, o que, tradicionalmente, é o papel do arcebispo de Westminster. [...] Ele também é um dos mensageiros dos deuses. Há também os nomes místicos associados a ele, que é um tanto como um padre medieval. [...] [Os padres] normalmente eram os únicos que podiam ler [...] Palavras certamente têm poder, e, se você as consegue entender, então é possível ter o poder de ser uma referência.

Para Mark, o poder de Gandalf está diretamente relacionado ao de um sacerdote porque ambos têm um papel cerimonial dentro de instituições seculares, agem como intercessores divinos e são pessoas que, acredita-se, têm poder místico. Esta é uma leitura notavelmente sofisticada do sacerdócio medieval, apesar de estar ligada às suas atitudes negativas típicas sobre a religião e as pessoas medievais.

Erica foi uma das poucas a tomar o ponto de vista oposto, não enxergando religião de todo no filme. Para ela, em *O retorno do rei*:

> Erica: Eles não se aprofundaram [na religião], ao passo que os outros dois filmes eram muito fortemente ligados a ela, era a principal perspectiva de vida que tinham. Provavelmente todos iam à igreja, todos tinham alguma religião e fé, e poderiam lutar por essa religião. Enquanto, hoje em dia, a maioria é ateísta.

Para Erica, uma das diferenças entre *O retorno do rei* e a sociedade moderna, por um lado, e a Idade Média, em outro, é a crença religiosa. Ela ainda se confundiu ao acreditar que *Beowulf* era "fortemente ligado" à religião, em consonância ao seu conhecimento de que a religião era um elemento cultural significativo da época. Isso mostra a importância da religião para a visão que estes participantes têm da Idade Média: se algo é considerado medieval, a religião deve desempenhar algum papel. Mesmo que não seja explicitamente abordado em um filme medieval, os espectadores encontrarão —mesmo erroneamente — a religião no papel de uma força poderosa na história.

Essas perspectivas são esclarecedoras. Não importa se de uma perspectiva protestante ou secular, todos os participantes se concentraram na inevitável "alteridade" da religião medieval. A empatia histórica não pareceu se estender à prática religiosa. Os povos medievais foram vistos universalmente como fanáticos e fundamentalistas, que acreditaram em "mitos", e participavam de rituais antiquados. A igreja medieval havia chegado ao poder, e, uma vez lá, tornou-se abusiva e corrupta. Seus seguidores eram inacreditavelmente crédulos, ou simplesmente ignorantes. Essa intensa reação negativa à religião medieval é um obstáculo que impede a empatia e a compreensão históricas. A religião é um tema controverso na sociedade contemporânea, e, mesmo início do século XXI, segue sendo uma fonte-chave de conflitos e de divisão. Se nos separarmos dos nossos antepassados históricos através dessa métrica, classificando-os de "outros", ou até mesmo de "inferiores" por suas crenças religiosas, pouco nos impede hoje de fazer o mesmo com as demais religiões.

Conclusão: como os participantes aprenderam?

De diversas maneiras, os participantes apontaram mais semelhanças do que divergências entre os filmes assistidos. Os filmes apresentaram três mundos medievais com características ímpares em termos de normas de gênero, estruturas de poder, paisagens e práticas religiosas. Através destas lentes, os mundos que os participantes viram é fundamentalmente diferente do mundo de hoje. Isso é, claro, uma das características que tornam os filmes históricos tão atrativos: eles oferecem aos espectadores a oportunidade de imaginar, ou de já ser imaginado, um mundo completamente diferente. Mas este mundo não é muito diferente. O mundo medieval mostrado nesses filmes era pior do que o mundo contemporâneo de todas as formas possíveis.

Isso levanta uma série de preocupações do ponto de vista educacional. Observando as reações dos participantes aos filmes, foi difícil para os próprios filmes diferir fundamentalmente da noção que os participantes tinham do passado. Em muitos desses pontos, o abismo entre a expectativa deles e o filme era explicado como um desvio de realidade do filme. Além disso, era muito comum que as informações fornecidas pelos filmes adicionassem nuances a ideias preexistentes. As duas situações são exemplos clássicos do processo de *assimilação* de Piaget (como discutido no capítulo 3).

Como esperado, talvez (mas, no entanto, muito importante para historiadores e educadores terem em mente), esses indivíduos se deixaram levar por suas interpretações dos filmes. Perspectivas sobre o tratamento de mulheres foram associadas não apenas ao seu conhecimento sobre a época, mas às suas experiências como mulheres ou homens, assim como à noção de gênero nos dias de hoje. Os julgamentos sobre a religião medieval não foram apenas baseados no seu conhecimento das práticas religiosas medievais, mas também em suas experiências de vida em uma sociedade, em grande parte, secular, e em suas crenças religiosas pessoais. Mesmo a paisagem não estava imune à perspectiva pessoal. Apesar da probabilidade de pelo menos alguns participantes terem crescido em vilas e cidades com origens medievais, os castelos foram considerados muito mais medievais devido ao seu estatuto icônico.

O mundo medieval — em geral, e nesses filmes — era inglês, porque esses participantes também o eram.

Em geral, embora cada um dos participantes tenha relatado que aprenderam coisas diferentes nos filmes, a maioria relatou ter assimilado informações com a experiência de assisti-los, discuti-los e partilhar as suas ideias sobre o passado. À medida que assistiam e discutiam mais, suas ideias se aprimoravam com a combinação de elementos. Isso demonstra como os espectadores de filmes medievais aprendem. Aparentemente, pouco se aprende apenas a partir de um filme. No entanto, muito mais ideias surgiram quando os filmes dialogavam entre si, conforme ocorreu no dia que relacionaram as ideias sobre viagens marítimas medievais. Esse processo se tornou mais evidente quando os participantes discutiram as ideias oriundas desse diálogo e as correlacionando com o contexto mais amplo de suas educações, outras experiências sobre o período e suas visões de mundo. É através da repetição dessas ideias e imagens consonantes — seja em filmes ou através de outros medievalismos — que novos enquadramentos intelectuais são criados, através do processo de aprendizagem por *acomodação* de Piaget.

Em última análise, os filmes podem ter, e têm, um profundo impacto na consciência histórica da Idade Média do público em geral. No entanto, a forma como afetam essa consciência varia de pessoa para pessoa. Depois de assistir aos filmes, os participantes relataram entendimentos da Idade Média que eram surpreendentemente semelhantes a como havia sido descrita nos longas-metragens, como uma memória protética — às vezes eles estavam conscientes de que os filmes eram a fonte de sua interpretação, mas em outras esse processo parecia agir inconscientemente.

Capítulo 7
Debate, conclusões e perspectivas futuras

As pessoas raramente se comportam da maneira prevista pelas teorias mais sofisticadas. No entanto, um dos maiores benefícios das pesquisas qualitativas é justamente revelar as maneiras surpreendentes, variadas e, muitas vezes, imprevisíveis que cada indivíduo pensa e se comporta. Esse estudo não foi uma exceção. Muitos dos resultados confirmam o que medievalistas e educadores descobriram em suas experiências recreativas com estudantes ou o grande público, mas outros aspectos reveladores e surpreendentes que os participantes mostraram foram, ao menos para mim, completamente inesperados.

Neste último capítulo, são descritos alguns dos resultados deste estudo, e algumas implicações das conclusões mais significativas são traçadas. Por fim, algumas linhas de investigação que esta pesquisa abre serão propostas — ambas linhas foram especificamente descobertas no cerne deste estudo, além da potencial adoção da metodologia aqui utilizada para outras áreas. Este estudo não oferece a incursão acadêmica definitiva na consciência histórica popular da

Idade Média, mas, pelo contrário, espera-se que marque um começo. Antes de investigarmos as conclusões, é importante lembrar, em primeiro lugar, os limites do que se pode ser concluído a partir deste estudo (e outros com a mesma essência). Como descrito no capítulo 1 (e, mais detalhadamente, nos apêndices), a pesquisa qualitativa oferece uma visão aprofundada de um fenômeno e/ou as perspectivas dos participantes específicos da pesquisa. A intenção é aprofundar a compreensão acerca de eventos, ideias e comportamentos, e não permitir conclusões abrangentes que possam ser generalizadas matematicamente em proporções circunscritas da população em geral.[1] Os 19 participantes deste estudo mantiveram perspectivas particulares do passado à medida que o compreendiam, assistiam aos filmes e faziam perguntas. Visto que o conhecimento é determinado e influenciado socialmente, é extremamente improvável que eles sejam os únicos a ter essas visões, ainda mais entre pessoas como eles próprios. No entanto, sem mais pesquisas, não podemos dizer que proporção de pessoas como eles (distribuídas, por exemplo, entre os eixos demográficos de idade, classe, educação, gênero, religião, raça/etnia etc.) têm as mesmas visões. O fato é tanto uma limitação como uma oportunidade. Como os pontos de vista sobre a Idade Média mudam da infância para a idade adulta e a velhice? Como as ideias sobre o período variam entre cristãos e muçulmanos, ou entre homens e mulheres? Que efeito pode ter a participação em um grupo de representação ou em um determinado partido político sobre as percepções do passado? As linhas de pesquisa para mais descobertas são diversas.

Uma outra limitação à pesquisa empírica como esta é a sua condução, realizada em um determinado momento no tempo. Pesquisas que envolvem seres humanos significam, por definição, perseguir um alvo em movimento. A consciência histórica dos jovens britânicos está em constante evolução à medida que vivem novas experiências; embora, talvez, não sejam *fundamentalmente* diferentes nos que foram abordados neste livro, os jovens de hoje certamente foram influenciados por medievalismos mais recentes, muito além dos filmes exibidos neste estudo. Isso não faz desta pesquisa obsoleta (não mais do que qualquer outra pesquisa publicada), mas é importante reconhecer que se trata de uma pesquisa presente — ou seja, sobre um determinado momento contemporâneo. Assim, há cada vez mais caminhos para que pesquisas semelhantes sejam consideradas.

E, embora pareça óbvio, outra limitação às conclusões tomadas é que o estudo foi conduzido por uma única pessoa. Durante a apuração, um esforço foi empregado no sentido de assegurar que os dados fossem recolhidos e analisados de forma sistemática e neutra. Nunca revelei aos participantes, por exemplo, que sou medievalista (embora fosse possível para alguns participantes adivinhar, seja com base no tema da pesquisa ou com uma pesquisa rápida na internet). Como descrito no capítulo 3, a abordagem construtivista foi usada para desenvolver os estímulos e perguntas da entrevista. Isso significa que as perguntas e sugestões eram abertas, e que, ao moderar as sessões, tentei, conscientemente, evitar influenciar as respostas dos participantes, ou fazer perguntas que orientassem a conversa (como, por exemplo, não perguntar por que pensavam que Maria Antonieta ou Henrique VIII eram medievais). Gravei áudios e transcrevi as conversas de todos os grupos textualmente. Ao analisar os dados, li cada transcrição pelo menos três vezes para garantir, da melhor forma possível, que havia compreendido o que foi dito. São essas precauções, e as outras formas rigorosas com que esta pesquisa foi conduzida, que fazem com que as afirmações dos participantes sejam consideradas dados qualitativos sólidos, e não uma coleção de casos. No entanto, apesar dessas precauções, nenhum pesquisador — especialmente nas ciências sociais — pode se retirar totalmente de suas pesquisas. Todos os dados são interpretados por indivíduos com uma perspectiva. Assim, as conclusões aqui podem não ser as únicas válidas passíveis de ser tiradas destes dados. Estas conclusões estão abertas ao engajamento crítico.

A UTILIDADE DA PESQUISA QUALITATIVA

A conclusão mais importante deste livro, que espero ter ilustrado inteiramente nos capítulos anteriores, é a utilidade dos métodos de pesquisa qualitativa para explorar as percepções públicas do passado. A natureza aberta dessa abordagem de pesquisa encorajou os participantes a lidar com questões complexas para as quais eles podem não ter respostas simples e prontas. Foi a complexidade e a nuance das suas respostas que esta pesquisa mais procurou captar. Por decorrência de seus métodos de pesquisa, este livro oferece evidências empíricas mais confiáveis e úteis do que apenas curiosidades, pesquisas de ignorância histórica ou pesquisas boca a boca. E as descobertas mais relevantes vieram de territórios psicológicos profundos, inacessíveis para métodos quantitativos como as pesquisas de campo. O método qualitativo permitiu aos participantes expressar a significância da Idade Média para eles, como as lembranças de Katy acerca dos ensinamentos de seu avô sobre as Cruzadas a partir de obras de arte na parede de sua casa. Os estudos também mostraram como a Idade Média se tornou parte da própria identidade dos participantes, como Mark, que contrapôs o protestantismo que ele segue ao cristianismo "papista" medieval. Os participantes também mostraram dissonâncias cognitivas complexas, como a revelação problemática de Justin e Stephen, de que, para eles, o mundo muçulmano medieval parecia tanto desenvolvido quanto bárbaro. Esta pesquisa abre uma janela para entender como a consciência histórica dos participantes afeta as noções que eles têm sobre si próprios, suas ideias a respeito do mundo e os seus preconceitos. Em suma, revelou como o passado medieval era importante para essas pessoas.

Alguns historiadores não se preocupam tanto com as noções populares sobre o passado. Mas concordo com Richard Utz, que, citando o renomado medievalista Norman Cantor, disse que "o 'papel vital e a obrigação de um historiador' é tornar a História 'transmissível e acessível ao público instruído em geral'".[2] Para os acadêmicos medievalistas, historiadores públicos e educadores que acreditam, como Utz, Cantor e eu, na importância de uma comunicação efetiva da História, compreender as nuances do público sobre a compreensão do passado — e admitir que essas nuances existem — é um primeiro passo crucial.

A FORMA DO CONHECIMENTO DA IDADE MÉDIA

Aqueles leitores que abriram este livro esperando encontrar participantes com compreensões detalhadas e sofisticadas sobre a História Medieval, ou conhecimento que combina com o pensamento acadêmico atual, provavelmente se decepcionaram. A maioria dos participantes foi hesitante em suas declarações e insegura quanto aos seus conhecimentos. Muitos tinham inúmeras percepções errôneas da época e eram propensos a um pensamento anacrônico. O presentismo se fez presente em suas declarações, assim como uma visão condescendente do passado e das pessoas que nele viviam.

Alienação e condescendência

Nas discussões pré-filme, muitos participantes trouxeram ao debate noções da Idade Média como um lugar de aventura, romance e fantasia idílica. Essas conversas suscitaram particularmente medievalismos consumidos durante o período de sua infância: filmes da Disney, contos sobre Robin Hood e o rei Arthur, ou viagens escolares a localidades históricas. No entanto, essa visão do mundo medieval não refletia, geralmente, os filmes assistidos neste estudo ou as suas interpretações acerca deles. Era muito mais comum, particularmente nos debates pós-sessão, um sentimento de negatividade em relação à própria Idade Média ou às pessoas que viveram naquele período.

Os participantes zombaram da Idade Média por sua primitividade, falta de conhecimento científico e práticas religiosas arcaicas. Houve muitas referências sobre a Idade Média ter sido um período sangrento, repleto de doenças e pobreza, atrasos intelectuais e de opressão. Essas descrições batem com o roteiro de muitos medievalismos, como descrito por Louise D'Arcens. "O primeiro tipo de presentismo adere ao modelo progressista da História, no qual o passado medieval foi suplantado pela modernidade; a Idade Média é retratada se utilizando padrões do presente e não é suficiente."[3] L.P. Hartley escreveu: "O passado é um país estrangeiro: lá, as coisas são diferentes."[4] Para os participantes da pesquisa, a Idade Média não era apenas um país estrangeiro, mas um em desenvolvimento. Isso os permitiu, explicitamente em alguns momentos, satisfazer-se de modo sádico, seguros de sua posição no ápice do progresso humano, em constante transformação.

A compreensão presentista arraigada entre os participantes sobre "outros" indivíduos históricos é um problema e expõe uma área que os medievalistas devem buscar modificar aos olhares do público. Para muitos participantes, as pessoas medievais não eram apenas diferentes, mas piores. Como resultado, eram, por vezes, ridicularizados. A afirmação de Justin (discutida no capítulo 5) de que a Inglaterra sempre foi culturalmente "avançada" no cenário mundial é parte de um problema maior: não apenas alguns participantes mantêm uma noção de superioridade cultural britânica (ou ocidental), como também julgam outras culturas negativamente caso não atendam aos requisitos do que significa "avanço" para eles. Esse julgamento possui implicações preocupantes para a capacidade desses jovens adultos em ter contato com outras culturas — particularmente aquelas com diferentes religiões, práticas culturais e padrões de vida —, ao mesmo tempo que precisam ter consciência de que os "outros" também demandam respeito.

Apesar do potencial que os filmes possuem, enquanto formas de arte, de ensinar a empatia histórica, eles não ajudam, particularmente, a retificar o sentimento de alienação dos participantes sobre as pessoas medievais, o que ocorreu especialmente em *Beowulf* e *Cruzada*. *Beowulf* fornece apenas retratos caricatos das pessoas medievais como beberrões, fornicadores brigões. O herói é uma evidência disso — ele se torna herói através de suas habilidades físicas em batalhas, mas sofre a queda devido aos seus prazeres físicos. Em *Cruzada*, os antagonistas foram construídos a partir de uma perspectiva "medieval" estereotipada — que se referia às Cruzadas positivamente —, e, de acordo com os participantes, ofereceu um herói fraco e longe da realidade para se contrapor. Essa interpretação revela um dos paradoxos inerentes a esse problema: por um lado, é importante não construir pessoas medievais caricaturais que agem de acordo com o estereótipo, como em *Beowulf*. Mas, com a presença de outro tipo de herói, como *Cruzada* tentou oferecer, os cineastas se arriscam a tornar o personagem irreal. A teoria do aprendizado de Piaget mostra que indivíduos são mais propensos a desconsiderar informações que entram em conflito com as suas próprias concepções. Esse fato torna notavelmente difícil o trabalho dos cineastas em construir personagens medievais que se utilizam de estereótipos, e, no entanto, mantêm-se credíveis.

O efeito histórico de "história verídica" pode ser uma das formas de dar esse nó — ao ser apresentado a eventos históricos reais, o público possivelmente ficará mais tentado a considerar reais os diversos tipos de pessoas medievais. Nenhum dos filmes exibidos neste estudo foi efetivo nesse sentido. *Beowulf*, em particular, falhou em engajar os participantes empaticamente, talvez devido ao uso exacerbado de CGI. Os participantes apontaram que a técnica se tornou uma camada interferente, que continuamente os lembrava do artifício tecnológico do filme — um que parecia incompatível à Idade Média. Para complicar ainda mais a situação, os personagens foram apresentados de forma semirrealista, caindo no "vale da estranheza".

Esse "vale da estranheza" foi descrito por Masahiro Mori no seu artigo *Bukimi no tani*. Nele, Mori explica o desconforto sentido pelos humanos ao se depararem com fac-símiles da humanidade que são quase, mas não completamente, semelhantes à vida.[5] Desde então, sua teoria tem sido aplicada aos processamentos digitais de humanos em mídias visuais geradas por computador, como os personagens em *Beowulf*.[6] Para Mori, como os robôs (e os fac-símile CGI de pessoas) são feitos cada vez mais semelhantes aos humanos em aparência e movimento, eles provocam maiores respostas empáticas de quem os vê ou usa. No entanto, quando os fac-símiles humanos se tornam quase, mas não completamente, humanos, a resposta muda para repulsa (Figura 7.1). Mori explica:[7]

> O braço protético atingiu um grau de verossimilhança humana equivalente ao dos dentes falsos. Mas esse tipo de mão protética é muito real, e quando percebemos que é protética, temos uma sensação de estranheza. Por isso, se apertarmos a mão, ficamos surpreendidos com a falta de tecido mole e temperatura fria. Nesse caso, já não há um sentido de familiaridade. Há um assombro.

O vale da estranheza é aquela mudança brusca de empatia para repulsa, e vice-versa. É mais perceptível quando um personagem acompanha aborda direita do gráfico na Figura 7.1 — um personagem que, como alguns em *Beowulf*, parece real quando parado, mas, ao se mover, não parece normal, ou cuja pele tem poros maravilhosamente detalhados, mas tem olhos que parecem frios e mortos. A dificuldade que muitos dos participantes tiveram em ser empáticos com os personagens em *Beowulf* pode ser explicada, pelo menos em parte, pela repulsa evocada pelo seu lugar no vale da estranheza.

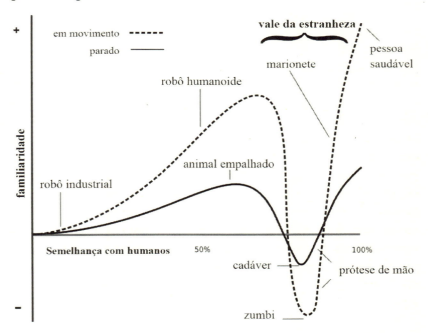

Figura 7.1 O "vale da estranheza", de Masahiro Mori, representado em eixos de familiaridade e semelhança com a vida.

Mas, mesmo em *Cruzada*, não houve consenso entre os participantes do estudo sobre se os personagens eram baseados em pessoas reais. Foi astuto da parte deles, e desmente a esperteza midiática, já que muitos personagens em filmes "baseados em uma história real" são associações ou fabricações. No entanto, o fato revela uma questão mais incisiva. Personagens atemporais apresentados em narrativas heroicas e em filmes épicos (como os dos filmes exibidos neste estudo) representam fantasias de poder em vez de pessoas com os quais o público pode facilmente empatizar.

A Idade Média é apresentada muito mais frequentemente através de épicos heroicos e contos de fadas do que por histórias intrincadas com pessoas reais e complexas. Robin Hood e rei Arthur, por exemplo, foram as pessoas mais comumente citadas na corrente de exercícios de associação, apesar de serem inteiramente ficcionais. A mistura entre ficção e realidade — mesmo sem levar em consideração o gênero fantasia — torna a aproximação à realidade mais natural em filmes como *Cruzada*, e em outros filmes parecidos, gera uma certa desconfiança. É possível que isso mude? Seria necessário um esforço em conjunto de medievalistas para criar histórias cativantes sobre pessoas medievais sem os moldes do guerreiro-herói. Esse impulso não partirá da indústria do entretenimento, que, atualmente, parece satisfeita em reciclar sucessos do passado em vez de dotar suas narrativas medievais de originalidade e nuances reais. Filmes medievais parecem ser um obstáculo, em vez de facilitadores de conexões verdadeiramente empáticas com indivíduos do passado. Isso significa que os esforços de medievalistas que procuram criar narrativas inovadoras para o público são mais bem direcionados em outras áreas.

As interpretações leves e sombrias da Idade Média são fundamentalmente semelhantes aos debates historiográficos populares em curso sobre o período. A Idade Média foi definida em primeiro lugar como uma época retrógrada pelos humanistas italianos e pensadores do Iluminismo, mas forjada como uma era de aventura, espiritualidade, luz e beleza pelos românticos e fantasistas dos séculos XIX e XX. No entanto, para os participantes deste estudo, a imagem mais escura e suja daquela época foi a que mais se evidenciou. Isso está obviamente relacionado às grandes tendências da cultura popular, favorecidas pelo "realismo detalhado" da indústria cinematográfica com seus orçamentos épicos e suas franquias. Mas é apenas uma tendência — será fascinante observar se as representações cinematográficas da Idade Média voltarão às aventuras românticas dos anos 1930, 1940 e 1950, ou se assumirão algum novo formato no futuro — e que efeito terá nas percepções populares.

Todas as contradições no pensamento dos participantes eram compreensíveis, considerando seus antecedentes. Os participantes deste estudo, propositalmente, não haviam estudado a Idade Média além do ensino médio. A maioria disse que não havia lido sobre o período — ao menos academicamente — desde a escola primária. Além disso, desprezavam o modo como a História é ensinada durante as fases primárias, e, por conseguinte, a História que lhes havia sido ensinada em suas próprias épocas. Apesar de tudo isso, muitas de suas maneiras de pensar sobre a História — particularmente a História Medieval — são condizentes com as formas como ela foi apresentada (durante suas vidas escolares) pelo Currículo Nacional Inglês. A compartimentalização rigorosa em períodos distintos, como "Os Tudors", "Os vikings e saxões", "A Idade Média" ou "A Segunda Guerra Mundial" são exemplos. Suas perspectivas insulares, em que eles situavam a Idade Média em território exclusivamente inglês ou britânico, são outras.

Essas perspectivas incutiram limites nítidos em sua consciência histórica — entre lugares e períodos — que não existem em um contexto medieval (ou, aliás, em qualquer outro contexto histórico). Além disso, talvez como resultado de encontrar a História em grande parte através de uma lente "nacional", havia muito pouco senso de identificação local, regional ou pessoal com o passado medieval ou pessoas medievais; eles quase não se apropriaram da Idade Média. Nenhum dos participantes discutiu as características medievais ou histórias medievais de sua cidade ou região natal. Ninguém discutiu a Idade Média de forma que fosse pessoalmente relevante para suas vidas, e ninguém pareceu identificar a Idade Média como um passado habitado por seus próprios ancestrais. Apesar de estar rodeada de patrimônio medieval, a Idade Média era vista como *um* passado, ou *o* passado, mas mesmo para aqueles que encontraram grande interesse ou significado nele, não era *o seu próprio* passado.

O LADO POSITIVO

Mesmo tendo em mente os conceitos errôneos mantidos pelos participantes, este estudo não deve ser interpretado como um "levantamento da ignorância histórica pública", como os discutidos no capítulo 1.

Aqueles que lerem esta pesquisa esperando uma massa de ignorantes, desinformados e desconhecedores da cultura medieval, ou que se preocupam pouco com a História e que acreditam em tudo que veem na tela verão que estão errados.

Embora poucos participantes tenham se lembrado de pessoas específicas, eventos ou datas (exceto quando relacionados a Robin Hood ou o rei Arthur) em suas discussões antes dos filmes sobre o período, várias conversas revelaram que as suas percepções da Idade Média eram notavelmente detalhadas, além de possuírem um efusivo interesse. Encorajadoramente, muitos dos participantes pareciam genuinamente consumidos pela Idade Média. Apesar de não relacionarem o medieval aos seus antepassados, sua localidade ou região, a Idade Média foi significativa para muitos. Alguns pontos de vista acalorados foram comuns. Muitos recordaram com alegria os locais em que aprenderam sobre a Idade Média, seja a partir de experiências participativas na escola, viagens a lugares históricos, aprendendo com suas famílias, ou consumindo medievalismos em seu tempo livre.

Esses indivíduos são o público ideal para um engajamento bem elaborado sobre o conhecimento histórico. Ao longo da última década, acadêmicos engajados publicamente encontraram audiências sedentas por bons conteúdos na internet. Por exemplo, a popular série de vídeos do YouTube *Crash Course* oferece aulas de História divertidas e bem produzidas em nível de ensino secundário. No momento em que este livro foi escrito, o vídeo educativo do canal sobre as Cruzadas tinha 3 milhões de visualizações; já o vídeo que explora o mito da "Idade das Trevas" aparecia com 3,5 milhões de visualizações.[9] Blogs, podcasts e tuítes no Twitter com conteúdo medieval também alcançaram sucesso no engajamento direto do público.[10] E, embora a era do conteúdo livre na internet ofereça seu próprio conjunto de desafios, a audiência desses canais prova que há públicos ávidos por um conhecimento histórico acurado e apresentado de maneira acessível e divertida.

Além disso, muitos desses participantes eram consumidores vorazes de cultura popular — muito do seu conhecimento sobre a Idade Média teve origem lá. Isso pode suscitar preocupações, uma vez que as imagens da cultura popular da Idade Média são divergentes da realidade histórica. Ainda mais preocupante foi o fato de que a maioria dos participantes não se lembrava das fontes de seu conhecimento, tornando mais difícil para eles examinar criticamente suas próprias percepções. Dito tudo isso, entretanto, seu consumo de medievalismos populares mostra um potencial poderoso para a instrução, particularmente para medievalistas que se alinham positivamente às indústrias do entretenimento. Exercer essa atividade tem sido notoriamente difícil, levando em consideração os relatos de vários consultores históricos que atuam na TV e no cinema.[11] As indústrias de entretenimento engajam seu público de maneiras muito diferentes das dos escritores de histórias acadêmicas; a adaptação a um novo meio (e às necessidades de uma empresa comercial) é necessária, e parece ser mais complicada do que pode parecer em um primeiro momento. Resta saber se é possível estabelecer boas práticas que permitam aos acadêmicos e aos criadores de conteúdo trabalharem em conjunto de forma produtiva, e não em desacordo.

Talvez um objetivo mais realista seja que os historiadores se engajassem diretamente com grupos de fãs interessados, como Richard Utz implorou:[12]

> Sabendo tudo o que sabemos agora sobre o nosso próprio entusiasmo e o de outras pessoas sobre o passado medieval, acho que deveríamos buscar mais parcerias com amadores e entusiastas pelo bem de um futuro engajamento sustentável com a cultura medieval.

Em seu livro *Medievalism: A Manifesto* [*Medievalismo: um manifesto*], do qual se extrai essa citação, Utz esboça várias "intervenções" — maneiras pelas quais os estudiosos da Idade Média poderiam se engajar produtivamente com os medievalismos populares.[13] Como outro exemplo positivo, a popular série de jogos de computador *Total War* (mencionada por alguns dos participantes como a sua favorita) gerou uma comunidade de programadores amadores que lançaram uma série de reformulações dos jogos da franquia (chamadas *"mods"*). Uma delas foi intitulada *Medieval: Total Realism*.[14] Como parte do projeto, uma equipe de historiadores e programadores modificaram elementos centrais do jogo que sentiram não estar de acordo com o registro histórico, e removeram o que consideravam ser desvios históricos feitos para dar estabilidade e emoção ao jogo. Muitos outros jogos (incluindo, mas não limitados, os que retratam a Idade Média) tiveram projetos semelhantes de *modding*, como, por exemplo, *Crusader Kings II*, a série *Civilization*, *Mount & Blade Warband: Napoleonic Wars* e *World of Tanks*.

Os *mods* ilustram a importância que alguns fãs e jogadores atribuem a "acertar as coisas", uma vez que a criação exige um esforço considerável de uma comunidade, e vários *mods* foram baixados com frequência. Além disso, Helen Young, em seu estudo sobre os debates em torno da diversidade entre os jogadores da série de jogos de fantasia *Dragon Age*, descobriu que "os jogadores de ambos os lados do debate sobre a diversidade atribuem um elevado nível de valor ao mundo dos jogos — representando a Idade Média de formas que consideram historicamente autênticas".[15] O fato de tais preocupações estarem presentes mesmo entre os fãs de medievalismos de fantasia mostra o grau da sede por autenticidade dentro da comunidade dos jogos. Embora os desvios da História na cultura popular sejam talvez inevitáveis, os historiadores podem, e devem, engajar-se e colaborar mais plenamente com os fãs interessados como mediadores e cocriadores de suas próprias versões — não apenas descrevendo imprecisões históricas, mas propondo e programando suas próprias versões convincentes. Mas isso não precisa se limitar a jogos históricos. Embora trabalhar diretamente com Hollywood seja impossível para muitos historiadores, a internet está repleta de espaços — através de podcasts, blogs, vídeos e muito mais — onde os especialistas podem colaborar com aqueles que buscam trazer a História para a vida do público.

IMPLICAÇÕES PARA A SALA DE AULA

Os educadores que leem este estudo também podem ter muito a considerar. Por um lado, era óbvio que muitos dos "fatos" que estes indivíduos aprenderam sobre a Idade Média em suas aulas de História na infância não foram mantidos. Isso não é, provavelmente, nenhuma surpresa para a maioria dos professores.

No entanto, o fato não deve ser interpretado como um reforço do apelo perene para a chamada educação histórica "baseada em fatos", que Michael Gove enfatizou nas revisões de 2011 do Currículo Nacional Inglês.[16] A descoberta de que a maioria dos participantes havia esquecido muitos dos "fatos" aprendidos na escola não significa necessariamente que nunca lhes tenham sido ensinados, mas sim que não havia necessidade de continuar a lembrar, ou que não foram ensinados de uma forma envolvente. Os fatos históricos lembrados foram aqueles relevantes para seus interesses e reforçados pelo consumo posterior de medievalismos — seja a história da batalha medieval oferecida em jogos de computador, ou a história social retratada nos filmes de ficção histórica e romances.

Por outro lado, os amplos paradigmas sobre o passado estabelecidos pelo Currículo Nacional Inglês, tais como o foco na história nacional e o sentido (muitas vezes confuso) de periodização, foram mantidos. Da mesma forma, algumas lições dadas por professores favoritos foram lembradas com vivacidade e carinho: as lições do professor de Justin e Stephen sobre *Beowulf*, ou as lições de História viva, multissensorial e experiencial contadas com tanta paixão por Eleanor, Elizabeth e Jane. Essas experiências ilustram o efeito duradouro que uma boa educação histórica pode ter, e o seu poder de moldar quadros para compreender o passado. O conhecimento desigual dos participantes sobre os princípios básicos da Idade Média (como quando o período se passou, quais foram suas características, como distinguir do que veio antes e depois) pode exigir uma mudança de ênfase. Sugerindo uma necessidade de contextualizar e compreender melhor as narrativas de estabelecimento e mudanças culturais nas quais crianças (e adultos) poderão desenvolver os seus conhecimentos..

A maior parte da aprendizagem observada neste estudo foi feita através do mecanismo de Piaget chamado *assimilação*, onde novas informações foram reformuladas ou esquecidas de modo a se encaixar em quadros anteriores de compreensão. Isso revela a importância crítica da aprendizagem na infância para o estabelecimento de uma ampla consciência histórica, uma vez que é nessa fase inicial que esses quadros esquemáticos resilientes são estabelecidos. Para os acadêmicos medievalistas que procuram mudar e moldar ideias populares sobre o passado, a colaboração com os sistemas de educação precoce — seja para ajudar a moldar currículos, escrever livros didáticos ou trabalhar com professores individuais — pode ser um esforço frutífero. As memórias vivas dos participantes das viagens da escola e da família a localidades históricas também destacam a importância, para os acadêmicos, do envolvimento rigoroso com os historiadores públicos e a indústria do patrimônio e a efetividade, para os professores, dessas idas a campo.

Aprendendo com o cinema medieval

Um outro ponto importante acerca deste estudo que educadores podem levar em consideração é que os participantes realmente aprenderam assistindo aos filmes. Houve certa variedade entre o que eles aprenderam, e sua relação com entendimentos acadêmicos do passado, mas a aprendizagem se consolidou. Isso ocorreu apesar da dúvida partida de muitos dos participantes em relação à validade do conteúdo histórico dos filmes exibidos. Tal cinismo é compreensível no caso de *O retorno do rei*. No entanto, curiosamente, apesar de seus protestos iniciais sobre a natureza ficcional de *O retorno do rei*, muitos participantes fizeram uso do que lhes foi mostrado no filme prontamente ao falar sobre a Idade Média na discussão em grupo — alguns até chegaram a considerar a adaptação uma representação mais fidedigna da Idade Média em relação aos outros filmes. Isso demonstra que a aprendizagem, em muitos casos, acontece inconscientemente. Há suficientes semelhanças visual, narrativa e icônica entre filmes de fantasia, como *O retorno do rei*, e filmes históricos medievais para que as fantasias também se tornem parte da consciência histórica popular. É possível que isso ocorra, apesar de qualquer dissonância cognitiva aparente.

A descrença dos participantes sobre os filmes dialoga perfeitamente com as descobertas do estudo *The Presence of the Past*, no qual, como explorado no capítulo 3, os filmes históricos foram mal classificados em termos da confiabilidade sobre as informações históricas que apresentaram, mas, apesar disso, ainda eram consumidos com frequência. O paradoxo lança uma luz sobre um ponto, talvez, óbvio: muitas pessoas, talvez a maioria, não assistam a filmes históricos com a intenção de aprender fatos históricos. Nem *The Presence of the Past* ou *A Idade Média na imaginação popular* perguntaram por que as pessoas escolhem assistir filmes históricos. Contudo, a resposta jaz sob algum ponto entre o prazer interpessoal, emocional, empático e afetivo de assistir a um bom filme, aliado ao efeito de ampliação advindo da consciência de que o que está na tela é, pelo menos até certo ponto, *real*. E mesmo aqueles que assistem pela história contida nos filmes encontram boas razões para optar por um produto visual em vez de um texto. Diferente de um texto acadêmico, filmes são facilmente consumidos ao longo de um curto espaço de tempo e requerem pouco conhecimento prévio do assunto (ou vocabulário especializado). Além disso, são feitos para entreter, um fator que não deve ser subestimado.

As percepções dos participantes sobre o realismo ou "precisão histórica" de filmes não foram, muitas vezes, baseadas em uma impressão geral destes, mas na análise de cenas, objetos, personagens e narrativas em particular. Isso contrasta com o que William Woods escreveu em seu artigo "*Authenticating realism in medieval film*" ["Autenticar o realismo no filme medieval"]:[17]

> Quando os espectadores argumentam a autenticidade de um filme, ou a falta dela, geralmente se referem ao realismo baseado no decoro ou adequação. [...] O que é interessante não é quão raramente Hollywood comete tal erro [...], mas como é incomum que um lapso de autenticidade rasgue o tecido do sentido verídico do espectador.

Vários espectadores perceberam que o seu "tecido do sentido verídico" foi rasgado, embora mais frequentemente por um desvio da sua expectativa sobre as realidades históricas, ou por um desvio das suas expectativas de um filme medieval, em vez de por qualquer autenticidade histórica validada externamente. Para os participantes, a linha entre os efeitos da realidade e os efeitos da História muitas vezes se confundem em seus julgamentos sobre uma determinada cena, narrativa ou personagem.

No entanto, isso não significa que o juízo sobre elementos individuais e impressões gerais estivessem conectados — uma crítica geral de que o filme foi mal produzido frequentemente impactava o resto do filme. Jess, por exemplo, achou que *Beowulf* era um filme ruim (e repetiu isso diversas vezes). Como resultado, para ela, o filme acabou sendo também historicamente impreciso. A crítica parece ter relação ao seu descontentamento, em vez de ser independente dele. Em outras palavras, um filme divertido e bem-feito é muito mais capaz de ser considerado historicamente autêntico, apesar de sua relação ou não com o registro histórico.

A evidência dessa teoria advém de participantes que expressaram suas reações negativas aos filmes em termos históricos, mesmo quando suas críticas não estavam relacionadas a elementos da história. Muitos, a título de exemplo, criticaram os sotaques em *Beowulf*, ou os trejeitos de Orlando Bloom em *Cruzada*, julgando que estes aspectos não refletem realidades históricas. No entanto, são, em maior parte, violações de suas expectativas a respeito de filmes históricos e medievalismos do que propriamente desvios da História. É possível que a opinião tenha sido influenciada pelo contexto do grupo focal: uma vez que o assunto girava em torno de filmes históricos, talvez os participantes tenham entendido que as suas críticas deveriam se centrar na história (embora, em muitas ocasiões, não tenha sido esse o caso). No entanto, é também possível que a aderência dos filmes às metáforas do gênero atue como um efeito histórico. Esta adesão, por sua vez, pode conferir credibilidade ao filme, transformando-o em um tipo de texto histórico. Dessa forma, os desvios das características do gênero histórico podem ser mal interpretados pelos espectadores como um desvio da própria História, suscitando que as pessoas correlacionam as suas expectativas acerca de produtos midiáticos que falam sobre História com a sua compreensão da História em geral — esta hipótese demanda estudos adicionais. O público realmente acredita que pessoas medievais tinham sotaque inglês de PR, e que heróis históricos sempre seguiram os padrões de masculinidade atuais? Essas expectativas podem se limitar a filmes históricos, mas também podem estar em outras representações medievalescas em outras mídias. As concepções do público sobre a cultura ou comportamento medievais nos filmes pode estar relacionado mais às suas ideias sobre o que é um "bom" filme medieval do que qualquer preocupação sobre precisão histórica — mas isso também requer uma nova investigação.

No entanto, contraditoriamente, os momentos que pareceram evocar maior excitação entre os participantes (e que foram prontamente lembrados mais tarde nas discussões) foram aqueles que confirmaram aspectos de seus conhecimentos prévios sobre a Idade Média, e os que desobedeceram às "convenções" Hollywoodianas. Houve uma percepção geral de que "Hollywood" (palavra que representa as preocupações dos produtores com orçamentos limitados ou metáforas e técnicas cinematográficas genéricas) tem um impacto negativo nos filmes — apesar de não se atentarem ao fato de que os filmes não seriam produzidos sem Hollywood. Mas combater essas preocupações e tendências de uma forma limitada foi, em si mesmo, um tipo de efeito de História.

Os conhecimentos prévios dos participantes representaram frequentemente uma influência maior sobre suas interpretações acerca do que assistiam. Esse fato demonstra que observar cada filme parecia, em grande parte, um exercício de *assimilação* de Piaget (como explorado anteriormente) — o que significa que a informação retida era a que correspondia às expectativas anteriores, e a informação desviante era explicada ou descartada. Por vezes, os participantes construíram falsas memórias dos filmes — mesmo apenas alguns instantes após os créditos dos filmes subirem — que melhor correspondiam às suas expectativas. Assim, cada filme promoveu conhecimento, principalmente quando houve o reforço em vez de reformulação de ideias sobre a Idade Média. Esse comportamento pode ser observado de duas formas: de um lado, oferece uma oportunidade aos cineastas historiadores de prover um impacto maior ao produzirem filmes de teor histórico. O conteúdo precisa apenas estar de acordo com as principais noções já compreendidas da Idade Média, apresentadas como contravenções das principais metáforas do gênero. O aspecto negativo, no entanto, é claro, fica por conta do aprendizado real — o estabelecimento e a aceitação de novos paradigmas e estruturas esquemáticas de sua consciência histórica —, muito mais difícil de atingir.

As poucas vezes em que foram observadas mudanças nos maiores paradigmas e estruturas sobre a Idade Média (via *acomodação*) foi durante as conversas no terceiro dia, nas quais os participantes compararam e contrastaram os três filmes. Durante essas conversas, tornou-se evidente que aspectos comuns de cada filme — foco em uma cidade isolada, situada em uma paisagem medieval estéril, por exemplo — tinham mais chances de mudar padrões. Um único filme, assistido isoladamente, pode ter relativamente pouco impacto além de consolidar ainda mais os pontos de vista existentes. Mas vários deles — ou filmes que atuem em conjunto com outras fontes de informação — podem oferecer uma mudança fundamental, ao menos para os consumidores frequentes de medievalismos. Os esforços entre os historiadores para mudar as narrativas populares sobre o período exigem, portanto, uma abordagem estrutural, com foco não apenas em um filme, mas em muitos — e não apenas em longas-metragens, mas em todas as formas de medievalismo. E, mais importante ainda, requer esforços repetidos e orquestrados a longo prazo.

Ensinando com filmes medievais

Embora este estudo tenha sido produzido fora das salas de aula, possui recomendações aos professores que queiram utilizar filmes medievais na escola. Os estudantes assistiram a filmes sem nenhum respaldo curricular ou pedagógico. Como explorado anteriormente, seu aprendizado foi provisório, e se baseou em sua consciência histórica existente. As conclusões a que chegaram sobre o passado variam entre corretas e incorretas. Foram reforçadas as conclusões dos estudos sobre filmes históricos, citados no capítulo 3, cujos resultados revelaram que os alunos aprendem de modo eficaz quando há auxílio pedagógico, em que um professor guia seus estudantes através dos processos de compreensão acerca do que foi inventado por cineastas ou do que se faz parte da realidade histórica seja devidamente diferenciado. Essa é uma parte crucial de uma alfabetização midiática.

Muito foi escrito, particularmente no decorrer das convulsões políticas de 2016 (e da proliferação das "*fake news*"), sobre a necessidade de uma alfabetização midiática melhor.[18] O ensino de filmes históricos pode desempenhar um papel importante nesse contexto. Como discutido no capítulo 3, Scott Alan Metzger argumentou que filmes históricos não devem simplesmente ser usados em sala de aula para ajudar a ensinar conteúdo histórico, mas também para ensinar aspectos importantes da alfabetização histórica, como posicionamento cultural, análise narrativa e compreensão do presentismo; esses, principalmente, devem ser ensinados como textos. No entanto, os filmes históricos não são apenas textos históricos, mas também midiáticos, e as mesmas lições que ensinam posicionamento cultural e análise narrativa podem ser aplicadas ao analisar criticamente qualquer peça de mídia. Em essência, as histórias de ficção não são tão diferentes das *fake news*. Aprender a se envolver criticamente com filmes históricos poderia ajudar os alunos a se envolver criticamente também com outras narrativas midiáticas.

Dito isso, como discutido anteriormente, o verdadeiro poder educativo dos filmes históricos não está apenas em sua capacidade de transporte de conteúdo histórico, ou em sua utilização como textos para dissecação crítica. Pelo contrário, eles podem — e devem — ser empregados como forma de promover o interesse pelo passado, direcionando o público a um caminho de aprendizagem. Eles podem fazer parte de um currículo que procura não apenas ensinar "fatos" históricos, mas também ajudar a entender melhor a si mesmos e o mundo.

EM FRENTE

Este livro, focando sobre a consciência histórica de 19 estudantes universitários britânicos, é comprovadamente apenas o início de uma exploração empírica do medievalismo público. O campo da pesquisa que utiliza métodos qualitativos para estudar o medievalismo público e a consciência histórica, mais extensamente, deve ser expandido.

Outras vias de exploração poderiam ser orientadas para diferentes grupos etários — a apresentação e recepção do passado medieval para crianças (dentro e fora da escola) é de particular interesse. Também seria frutífero examinar a consciência histórica da Idade Média entre pessoas de diferentes bases demográficas (nacionalidade, raça/etnia, classes sociais, religiões). Este estudo foi limitado a pessoas britânicas no ensino superior, que provavelmente tiveram educação de classe média ou alta. Portanto, os resultados não podem ser estendidos a pessoas de outros grupos; é possível que italianos pensem de formas diferentes em relação à religião medieval, ou que os egípcios divirjam sobre as Cruzadas. Pode ser que os norte-americanos, que consomem muito da mesma mídia que esses ingleses, provavelmente tenham algumas respostas semelhantes. No entanto, o legado não medieval da América, acoplado aos medievalismos oferecidos em "feiras renascentistas" carnavalizadas possa resultar em variadas interpretações. Conforme o princípio orientador desta pesquisa, é importante testar as hipóteses em vez de assumir sua precisão. Se este estudo for qualquer indicação, haverá vastas diferenças entre grupos ostensivamente semelhantes que poderiam fornecer percepções fascinantes. Seria igualmente útil levar em conta as diferentes classes, origens étnicas, religiosas ou educativas, para explorar mais a fundo a forma como a consciência histórica é formada em um contexto social.

O cinema é apenas uma das muitas influências populares-culturais sobre a consciência histórica. Os participantes deste estudo nomearam uma série de fontes para a sua compreensão, incluindo romances, *videogames*, programas de TV, viagens a museus e muito mais. Com alguma adaptação, os métodos utilizados neste estudo podem ser empregados para estudar os efeitos de qualquer contato com medievalismos. Essa estrutura de pesquisa também pode ser usada para estudar a consciência histórica de outros períodos. A mídia inglesa tem um caso de amor perene com a Regência e as narrativas vitorianas; a mídia americana tem notado um recente retorno de adaptações do mundo clássico e das Guerras Mundiais. Todos merecedores de um estudo vigoroso.

Um programa de pesquisa que envolva apenas algumas dessas várias permutações pode significar o trabalho de uma vida, ou muitas, e é minha esperança que a abordagem delineada neste livro seja adotada por outros. O trabalho é valioso, porque permite que os acadêmicos compreendam melhor o que as pessoas — sejam os seus estudantes, ou o público com quem são cada vez mais encorajados a interagir — pensam sobre o passado, e por quê. Essa informação é de grande valia para estudiosos, historiadores públicos e educadores para aperfeiçoarem cada vez mais o modo como dialogam com suas audiências, propriamente ditas, em vez de, forma condescendente, extrapolar. Uma lição parecida aguarda os políticos responsáveis pela educação e pelo conteúdo curricular.

Os resultados dos estudos sociológicos, localizados como estão em um tempo e lugar, estão condenados sempre à obsolescência — ou, talvez mais generosamente, a um momento histórico em particular. À medida que cada nova peça de medievalismo imaginativo é lançada, e à medida que cada geração é introduzida na nossa Idade Média imaginária coletiva, a consciência histórica muda. Cada estudo subsequente será um outro retrato instantâneo cultural; não do presente, mas de uma cultura presente que rapidamente se torna passado. Isso não significa que tais estudos devam ser menosprezados, mas, sim, produzidos com mais e maior frequência. Se muitos desses panoramas forem identificados, oferecerão uma imagem melhor de como e por que as ideias culturais da Idade Média (ou mesmo de qualquer período histórico) mudam. Uma vez estruturada, surge uma espécie de "imagem em movimento", uma imagem de como e por que a consciência histórica evolui ao longo do tempo, que está em constante mudança e é alterada pelas culturas e mentes que residem nela.

APÊNDICE A
Usando métodos de ciências sociais para estudar consciência histórica

Para construir teorias sobre eventos e culturas passadas, os historiadores confiam na evidência à mão juntamente com alguma especulação lógica ou imaginativa.[1] Esse é o padrão necessário, uma vez que as pessoas em questão não estão mais vivas. Em contraste, estudar a consciência histórica do público atual fornece uma oportunidade rara de usar métodos empíricos de coleta de dados a fim de desenvolver, testar e refinar teorias. Em vez de deduzir ou de imaginar o que os povos podem ter pensado, sentido, ou compreendido, o investigador da consciência histórica do público atual pode simplesmente tirar seu material diretamente do objeto de estudo. No entanto, para ter qualquer validade, isso deve ser feito de forma rigorosa e sistemática.

Cientistas sociais de várias disciplinas cognatas desenvolveram uma série de métodos para este fim. Uma vez que essas metodologias têm sido tão bem descritas em outros locais; o que se segue será um breve resumo das possibilidades metodológicas disponíveis para um investigador interessado em realizar estudos deste tipo, com referências a volumes relevantes sobre o tema para posterior leitura.

Métodos quantitativos

Em termos gerais, existem dois tipos de métodos para este tipo de pesquisa: o *quantitativo* e o *qualitativo*. Os métodos quantitativos são aqueles em que os números são contados; o exemplo clássico é um censo, onde um grande número de pessoas relata os seus vários atributos pessoais. Os dados são recolhidos através de perguntas de múltipla escolha ou espaços em branco para o preenchimento das respostas. Em seguida, são analisados utilizando estatísticas — ideais para conjuntos de dados muito grandes. A maioria dos inquéritos, questionários e sondagens são fundamentalmente quantitativos. As eleições modernas, em teoria, conferem aos seus governos resultantes validade e autoridade com base no poder de uma pesquisa quantitativa. Como resultado da base matemática desses métodos, estudos quantitativos se esforçam para garantir verificabilidade estatística. Sem aprofundar os detalhes matemáticos, isso se baseia na ideia de que um número menor de pessoas *selecionadas aleatoriamente* de uma população desejada (uma amostra) responderá da mesma forma que o grupo inteiro, dentro de uma margem de erro percentual relativamente pequena.[2]

Essa verificabilidade estatística confere "generalização externa" — que as propriedades e opiniões de alguns podem, grosso modo, ser assumidas como as propriedades e opiniões de muitos, também. Quando essa generalização externa é acoplada a um bom desenho de pesquisa, pode oferecer aos resultados uma significância de peso — se um estudo é apoiado por uma verdadeira generalização externa, então o valor das afirmações e conclusões tiradas dele aumenta.[3]

Esse é o cenário ideal. É fácil pensar em ocasiões em que isso pode dar errado. Os resultados das eleições podem não corresponder às sondagens de opinião pública ("Dewey derrota Truman"). Um produto, apesar de uma intensa pesquisa de mercado, pode não conseguir vender. Esse desfasamento entre a investigação e a realidade pode se dever a muitas razões: um instrumento de investigação que não aborda as questões relevantes, tem uma amostra enviesada, oferece perguntas sugestivas (ou enganadoras), ou reflete as alterações entre o momento do inquérito e o presente. Simplificando, os inquéritos não podem prever o futuro; no seu melhor, só podem revelar o presente.

Com tais considerações em mente, um estudo quantitativo bem concebido pode responder a perguntas interessantes sobre como o público se envolve com o passado. Esses métodos têm sido usados para estudar a proporção da população que responde corretamente a uma série de perguntas sobre História (que, no capítulo 1, eu chamo de "pesquisas de ignorância histórica") — mas este não é o melhor uso desses métodos. Podem ser empregados, por exemplo, para estudar a frequência com que as pessoas participam de certas atividades relacionadas à História (como assistir filmes históricos ou participar de encenações). Um estudo poderia ser feito para acompanhar o grau em que estudar História no ensino médio ou na universidade está relacionado com a vida posterior dos estudantes, por exemplo, nas suas carreiras ou nas suas orientações religiosas ou políticas. Os visitantes das localidades históricas podem ser inquiridos a mostrar quais os aspectos da interpretação do local que são mais eficazes. Ou, então, poderiam ser elaboradas pesquisas mais amplas que nos ajudem a responder se o interesse público e o engajamento com a história estão realmente em declínio, como tantas vezes é dito na mídia.

LEITURA ADICIONAL: MÉTODOS QUANTITATIVOS

Existem muitos volumes úteis que descrevem os usos de métodos quantitativos e como elaborar estudos de aprofundamento. As edições mais recentes as quais julguei mais úteis são:

BLACK, Thomas R. *Doing Quantitative Research in the Social Sciences: An Integrated Approach to Research Design, Measurement and Statistics*. Londres: Sage Publications, 1999.

FINK, Arlene. *How to Conduct Surveys: A Step-by-Step Guide*. 5. ed. Londres: Sage Publications, 2012.

FOWLER, Floyd J. *Survey Research Methods*. 4. ed. Applied Social Research Methods Series 1. Thousand Oaks: Sage Publications, 2009.

GROVES, Robert M.; FOWLER JR., Floyd J.; COUPER, Mick P.; LEPKOWSKI, James M.; SINGER, Eleanor. *Survey Methodology*. Hoboken, NJ: John Wiley & Sons, 2009.

SCHONLAU, Matthias; FRICKER, Ronald D.; ELLIOTT, Marc N. *Conducting Research Surveys via E-mail and the Web.* Santa Monica, CA: Rand, 2002.

MÉTODOS QUALITATIVOS

Os métodos quantitativos são excelentes para contar números de pessoas, estabelecer tendências a longo prazo e ter certeza matemática nos resultados. Mas não são tão eficazes em explorar questões subjetivas de opinião com nuances. As pesquisas quantitativas medem questões de opinião ao longo de uma rubrica que pode ser transformada em números — classificando reações a um candidato político ou uma marca de refrigerante em uma escala de um a cinco. Embora isso torne os resultados facilmente comparáveis entre si, qualquer sutileza ou complexidade pode ser deixada de lado. É na exploração desses matizes e nuances que se destacam os métodos qualitativos.

Os métodos de pesquisa qualitativa são usados para analisar dados que não são facilmente transformados em números ou estatísticas, tais como entrevistas (individuais ou em grupo), observações ou documentos. Alguns inquéritos quantitativos terão seções de resposta livre em que os inquiridos podem exprimir as suas opiniões com menos restrições do que com uma escolha múltipla estrita; esses dados são analisados com métodos qualitativos. Enquanto os métodos quantitativos são utilizados para a recolha de uma quantidade relativamente pequena de dados de um grande número de pessoas, os métodos qualitativos se especializam na recolha de dados aprofundados de indivíduos ou de pequenos grupos. Além disso, a pesquisa qualitativa que inclui entrevistas ou grupos focais permite a interrogação de ideias; o pesquisador pode fazer perguntas de acompanhamento, explorar sutilezas de significado ou até mesmo pressionar um participante para obter uma resposta difícil. Métodos qualitativos se especializam em abordar diferentes tipos de questionamentos, mais do que os quantitativos. Os métodos quantitativos podem ajudar a responder "quem" ou "quantos". Os métodos qualitativos são melhores para responder a perguntas sobre "como" uma pessoa pensa ou sente, e — o que é mais convincente —, "por quê". Além disso, enquanto os métodos quantitativos buscam responder a questões já bem compreendidas pelos pesquisadores, os qualitativos se destacam na exploração de áreas de conhecimento menos detalhadas. Devido à natureza discursiva dos métodos qualitativos, o pesquisador pode fazer perguntas abertas, que permitem aos participantes responder com suas próprias palavras, em vez de estar de acordo com as métricas fornecidas por uma pesquisa.

No entanto, a investigação qualitativa tem as suas armadilhas. Mesmo entrevistas curtas, quando convertidas de gravação para transcrição, podem se tornar uma grande quantidade de dados. Por essa razão, os tamanhos das amostras para pesquisa qualitativa são muito menores do que nos estudos quantitativos. Não é incomum ver estudos realizados com menos de vinte pessoas, ou mesmo tão poucos, quanto um. Quanto menor o número de pessoas, mais dados são necessários de cada um.

Como evitar que a pesquisa qualitativa seja apenas uma coleção de casos? Com um conjunto de dados tão pequeno, como o pesquisador evita sinais de insignificância? Uma das soluções pode ser a coleta de dados particularmente significativos por meio de "amostragem proposital"; embora a pesquisa qualitativa não seja capaz de falar por grandes populações, ela pode, no entanto, falar por uma população menor que tenha uma perspectiva única ou importante, ou fornecer uma visão aprofundada de um fenômeno complexo.[4] A postura ante o vírus HIV da população em geral é interessante, mas ainda mais interessantes podem ser estudos aprofundados sobre os comportamentos relacionados ao vírus entre as pessoas imediatamente após serem diagnosticadas soropositivas.

Outra solução, pelo menos parcial, para a questão é a repetição. Um estudo qualitativo não será capaz de dizer qual a percentagem exata da população que acredita em algo — e não tentará buscar a resposta. No entanto, se o pesquisador tiver os recursos para realizar entrevistas até o ponto em que poucas respostas novas surjam a cada transcrição, é possível dizer que o alcance, se não a proporção, das ideias foi explorado. Ou ainda, um outro caminho que, por vezes, é seguido, é o de utilizar os dados recolhidos por métodos qualitativos para desenvolver e implementar estudos quantitativos subsequentes. No entanto, os investigadores raramente têm tempo, financiamento e apoio para explorar de forma abrangente ideias sobre um determinado tópico, especialmente se for amplo. Nesses cenários, pode ser necessário que o pesquisador qualitativo aceite que seus dados podem não ser necessariamente abrangentes, mas também não são insignificantes. Os arqueólogos raramente têm tempo ou orçamento para escavar um sítio inteiro, mas fazem suposições sobre onde escavar que podem render resultados produtivos. Na arqueologia, essa técnica é chamada de "agarrar amostra" — na pesquisa qualitativa é chamada de "amostragem proposital".[5] Só porque os resultados não contam toda a história de um sítio de escavação, ou uma população, não significa que não têm nada a dizer. Da mesma forma, desde que sejam tratadas com alguma cautela em relação à amplitude das conclusões aferidas sobre elas, até mesmo uma pesquisa qualitativa não tão extensa pode apresentar resultados preliminares, apontar para novas áreas de pesquisa ou desenterrar teorias que podem ser confirmadas com uma posterior investigação. E mesmo uma generalização externa limitada pode ainda ser obtida a partir dos resultados; é quase certo que os participantes que acreditaram neles não estão sozinhos — principalmente aquelas ideias que se repetem com frequência durante a pesquisa.[6]

Então, que perguntas os estudos qualitativos podem ser capazes de responder sobre a compreensão pública do passado? Primeiro, esses métodos estão bem equipados para explorar a questão básica "O que o público entende sobre o passado", especialmente se "o público" for definido de forma significativa; um estudo explorando como os sobreviventes do *blitzkrieg* interpretam a História, ou como os encenadores históricos veem o período que (re)criam pode ser convincente. Estudos qualitativos bem concebidos poderiam também explorar e acrescentar nuances às várias formas em que o público se envolve com o passado. Como as pessoas relacionam a História — tanto o passado recente como o passado distante — com a sua identidade de gênero, racial/étnica, nacional ou religiosa? Por que as pessoas participam de peregrinações modernas a locais históricos? Como o consumo de fantasias históricas escapistas populares-culturais afeta a compreensão do passado de um indivíduo? Como as narrativas históricas podem contribuir para o preconceito e o ódio no mundo contemporâneo? Métodos qualitativos também podem ser usados para explorar como a educação primária, secundária ou superior de História influencia interpretações de eventos presentes. Em suma, estudos desse tipo podem nos ajudar a começar a responder à pergunta: "Por que o passado é importante para nós?

Leitura adicional: métodos qualitativos
Existem muitos volumes úteis para a concepção e implementação de estudos de investigação qualitativa. As edições mais recentes que achei mais úteis são:

Berg, Bruce L., *Qualitative Research Methods for the Social Sciences*. 6ª ed. (Boston: Pearson, 2007).
Maxwell, Joseph Alex, *Qualitative Research Design: An Interactive Approach*.. 3ª (Thousand Oaks, CA: Sage Publications, 2012).
Merriam, Sharan B., *Qualitative Research: A Guide to Design and Implementation* (San Francisco, CA: John Wiley & Sons, 2009).
Morrison, David E., *The Search for a Method: Focus Groups and the Development of Mass Communication Research* (Luton: University of Luton Press, 1998).
Strauss, Anselm L. e Juliet M. Corbin, *Basics of Qualitative Research: Techniques and Procedures for Developing Grounded Theory*. 2ª ed. (Thousand Oaks: Sage Publications, 1998).

APÊNDICE B
METODOLOGIA DA IDADE MÉDIA NO ESTUDO DA IMAGINAÇÃO POPULAR

O objetivo deste estudo foi explorar como a compreensão pública da Idade Média é moldada pelos filmes de grande orçamento. Este estudo pretendeu responder a estes questionamentos:

(1) Como os estudantes universitários britânicos (sem GCSE ou acadêmicos com qualificação superior em História) descrevem a sua compreensão da Idade Média?
  a) Existe uma diferença entre a sua compreensão dos termos "medieval" e "Idade Média" e, em caso afirmativo, qual é?
  b) Que experiências em suas vidas, passadas ou presentes, os participantes descrevem como influenciadoras de sua compreensão da Idade Média?

(2) Que papel desempenham os filmes medievais na compreensão da Idade Média por parte destes estudantes?
  a) Especificamente, qual é o papel que filmes medievais popu-

lares recentes (lançados durante o período 2000-2009) tem na compreensão dos participantes?
b) Como esses filmes se comparam à compreensão anterior dos participantes sobre o período?
c) O que ocorre quando o filme coincide ou conflita com o conhecimento prévio dos participantes?

Os dados foram coletados de quatro grupos de graduandos da Universidade de Leeds. Os quatro grupos foram recrutados a partir da população geral do campus (não como parte de uma atividade em sala de aula) usando listas de discussão do campus e panfletos, e se reuniram após o horário de aulas em uma sala reservada na universidade. Cada grupo se reuniu três vezes (ou seja, 12 sessões foram realizadas no total), e cada grupo teve entre 3-6 participantes, somando 19 participantes no total.

Após o recrutamento, os potenciais participantes receberam um questionário demográfico que excluía qualquer pessoa que estudou sobre a Idade Média ao nível do GCSE ou após, pessoas não britânicas e que não haviam estudado exclusivamente no Reino Unido, além da exigência de não ter assistido ao menos três filmes relacionados à Idade Média recentemente. Um grupo-piloto do estudo foi realizado em novembro de 2008, composto por cinco mulheres. Elas se reuniram uma vez para uma discussão de noventa minutos, que incidiu exclusivamente sobre as questões de investigação 1a e 1b. O grupo-piloto participou, em primeiro lugar, de um exercício de associação de palavras, em que cada participante recebeu uma folha com as palavras "medieval" e "Idade Média" no topo. Foi solicitado que cada uma escrevesse quaisquer palavras que relacionassem aos temas. Algumas receberam a ficha contendo a palavra "medieval", e outras com "Idade Média", e, após completarem as listas, cada uma recebeu uma segunda ficha com as palavras que ainda não haviam relacionado antes. O exercício possuía três objetivos. Em primeiro lugar, serviu para quebrar o gelo, estimulando as participantes a pensar sobre o tópico e fornecer pontos de referência sobre os quais poderiam basear suas discussões posteriores. Por outro lado, provocou uma reflexão sobre as diferenças semânticas entre "medieval" e "Idade Média". E, finalmente, produziu respostas individuais antes de qualquer interação e discussão em grupo. Estas respostas eram, portanto, livres das inclinações para o consenso ou conflitos que comumente ocorrem durante as discussões em grupo. A próxima etapa foi dividir o grupo e permitir que cada parte estivesse munida de uma folha. Em uma delas, no centro, havia a palavra "medieval" escrita dentro de uma elipse. Na outra, "Idade Média", também dentro da elipse, no centro. Nesse momento, as participantes deviam criar mapas conceituais baseados em suas reações às palavras em cada folha e ranquear quão importantes eram os elementos em relação ao conceito central.[1] Cada uma compartilhou, então, o seu esquema e o sistema de classificação. Esse exercício foi concebido para permitir que as participantes expressassem a organização de seus esquemas, e para explorar as nuances de como elas definiam suas ideias baseadas em sua própria compreensão em vez de imposições externas. Seguiu-se uma discussão acerca dessas palavras e as suas relações, bem como uma outra discussão geral sobre a compreensão das participantes sobre o período e suas fontes de conhecimento. Os resultados do grupo-piloto serviram para aprimorar a metodologia aplicada aos grupos subsequentes.

    Três outros grupos foram organizados no primeiro semestre de 2009. Os grupos eram compostos de quatro a seis participantes, e cada um se reuniu três vezes. No primeiro dia de todos os grupos, os participantes foram entrevistados sobre a sua compreensão acerca do passado medieval antes das atividades (similar, mas abreviadamente, ao grupo de novembro de 2008). Durante a entrevista, os participantes realizaram e discutiram os exercícios de associação de palavras descritos acima. No primeiro dia, o filme *Beowulf* foi exibido.[2] Em seguida, os participantes foram convidados a participar de uma discussão sobre o filme. Todos eram livres para levantar quaisquer questões acerca do filme, porém o pesquisador também fez perguntas sobre a autenticidade do filme em relação a sua fonte original, seu "realismo" e "medievalidade", e como a representação do período se comparava às expectativas dos participantes.

No segundo dia de cada grupo, os participantes voltaram a realizar o exercício de associação de palavras. Dessa vez, a palavra escolhida foi "cruzada". Em seguida, o filme *Cruzada* foi exibido. Após o término do filme, o debate se centrou em seus aspectos medievais e se o longa-metragem retratou as Cruzadas da forma que esperavam. Durante essa conversa, foram suscitadas muitas vezes as condições sobre o que é o cavaleiro e a realeza, e os participantes compararam essas noções ao filme anterior, *Beowulf*.

No último dia de cada grupo, os participantes assistiram ao filme *O Senhor dos Anéis: O retorno do rei*.[3] Devido à duração do filme (três horas e meia), não houve discussão preliminar. Em vez disso, após o término do filme, uma discussão de uma hora sobre o realismo de *O retorno do rei*, até que ponto os participantes supuseram que o filme era "medieval", se os elementos fantásticos pareciam credíveis, e possíveis relações entre o gênero fantasia e a Idade Média foi realizada. Nessa última discussão, houve ainda uma conversa geral sobre os três filmes, seus cenários, representações da realeza e cavalaria, o papel dos heróis e das mulheres, e outros assuntos que surgiram ao comparar estes e outros itens.

Um conjunto de perguntas semiestruturadas foi direcionada a cada grupo, de forma a calibrar se, o que e como os participantes aprenderam com cada filme. As perguntas eram:

(1) O que, no filme, pareceu particularmente medieval para você?
(2) O que, no filme, pareceu menos medieval para você?
(3) O que você mudaria para tornar este filme mais medieval?
(4) Você aprendeu algo a partir do filme?

Estas perguntas foram formuladas para permitir aos participantes que se expressassem livremente. Perguntas subsequentes foram realizadas a partir das respostas de cada participante. Como resultado da natureza aberta das perguntas, os tópicos variaram muito, e, como consequência, os resultados refletiram o amplo escopo das interpretações. Além disso, devido à natureza semiestruturada da entrevista, alguns temas surgidos espontaneamente só foram discutidos por um ou dois dos grupos. Isso não significa necessariamente que os outros participantes não consideraram os mesmos tópicos discutidos — ou que teriam discordado.

Procedimentos de análise de dados qualitativos

Os dados coletados, incluindo as associações de palavras e entrevistas com grupos focais, foram analisados utilizando métodos de análise temática qualitativa, conforme descrito por Joseph Maxwell em *Qualitative Research Design: An Interactive Approach* [*Projeto de pesquisa qualitativa: uma abordagem interativa*], e por Bruce Berg em *Qualitative Research Methods for the Social Sciences* [*Métodos de pesquisa qualitativa para ciências sociais*].[4] Uma abordagem indutiva foi utilizada, cujos objetivos, como escreve David Thomas, são "ajudar a compreender o significado em dados complexos através do desenvolvimento de temas ou categorias sumárias a partir dos dados brutos", e, assim, derivar conclusões e teorias a partir desses temas e categorias emergentes.[5] Para atingir o objetivo, a gravação em áudio das entrevistas foi transcrita e lida ao menos três vezes para identificar temas comuns. Durante a leitura, as afirmações apresentavam "códigos" aplicados de acordo com os temas. Depois disso, os dados codificados foram organizados em categorias temáticas substantivas.[6] Inicialmente, os temas isolados eram identificados. As transcrições foram, então, relidas, e as relações hierárquicas apreendidas entre os dados e as categorias temáticas.

Os exercícios de associação de palavras também foram examinados quanto às respostas comuns, e foi feita uma contagem de frequência das respostas. Todas as respostas foram então classificadas por categoria, a fim de explorar e identificar quaisquer subtemas, contradições ou sutilezas que surgiram. Esses temas e subtemas que emergiram foram empregados para dar sentido aos dados.

Embora seja impossível, e possivelmente até mesmo indesejável, eliminar completamente a influência do ambiente de pesquisa ou o pesquisador dos resultados, este estudo se baseou em perguntas semiestruturadas e abertas, além de sondagens formuladas principalmente a partir das respostas dos participantes. As perguntas da entrevista foram "semiestruturadas" na medida em que, embora tenham sido formuladas pelo esboço da pesquisa para manter os participantes alinhados a um determinado tópico de interesse, não foram concebidas para suscitar respostas curtas, e foram suficientemente abertas para permitir que os inquiridos respondessem livremente. Sua elaboração aberta permitiu aos participantes responder, dessa forma, conforme lhes conviesse.

FUNDAMENTAÇÃO DO PROJETO DE PESQUISA

Conforme discutido anteriormente, os métodos qualitativos, como os utilizados neste estudo, apresentam vantagens em pesquisas sobre experiências individuais, opiniões ou fenômenos sociais complexos. Eles podem explorar uma ocorrência ou um processo sociológico com mais profundidade em comparação a uma votação ou pesquisa fechada.[7] Conversar longamente com um participante permite ao pesquisador explorar o significado de suas falas, formular perguntas complementares e explorar plenamente o significado de suas hesitações, confusões ou outras sugestões linguísticas sutis. Essa oportunidade pode esclarecer ainda mais uma questão complexa.[8] Além disso, os métodos qualitativos são úteis para explorar novas áreas de pesquisa, como a deste estudo; no fim, esses métodos são necessários para desenvolver a teoria que pode sustentar novos estudos. Embora os métodos de coleta de dados quantitativos, tais como inquéritos, possam conceder estatísticas de verificabilidade e reprodutibilidade, não podem fornecer a profundidade de compreensão exigida por este campo de pesquisa.

Este estudo utilizou métodos de entrevista em grupo focal; os grupos focais são um tipo de entrevista em grupo liderada por moderadores, nos quais os participantes são convidados a reagir e a discutir vários estímulos. Desenvolvido durante a Segunda Guerra Mundial para avaliar a resposta em massa aos programas de rádio, o seu emprego se tornou, desde então, uma ferramenta útil para a investigação em ciências sociais.[9] Embora não exista uma fórmula definida para os grupos focais, eles são tipicamente formados por quatro a 12 participantes, dependendo das exigências da pesquisa.[10] Os métodos de pesquisa em grupo focal ofereceram algumas vantagens notáveis sobre outras metodologias de pesquisa para este estudo em particular. Em primeiro lugar, os grupos focais podem adquirir dados de um grupo maior de participantes em muito mais tempo e com uma boa relação custo-eficácia do que entrevistas individuais. O formato aberto de um grupo focal também permite ao pesquisador reunir, como afirmam Stewart e Shamdasani, "grandes e ricas quantidades de dados *nas próprias palavras dos entrevistados*" (grifo meu).[11] Além disso, a natureza aberta dos grupos focais permite que os participantes tenham mais liberdade para, como afirmam Barbour e Kitzinger, "gerar suas próprias perguntas, quadros e conceitos, e buscar suas próprias prioridades em seus próprios termos, em seu próprio vocabulário".[12] Como este estudo está focado em uma atividade social, o cinema, uma metodologia conduzida em uma atmosfera social que pode melhor replicar a experiência de assistir e discutir um filme lhe é favorável.

Assistir a um filme é, em um nível básico de interação entre espectador e imagem, uma atividade individual. Dito isso, é uma atividade tipicamente realizada (pelo menos no contexto do cinema) em grupos como uma prática social. A discussão intensa após, ou mesmo durante, o filme é uma forma importante para as pessoas formularem e expressarem as suas opiniões além de estruturarem a sua interpretação sobre o que viram. É, portanto, ideal para a exploração dentro do contexto da sociologia do conhecimento. Embora a interação entre o filme e o indivíduo seja única para cada pessoa, a discussão interpretativa que inevitavelmente ocorre após o filme ajuda os espectadores a mediar o significado e o valor do que acabaram de ver com os outros. Foi este fenômeno que a presente pesquisa procurou explorar.[13]

Outra vantagem do uso de grupos focais são as respostas sinérgicas que os grupos evocam naturalmente. Um participante frequentemente solicita uma resposta de seus pares, permitindo que eles "reajam e desenvolvam as respostas de outros membros do grupo".[14] As diferenças ou concordâncias de opinião podem, então, ser trazidas à tona e exploradas dentro do grupo, em vez de simplesmente deixadas para a análise do pesquisador. Além disso, a natureza interativa dos grupos focais permite a sinergia entre os temas; quando bem executados, os temas incitarão uns aos outros a oferecerem uma contribuição mais completa do que seria possível através de uma entrevista individual.

Na condução de grupos focais, certos comportamentos devem ser desencorajados durante a sessão e levados em consideração na análise. Em primeiro lugar, qualquer interação grupal provoca o desejo sociável natural de se formar um consenso. Os indivíduos podem concordar, principalmente com breves consentimentos verbais, com opiniões que eles mesmos podem, ou não, ter. Às vezes, pode ser difícil para um pesquisador distinguir opiniões verdadeiramente favoráveis daquelas que são geradas pelo desejo dos participantes em serem agradáveis, ou o simples "é", ou "aham" que simbolizam uma compreensão educada em vez de uma concordância verdadeira. Por essa razão, o moderador explorou minuciosamente a aquiescência, e encorajou a discordância sempre que apropriado durante a discussão.

Além disso, para cada pesquisador existe o problema da dinâmica de grupo. Como qualquer professor pode atestar, muitas vezes, nas sessões de interação, um ou dois membros de qualquer grupo podem dominar a conversa. Se as falas forem consideradas representantes da opinião do grupo maior, pode espelhar em demasia as ideias apenas dos membros mais falantes. Foi importante para o moderador, então, encorajar todos os membros a contribuírem da forma mais equitativa possível.

Há sempre a questão de saber se os entrevistados estão ou não relatando com precisão seus próprios pensamentos, e até que ponto o pesquisador deve acreditar no que é dito. O pesquisador deve ponderar tenuamente entre aceitar tudo o que é propriamente dito, e tratar o entrevistado como uma testemunha de sua própria experiência. É importante que a análise explore as contradições internas que se encontram na transcrição para explorar as ideias inconscientes dos inquiridos. No entanto, deve se partir do princípio de que, se um participante exprimir uma opinião, salvo se existirem provas convincentes em contrário, é o melhor comunicador da sua própria experiência.

Selecionando o "público": a razão da amostragem
Não há um único "público". Quando a "História Pública" ou a "com-

preensão pública do passado" é discutida academicamente, às vezes, há uma suposição implícita de que o "público" é definido como aqueles que não são historiadores. Até certo ponto, este estudo estabelece o público de forma semelhante. A amostra excluiu qualquer pessoa com credenciais acadêmicas que lhe conferissem conhecimentos especializados. Isso incluiu qualquer estudo acadêmico do período em nível de GCSE (idade entre 14 e 16 anos) ou superior.[15] Além de calcificar a compreensão do tema, a autoridade conferida pelo estudo acadêmico ou qualificação poderia ter influenciado o grupo.

No entanto, o público também não compreende apenas aqueles que não são historiadores, e, portanto, peneirei a amostra ainda mais. Este estudo também está focado no público interessado neste tipo de filme. Seria possível conduzir grupos focais compostos por pessoas que nunca vão ao cinema ou assistem programas de TV, mas isso não forneceria nenhuma visão de como o público maior, que está mais familiarizado com a cultura visual, é influenciado pelos filmes em questão. Também seria menos frutífero estudar indivíduos que nunca veem filmes ambientados na Idade Média.[16] Portanto, o questionário de triagem incluiu uma lista de 22 filmes populares medievais ou de fantasia medieval. Qualquer um que tivesse assistido menos que três deles foi excluído.[17]

A amostra para este estudo foi também limitada a pessoas que se autoidentificam como britânicas, e que frequentaram a escola exclusivamente no Reino Unido. Todos os participantes espontaneamente acrescentaram que a sua nacionalidade era especificamente inglesa e haviam estudado exclusivamente na Inglaterra (o que significa que a maioria teve currículos semelhantes na escola).

A utilização de estudantes de graduação da Universidade de Leeds torna implícitas na amostra certas características demográficas. Os alunos da Universidade de Leeds são todos suficientemente bem-sucedidos academicamente para serem admitidos (embora os requisitos departamentais variem). Todos possuíam níveis elevados de GCSEs e Níveis A. Os membros do corpo discente são, em média, de classe média, e predominantemente do norte da Inglaterra. Com isso dito, região de origem e classe econômica não foram consideradas na estratégia amostral. Por conseguinte, não seriam adequados outros pressupostos a este respeito.

Os voluntários não foram impedidos de participar por já terem assistido aos filmes exibidos; isso foi decidido, em grande parte, por causa da dificuldade em encontrar estudantes que não haviam assistido *O Senhor dos Anéis*. No entanto, as suas memórias de experiências anteriores com os filmes foram reconhecidas e abordadas durante as entrevistas.

NOTAS

Introdução
1. Henry Augustin Beers, *A History of English Romanticism in the Eighteenth Century* (Londres: Kegan Paul, Trench, Trübner, 1899), p. 281.
2. Quentin Tarantino, *Pulp Fiction* (Miramax Entertainment, 1994).
3. Conrad Rudolph, *A Companion to Medieval Art: Romanesque and Gothic in Northern Europe* (Malden, MA: Wiley-Blackwell, 2006), p. 4.
4. Para uma visão seminal do conceito de medievalismo, ver: Tom Shippey e Richard Utz, "Medievalism in the modern world: Introductory perspectives" in *Medievalism in the Modern World: Essays in Honour of Leslie J. Workman* (Turnhout: Brepols, 1998), 1-14. Para uma visão ampla do estado atual dos estudos de medievalismo e uma história da disciplina, ver os capítulos 1-9 em Karl Fugelso (ed.), "Defining medievalism(s)", *Studies*

in Medievalism 17 (2009).
5. Leslie Workman, "*Preface*", Studies in Medievalism 8 (1996): 1- 2, p. 1.
6. Elizabeth Emery, "Medievalism and the Middle Ages", *Studies in Medievalism XVII* (2009): 77 -85, p. 85.
7. Para uma excelente tradução do trabalho de Halbwachs sobre memória coletiva, ver: Maurice Halbwachs, *On Collective Memory*, Lewis A. Coser (ed. e trans) (Chicago: University of Chicago Press, 1992).
8. A melhor compilação de conhecimento acerca estudos de memória atualmente disponível é: Jeffrey K. Olick, Vered Vinitzky-Seroussi, e Daniel Levy (eds), *The Collective Memory Reader* (Oxford: Oxford University Press, 2011).
9. Para uma exploração mais completa do desenvolvimento da "consciência histórica", ver: Peter C. Seixas, "Introduction", em Peter C. Seixas (ed.), *Theorizing Historical Consciousness* (Toronto: University of Toronto Press, 2004), pp. 3-20.
10. Peter C. Seixas, "What is historical consciousness?", in Ruth Sandwell (ed.), *To the Past: History Education, Public Memory, and Citizenship in Canada* (Toronto: University of Toronto Press, 2006), pp. 11-22.
11. Há duas exceções significativas a esta regra. A primeira é o recente e interessante volume *Memory and Myths of the Norman Conquest*, de Siobhan Brownlie, no qual a autora explora a complexa recepção da conquista normanda no Reino Unido. A autora faz isso com foco particular em como esse acontecimento tem sido reimaginado pela cultura popular e pela mídia, e por meio de uma pesquisa quantitativa de pontos de vista populares sobre o evento. O segundo é um projeto em andamento de alguns estudiosos da literatura medieval, como por exemplo Helen Young, que tange em sua recepção pelo público contemporâneo. Enquanto cada uma explora um evento particular da instância do medievalismo na cultura, as duas autoras se ancoram na alçada maior do medievalismo público. Siobhan Brownlie,

Memory and Myths of the Norman Conquest (Woodbridge: Boydell Press, 2013); Helen Young, *Constructing "England" in the Fourteenth Century: A Postcolonial Interpretation of Middle English Romance* (Lewiston, NY Mellen Press, 2010).
12. "Medieval, adj. e n.", *OED Online* (Oxford: Oxford University Press, 1989). Disponível em http://www.oed.com/view/Entry/115638?redirectedFrom¼medieval (acessado em 24 de agosto de 2016).
13. Alison Landsberg, *Prosthetic Memory: The Transformation of American Remembrance in the Age of Mass Culture* (Nova York: Columbia University Press, 2004).
14. Robert A. Rosenstone (ed.), *Revisioning History: Film and the Construction of a New Past* (Princeton: Princeton University Press, 1995), p. 3.
15. Ver, por exemplo, o livro de Helen Young, "*Approaches to medievalism: A consideration of taxonomy and methodology through fantasy fiction*", Parergon 27/1 (2010): 163-79; Helen Young (ed.), *The Middle Ages in Popular Culture: Medievalism and Genre* (Amherst: Cambria Press, 2015), particularmente a introdução, e; Andrew B. R. Elliott, *Remaking the Middle Ages: The Methods of Cinema and History in Portraying the Medieval World* (Jefferson, NC: McFarland, 2011).

Capítulo 1: A compreensão pública do passado
1. Para usar a Grã-Bretanha como exemplo, em 2007, a Oxford Economics estimou que a indústria britânica patrimonial gera aproximadamente £ 7,4 bilhões para a economia britânica todos os anos. Heritage Lottery Fund e VisitBritain, *Investing in Success: Heritage and the UK Tourism Economy* (Londres: Heritage Lottery Fund, 2010), p. 8. Disponível em http://www.hlf.org.uk/aboutus/howwework/Documents/HLF_Tourism_Impact_single.pdf (acessado em 22 de agosto de 2016).
2. Esta é uma simplificação excessiva por uma questão de brevi-

dade. Para o momento atual acerca deste debate internacional, ver: Irene Nakou e Isabel Barca (eds), *Contemporary Public Debates over History Education* (Charlotte, NC: Information Age Publishing, 2010), e Peter N. Stearns, Peter Seixas, e Sam Wineburg (eds), *Knowing, Teaching and Learning History: National and International Perspectives* (Nova York: NYU Press, 2000).
3. Sam Wineburg, *Historical Thinking and Other Unnatural Acts: Charting the Future of Teaching the Past* (Philadelphia: Temple University Press, 2001), pp. vii-viii.
4. J. Carleton Bell e David F. McCollum, "*A study of the attainments of pupils in United States history*", *Journal of Educational Psychology* 8 (1917): pp. 257 -74.
5. Wineburg, *Historical Thinking and Other Unnatural Acts*, p. vii.
6. Ibid.
7. Peter N. Stearns, "Why study history?", *American Historical Association*, 1998. Disponível em https://www.historians.org/about-aha-and-membership/aha-history-and-archives/archives/archives/why-study-history-(1998) (acessado em 21 de agosto de 2016).
8. "Essential history survey results (Internet archive)", *Osprey Publishing*, 18 de janeiro de 2001. Disponível em http://web.archive.org/web/200102031935/http://www.%20ospreypublishing.com/features/5 (acessado em 22 de agosto de 2016).
9. Amanda Kelly, "What did Hitler do in the war, miss?", *Times Educational Supplement*, 19 de janeiro de 2001. Disponível em https://www.tes.com/news/tes-archive/tes-publication/what--ditler-hitler-do-war-miss (acessado em 1º de junho de 2017).
10. Esta estatística pode parecer ruim. No entanto, é importante lembrar que não se sabe como a pergunta foi formulada, nem a idade dos entrevistados. Parece provável que uma proporção — provavelmente significante — desses 4% tenha entendido mal a questão sobre Hitler ter lutado contra a Grã-Bretanha na Segunda Guerra Mundial. Assim, a estatística se relaciona tanto

com a compreensão do questionário como com o conhecimento histórico.
11. "Essential history survey results (Internet archive)".
12. Ibid.
13. Ibid.; Kelly, "What did Hitler do in the war, miss?".
14. De acordo com o censo de 2001 do Reino Unido, havia 5.393.241 crianças entre os 10 e os 17 anos de idade àquela altura. Calcular a margem de erro a partir de 95% de confiabilidade sobre uma amostra de 200 pessoas resulta em uma margem de erro de 6,93%. London Datastore, "Census 2001 key statistics 02: age structure", 2003. Disponível em http://data.london.gov.uk/dataset/census-2001-key-statistics-02-age-structure (acessado em 22 de agosto de 2016).
15. BBC, "Press releases: Alexander the Great won the Battle of Hastings", *BBC Press Office*, 5 de agosto de 2004. Disponível em http://www.bbc.co.uk/ pressoffice/pressreleases/stories/2004/08_august/05/battlefield.shtml (acessado em 22 de agosto de 2016).
16. Ibid.
17. Press Association, "Gandalf finds a place in British history", *Guardian*, 5 de agosto de 2004. Disponível em https://www.theguardian.com/education/2004/ aug/05/schools.highereducation (acessado em 1º de junho de 2017).
18. Chris McGovern, "*The new history boys*", em Robert Whelan (ed.), *The Corruption of the Curriculum* (Londres: Civitas, 2007), p. 59.
19. Derek Matthews, *The Strange Death of History Teaching (Fully Explained in Seven Easy-to-Follow Lessons)*, relatório não publicado. Janeiro de 2009. Disponível em http://bit.ly/2bRZwKS (acessado em 22 de agosto de 2016).
20. Ibid., p. 1.
21. Jeevan Vasagar, "*Michael Gove accuses exam system of neglecting British history*", *Guardian*, 24 de novembro de 2011, sec. Education. Disponível em www.guardian.co.uk/education/2011/nov/24/michael-gove-british-historyneglected (acessado em 22

de agosto de 2016).
22. Michael Gove, "I refuse to surrender to the Marxist teachers hell-bent on destroying our schools: Education Secretary berates 'the new enemies of promise' for opposing his plans", *Daily Mail*, 23 de março de 2013. Disponível em http://www.dailymail.co.uk/debate/article-2298146/I-refuse-surrender-Marxist-teacherss-hell-bent-destroying-schools-Education-Secretary-berates-new-enemies-promise-opposing-plans.html (acessado em 22 de agosto de 2016).
23. Alex Hern, "Michael Gove revealed to be using PR-commissioned puff-polls as 'evidence'", *The New Statesman*, 13 de maio de 2013. Disponível em https://www.newstatesman.com/politics/2013/05/michael-gove-revealed-be-using-pr-%20commissioned-puff-polls-evidence (acessado em 22 de agosto de 2016). A pesquisa da Ashcroft tinha uma metodologia mais completa, estudando mil crianças em idade escolar no Reino Unido. No entanto, tem a mesma falha que as outras, na medida que o seu enquadramento e reporte foram todos explicitamente negativos. Foi claramente concebida para "provar" quão limitada era a compreensão da História pelas crianças, em vez de compreender a sua totalidade. Lord Ashcroft, "How much do children know about the Second World War?", *Lord Ashcroft Polls*, 25 de junho de 2012. Disponível em http://lordashcroftpolls.com/2012/06/how-much-do-children-know-know-wart-the- second-world-war/ (acessado em 28 de agosto de 2016).
24. A tendência de políticos e especialistas que usam pesquisas mal construídas para apoiar ataques a educadores de História e historiadores públicos dificilmente é exclusiva do Reino Unido. Para o contexto australiano, vera: Anna Clark, *Teaching the Nation: Politics and Pedagogy in Australian History* (Carlton, Vic.: Melbourne University Press, 2006). Para o contexto dos EUA, entre outros, ver Gary B. Nash, Charlotte Crabtree, e Ross E. Dunn, *Culture Wars and the Teaching of the Past* (Nova York: Vintage Books, 2000); Edward T. Linenthal e Tom Engelhardt

(eds), *History Wars: The Enola Gay and Other Battles for the American Past* (Nova York: Henry Holt and Company, 1996).
25. O trabalho de Rosenzweig e Thelen pode ser comparado a estudos semelhantes realizados com crianças em idade escolar, como o do início dos anos 1990, que entrevistou mais de 32 mil estudantes em 27 países europeus. Essa pesquisa foi bem vasta e abordou a consciência histórica de estudantes de 15 e 16 anos de idade e suas atitudes políticas — e examinou as relações causais entre essas duas coisas. O trabalho de Rosenzweig e Thelen (bem como o dos seus sucessores) diferiu na focalização nos adultos e não em crianças, na integração de métodos qualitativos limitados nos seus estudos e na focalização em questões que não as políticas. Magne Angvik e Bodo von Borries (eds), *Youth and History: A Comparative European Survey on Historical Consciousness and Political Attitudes among Adolescents* (Hamburg: Körber-Stiftung, 1997).
26. Roy Rosenzweig e David Thelen, *The Presence of the Past: Popular Uses of History in American Life* (Nova York: Columbia University Press, 1998).
27. Ibid., p. 3.
28. Ibid., p. 12.
29. Ibid.
30. Ibid., p. 13.
31. Rosenzweig e Thelen, *The Presence of the Past*. O website correlato oferece uma apresentação e análise mais abrangente dos dados da pesquisa do que seria possível no livro. Roy Rosenzweig e David Thelen, *The Presence of the Past survey website*, 1998. Disponível em http://chnm.gmu.edu/survey/ (acessado em 22 de agosto de 2016).
32. Rosenzweig e Thelen, *The Presence of the Past*, pp. 210-11.
33. Ibid., p. 6.
34. Ibid., p. 211.
35. Paul Ashton e Paula Hamilton, *History at the Crossroads: Australians and the Past* (Sydney: Halstead Press, 2010).

36. Margaret Conrad, et al., *Canadians and Their Pasts* (Toronto: University of Toronto Press, 2013).
37. Rosenzweig e Thelen, *The Presence of the Past*, p. 237.
38. Conrad et al., *Canadians and Their Pasts*, p. 36.
39. A suposição de Chang é baseada em uma chance de acasalamento verdadeiramente aleatória, o que é historicamente improvável. No entanto, apesar disso, a probabilidade do ancestral medieval comum aumenta significantemente se considerado dentro de regiões menores, ou estendendo o espaço de tempo para há apenas algumas centenas de anos até a Idade Média. Joseph T. Chang, "Recent common ancestors of all present-day individuals", *Advances in Applied Probability* 31/4 (Dezembro de 1999), 1002-26; p. 1005.
40. Steve Olson, "The Royal We", *The Atlantic*, Maio de 2002. Disponível em http://www.theatlantic.com/magazine/archive/2002/05/the-royal-we/2497/ (acessado em 22 de agosto de 2016).
41. Para mais informações sobre a formação da nação e a Idade Média, ver: Patrick J. Geary, *The Myth of Nations: The Medieval Origins of Europe* (Princeton, NJ: Princeton University Press, 2002).
42. Pode-se acrescentar outra categoria, a do "celta" comum, em contraposição ao "inglês" — no entanto, esse termo também é historicamente problemático.
43. Eric Weiskott, "Feeling "British", *The Public Medievalist*, 28 de março de 2017. Disponível em http://www.publicmedievalist.com/feeling-british/ (acessado em 30 de maio de 2017).
44. Para conceitos de raça e etnia na Idade Média, ver: Robert Bartlett, "Medieval and modern concepts of race and ethnicity", *Journal of Medieval and Early Modern Studies* 31/1 (2001), pp. 39 -56.
45. A pesquisa *Canadians and Their Pasts* perguntou se havia alguma outra história que eles achassem importante além das seis opções oferecidas. Um terço das pessoas respondeu citando o passado dos povos aborígines canadenses, dos amigos, dos imigrantes e alguns outros. Nenhuma das categorias oferecidas

pelos participantes parecia incluir a história medieval. Conrad et al., *Canadians and Their Pasts*, p. 37.
46. Um número significativo de alunos de estudos medievais no nível de pós-graduação no Reino Unido é proveniente dos EUA, Canadá ou Japão, fora das fronteiras habituais do mundo medieval e, portanto, com pouca conexão nacional óbvia com o período. Além da conclusão lógica de que é sensato estudar a Idade Média em um país em que ela existiu, não houve uma exploração rigorosa da razão pela qual existe um tal fascínio pela Idade Média em lugares onde ela não existia, particularmente em lugares como o Japão, que não eram colônias europeias.
47. Rosenzweig e Thelen, *The Presence of the Past*, p. 237. Grifo meu.
48. Para uma exploração mais completa dos métodos de pesquisa qualitativa e quantitativa, ver Apêndice A.
49. Conrad et al., *Canadians and Their Pasts*, p. 166; p. 168.
50. Para uma introdução sobre como realizar um estudo da compreensão pública do passado usando esses métodos de pesquisa, ver Apêndice A.
51. General Certificate of Secondary Education (comumente conhecido como GCSE) é uma qualificação acadêmica de estudantes britânicos entre 14 e 16 anos de idade. GCSE também se refere aos cursos do ensino secundário que preparam os alunos para esses exames (compreendendo a sua educação entre 14 e 16 anos). Os únicos GCSEs necessários para os alunos são os de Inglês, Matemática e Ciências (com galês e irlandês também obrigatórios em algumas escolas no País de Gales e Irlanda do Norte). É mais ou menos análogo às séries nove a 11 nos EUA.
52. Nota-se que os medievalismos cinematográficos mais grandiosos da época eram, de fato, os três filmes de *O Senhor dos Anéis*. Mas foi decidido que este estudo não deveria focar apenas em *O Senhor dos Anéis*, e, assim, optou pela maior bilheteria entre os três (*O retorno do rei*) e os dois filmes medievais com a maior bilheteria lançados posteriormente.

Capítulo 2: A compreensão dos participantes sobre a Idade Média

1. Anaïs Nin, *Seduction of the Minotaur* (Londres: A. Swallow, 1961), p. 124.
2. Uma *ressalva*: como o objetivo desta pesquisa era explorar o conhecimento popular da Idade Média, os participantes foram jovens adultos escolhidos justamente por não terem estudado História em um nível avançado. Há muitas lacunas no seu conhecimento, muitas teorias vagamente compreendidas e muitas ideias que são incorretas. O propósito deste livro não é apenas apontar onde os participantes erram no passado medieval; se alguma coisa, os casos em que as pessoas se confundem com o seu pensamento histórico são muito mais fascinantes do que quando estão corretos. Em teoria, se o conhecimento dos participantes sobre o tema está em perfeita sintonia com o melhor da erudição contemporânea, só indica que eles estudaram excepcionalmente bem, que seus professores merecem um tapinha nas costas e que a disseminação de informações da academia para o público está funcionando perfeitamente e com velocidade chocante.
3. Alguns dos dados relativos às diferenças entre "medieval" e "Idade Média" foram ampliados e publicados como Paul B. Sturtevant, "Medievalisms of the mind: Undergraduate perceptions of the 'medieval' and the Middle Ages", *Studies in Medievalism* 26 (Martlesham: Boydell e Brewer, 2017), pp. 213-37.
4. David Matthews argumenta que a palavra "medieval" foi popularizada em círculos acadêmicos por Thomas Fosbroke a partir de 1817. Posto isso, não significa necessariamente que os oradores anteriores não tivessem um termo adjetivo para "Idade Média" — utilizavam simplesmente "da Idade Média", ou termos como "gótico" e "feudal". David Matthews, "Middle", em Elizabeth Emery e Richard Utz (eds), Medievalism: Key Critical Terms (Cambridge: D. S. Brewer, 2014), pp. 144-5.
5. Explicado mais detalhadamente no Apêndice B.

6. Uma vez que os participantes usaram termos semelhantes para descrever uma única ideia, os termos que eram obviamente sinônimos foram aglutinados em conjunto. Por exemplo, "morte negra", "peste negra" e "peste" foram combinadas em "doença" (embora se uma pessoa escreveu mais de uma, foi contada apenas uma vez). Outros termos não exigiram uma aglutinação porque a escolha de palavras entre os participantes era mais consistente (por exemplo, "castelos" ou "bobos da corte"). A ideia era contar a frequência dos conceitos esquemáticos em vez de vocabulário específico.
7. Dependendo das periodizações acadêmicas, o reinado de Henrique VIII é mais frequentemente colocado no início da Idade Moderna do que no período medieval (ou ocasionalmente limítrofe aos dois).
8. As declarações dos participantes do estudo foram editadas para maior clareza. Algumas interjeições e sons foram retirados.
9. Os colchetes em duas linhas indicam que dois participantes estavam falando ao mesmo tempo. Além disso, para maior clareza, as palavras usadas como interjeições foram removidas.
10. O sinal de igual indica que um participante interrompeu outro.
11. "Medieval, adj. e n." *OED Online* (Oxford: Oxford University Press, 2016). Disponível em: http://www.oed.com/view/Entry/115638?redirectedFrom=¼medieval (acessado em 8 de agosto de 2016).
12. Umberto Eco, "Dreaming of the Middle Ages", em William Weaver (trans), *Travels in Hyperreality: Essays* (Londres: Picador, 1987), p. 68.
13. David Williams, "Medieval movies", *The Yearbook of English Studies* 20 (1990): 1-32, p. 10.
14. Elliott, *Remaking the Middle Ages*, p. 1.
15. Claire A. Simmons, "Romantic medievalism", in Louise D'Arcens (ed.), *The Cambridge Companion to Medievalism* (Cambridge: Cambridge University Press, 2016), 103-18, pp. 112 -14.
16. Williams, "Medieval movies", p. 10.

17. Elliott, *Remaking the Middle Ages*, p. 2.
18. Os participantes não fizeram distinções claras entre os conceitos de mito, lenda, fantasia e conto de fadas.
19. Os dois últimos são uma referência clara ao filme de Helgeland, *Coração de Cavaleiro* [*A Knight's Tale*], de 2001, um dos favoritos entre os participantes. Jane achou que o filme se encaixa na categoria de mito e lenda, apesarda inclusão de figuras históricas como Edward, o Príncipe Negro, e Geoffrey Chancer.
20. Leonardo Bruni, *History of the Florentine People: Books 1-4 V. 1*, James Hankins (ed.) (Cambridge, MA: Harvard University Press, 2001), pp. xvii-xviii.
21. O crítico mais proeminente a esta visão do início da Idade Média é o historiador Henri Pirenne, que propôs que o fim do Império Romano (e, portanto, o começo da Idade Média) advém da expansão islâmica no século VIII. Para uma análise crítica da tese de Pirenne, ver: Richard Hodges e David Whitehouse, *Mohammed, Charlemagne, and the Origins of Europe* (Ithaca, NY: Cornell University Press, 1983).
22. Bruni, *History of the Florentine People*, pp. xvii-xviii.
23. "Middle age, n. and adj", *OED Online* (Oxford: Oxford University Press, 2016). Disponível em http://www.oed.com/view/Entry/118142 (acessado em 13 de outubro de 2016).
24. A "Renascença" é um período complicado de definir temporalmente, porque se espalhou de forma variável pela Europa, encerrando a "Idade Média" em diferentes países em diferentes épocas. Assim, enquanto a obra do século XIV de Geoffrey Chaucer *Os Contos da Cantuária* [*The Canterbury Tales*] é tido como um dos maiores frutos da literatura medieval inglesa, *Decamerão* [*The Decameron*], de Giovanni Boccaccio (c. 1350-3), no qual alguns dos *Contos* de Chaucer são baseados, é tipicamente relacionado a um trabalho da Renascença italiana.
25. Angus A. Somerville e R. Andrew McDonald, *The Viking Age: A Reader* (Toronto: University of Toronto Press, 2010), pp. xiv-xv; Peter H. Sawyer, "The age of the Vikings, and before", in Peter

H. Sawyer (ed.), *The Oxford Illustrated History of the Vikings* (Oxford: Oxford University Press, 1997), p. 1.
26. Theodor E. Mommsen, "Petrarch's conception of the 'dark ages'", *Speculum* 17/2 (Abril de 1942): 226-42, p. 227.
27. Wallace K. Ferguson, "Humanist views of the Renaissance", *The American Historical Review* 45/1 (Outubro de 1939): 1-28, p. 28.
28. Fred C. Robinson, "Medieval, the Middle Ages", *Speculum* 59/4 (Outubro de 1984): 745-56, pp. 750-1.
29. Ibid., p. 751.
30. Para a mais recente pesquisa sobre os espetaculares achados arqueológicos do início da Inglaterra medieval, ver: Martin Carver, *Sutton Hoo: A Seventh-Century Princely Burial Ground and Its Context* (Londres: British Museum Press, 2005); Stephen Dean, Della Hooke, e Alex Jones, "The 'Staffordshire hoard': The fieldwork", *The Antiquaries Journal* 90 (2010): pp. 139-52.
31. Para mais informações sobre esta mudança de ideia de onde estava a Idade Média, veja o trabalho dos estudiosos do projeto Global Middle Ages. Para uma introdução ao projeto, ver: Geraldine Heng, "The global Middle Ages: An experiment in collaborative humanities, or imagining the world, 500-1500 C.E." *English Language Notes* 47/1 (2009): pp. 205-16. Para as publicações desta pesquisa colaborativa, consulte o site: Global Middle Ages. Disponível em http://globalmiddleages.org/research-and-teaching (acessado em 29 de maio de 2017).
32. Christopher Tyerman, *England and the Crusades* (Chicago: University of Chicago Press, 1988), p. 15.
33. Tyerman, *England and the Crusades*, p. 6. Tyerman continua a descrever uma variedade de formas interessantes acerca de como a Inglaterra contribuiu para a Primeira Cruzada, apesar de sua participação ter sido relativamente menor em comparação à França ou ao Sacro Império Romano.
34. Os cinco filmes são: *As Cruzadas* [*The Crusades*], DeMille, 1935; *King Richard and the Crusaders*, David Butler, 1954; *El Naser Salah Ad-Din*, Chahine, 1963; *Cruzada* [*Kingdom of*

Heaven], Scott, 2005; *Arn: O Cavaleiro Templário* [*Arn: The Knight Templar*], Flinth, 2007. *Arn: O Cavaleiro Templário* é o único filme que não retrata Ricardo I; visto que Arn foi feito principalmente para o mercado escandinavo, pode ter parecido menos importante incluir o monarca inglês.
35. Isso é particularmente irônico, porque a guilhotina, à sua invenção, era considerada uma forma mais humana de executar do que os métodos utilizados anteriormente.
36. Michael Hirst, *The Tudors* (Showtime/BBC, 2007-10).
37. Os Batistas Carismáticos são uma seita neopentecostal dos Batistas que acreditam que milagres, glossolalia e profecias podem ser, e são, vivenciados nos dias de hoje.
38. "British Social Attitudes information system: Variable analysis, 'Do you regard yourself as belonging to any particular religion?'". Disponível em http://www.britsocat.com/BodySecure.aspx?-control¼BritsocatMarginals&var¼RELRFW&SurveyID¼346 (acessado em 26 de maio de 2011). O aumento global pode ser atribuído em grande parte a uma mudança da Igreja Anglicana para as categorias "sem religião" e "cristão — sem denominação", em vez de uma flutuação marcada em qualquer outra religião. O fator idade relativamente estático indica talvez que, se existe uma secularização global da sociedade britânica, pode ser atribuída a um menor número de pessoas professando a religião quando mais velhos.
39. Para uma visão geral das questões historiográficas relevantes em termos de definição de "cruzada", ver Giles Constable, "The historiography of the Crusades", em Angeliki E. Laiou e Roy Parviz Mottahedeh (eds), *The Crusades from the Perspective of Byzantium and the Muslim World* (Washington, DC: Dumbarton Oaks, 2001), pp. 1-22. Disponível em http://www.doaks.org/resources/publications/doaks-online-publications/crusades-from--the-perspective-ofbyzantium-and-the-muslim-world/cr01.pdf (acessado em 6 de outubro de 2016).
40. Ibid., p. 12.

41. Kate Mosse, *Labyrinth* (Londres: Orion, 2005); Kate Mosse, *Sepulchre* (Londres: Orion, 2007); Kate Mosse, *Citadel* (Londres: Orion, 2012).
42. Edward Peters (ed.), *The First Crusade: The Chronicle of Fulcher of Chartres and Other Source Materials*, Segunda Edição (Filadélfia, PA: University of Pennsylvania Press, 1998), p. 31.
43. A.J. Pollard, *Imagining Robin Hood: The Late-medieval Stories in Historical Context* (Londres: Routledge, 2004), p. 15. Para mais informações sobre o desenvolvimento da lenda de Robin Hood, especialmente no século XVI, ver: Peter Stallybrass, "Drunk with the cup of liberty: Robin Hood, the carnivalesque, and the rhetoric of violence in Early Modern England", *Semiotica* 54/1-2 (Janeiro de 1985): pp. 113-46; Helen Phillips (ed.), Robin Hood: *Medieval and Post-medieval* (Dublin: Four Courts Press, 2005); Stephen Knight, *Robin Hood: A Mythic Biography* (Ithaca, NY: Cornell University Press, 2003).
44. Allan Dwan, *Robin Hood* (United Artists, 1922); Reynolds, *Robin Hood: Prince of Thieves* (Warner Bros., 1991); Mel Brooks, *Robin Hood: Men in Tights* (20th Century Fox, 1993); Ridley Scott, *Robin Hood* (Universal Pictures, 2010). Além disso, duas séries populares recentes da TV britânica incluem a narrativa "Robin como cruzado": *Robin of Sherwood* (ITV, 1984 -6) e *Robin Hood* (BBC, 2006-9).
45. "Little Englander" é uma expressão depreciativa em inglês britânico que se refere aos ingleses considerados xenófobos ou demasiado nacionalistas.
46. Vera, por exemplo: Samuel P. Huntington, *The Clash of Civilizations and the Remaking of World Order* (Nova York: Simon & Schuster, 1996); Niall Ferguson, *Civilization: The West and the Rest* (Nova York: The Penguin Press HC, 2011).
47. Laurie A. Finke e Martin B. Shichtman, *Cinematic Illuminations: The Middle Age on Film* (Baltimore: The Johns Hopkins University Press, 2010), p. 196. Finke e Shichtman citam *Crusade: Chronicles of an Unjust War*, de James Carroll (Nova York:

Metropolitan Books, 2004), p. 4.
48. Na medida do possível, o moderador evitou utilizar o termo "aprendizagem", uma vez que se esperava que isso levasse os participantes a falar sobre aprendizagem acadêmica em vez de aprendizagem informal.
49. Richard C. Anderson, "Role of the reader's schema in comprehension, learning, and memory", in Robert B. Ruddell, Martha Rapp, and Harry Singer (eds), *Theoretical Models and Processes of Reading, Fourth Edition* (Newark, DE: International Reading Association, 1994), pp. 469-75.
50. Devido à falta de um currículo nacional em alguns outros países (como os EUA), seria mais difícil realizar uma análise semelhante nesses locais.
51. O Currículo Nacional atual para a Inglaterra foi introduzido em 2014 e não é muito melhor em termos de sua abordagem acerca da história medieval. Para os programas estatutários completos de estudo no currículo atual, ver: Department for Education, "National curriculum in England: History programmes of study", Gov.uk (2013) Disponível em https://www.gov.uk/government/publications/national-curriculum-in-england-history-programmes-of-study (acessado em 10 de outubro de 2016).
52. National Curriculum Council, *History in the National Curriculum* (Inglaterra) (Londres: Department of Education and Science, 1991), pp. 19 -45.
53. Ibid., p. 39. Se isso contribuiu em parte para os sentimentos gerais de separatismo dos britânicos em relação à Europa (e a ramificações na política) está fora do âmbito deste estudo.
54. National Curriculum Council, *National Curriculum Council Consultation Report: History* (York: National Curriculum Council, 1990), p. 51.
55. Brownlie, *Memory and Myths of the Norman Conquest*, p. 197.
56. Department of Education and Science and the Welsh Office, *National Curriculum History Working Group: Final Report* (Londres: HMSO, 1990), p. 177.

57. A mesa redonda com uma imagem do rei Arthur na parede do grande salão do castelo de Winchester inspirou muito interesse popular e debates acadêmicos, mais bem explorados em: Martin Biddle (ed.), *King Arthur's Round Table* (Woodbridge: Boydell & Brewer, 2000).
58. Um excelente guia para usar a reconstituição e a história viva como uma ferramenta educacional para crianças é: *History and Imagination: Reenactments for Elementary Social Studies* (Plymouth: Rowman & Littlefield Education, 2012).
59. Géza Gárdonyi, *Eclipse of the Crescent Moon*, George F. Cushing (trans), 6ª Edição (Budapeste: Corvina, 2002). A primeira edição deste livro foi publicada em 1899. Os principais acontecimentos históricos descritos no livro são a ocupação de Budapeste em 1541, e o cerco de Eger pelo Império Otomano em 1552, muito além do período das Cruzadas. Além disso, o romance não retrata os acontecimentos a partir da perspectiva otomana (islâmica), mas sim da húngara. Os húngaros são apresentados como heróis nacionalistas.
60. Mais dos resultados dos grupos focais relativos ao filmes da Disney foram adaptados: Paul B. Sturtevant, "You don't learn it deliberately, but you just know it from what you've seen: British understandings of the medieval past gleaned from Disney's fairy tales", em Tison Pugh e Susan Aronstein (orgs.), *The Disney Middle Ages: A Fairy-Tale and Fantasy Past* (Nova York: Palgrave McMillan, 2012), pp. 77-96.
61. Para mais informações sobre a poderosa ubiquidade da Disney (em particular, suas narrativas de "princesa"), vera: Claire Bradford, "Where happily ever after happen every day", em Tison Pugh e Susan Aronstein (eds), *The Disney Middle Age: A Fairy-Tale and Fantasy Past* (Nova York: Palgrave McMillan, 2012), pp. 171-88.
62. W. George Scarlett e Dennie Wolf, "When it's only make-believe: The construction of a boundary between fantasy and reality in storytelling", *New Directions for Child and Adolescent Deve-*

lopment 1979/6 (1979): 29-40, p. 37.
63. Ibid.
64. Claudine Beaumont, "Call of Duty: Modern Warfare 2: Why videogames can't be ignored", *Telegraph*, 13 de novembro de 2009, s.t. Technology. Disponível em http://www.telegraph.co.uk/technology/video-games/6562828/Call-OfDuty-Modern-Warfare-2-why-video-games-cant-be-ignored.html (acessado em 12 de outubro de 2016).
65. *Age of Empires 2: Age of Kings* (Microsoft, 2001); *Medieval II: Total War* (Creative Assembly, 2008); *Sid Meier's Civilization IV* (2K Games, 2005).
66. Para uma opinião típica sobre videogames e violência, ver: Dave Grossman, "Video Games as 'murder simulators'", *Variety, Special Issue: Violence & Entertainment*, p. 45. Disponível em http://variety.com/violence/ (acessado em 12 de outubro de 2016).
67. James Paul Gee, *What Video Games Have to Teach Us About Learning and Literacy*, Segunda Edição (Basingstoke: Palgrave MacMillan, 2003); Richard E. Mayer, *Computer Games for Learning: An Evidence-Based Approach* (Cambridge, MA: The MIT Press, 2014).
68. Matthew Wilhelm Kapell e Andrew B.R. Elliott (eds), *Playing with the Past: Digital Games and the Simulation of History* (Nova York: Bloomsbury, 2013).

Capítulo 3: Aprender História a partir do cinema

1. Peter Biskind, *Seeing is Believing* (Nova York: Pantheon, 1983), p. 2.
2. Margaret Conrad et al., *Canadians and Their Pasts*, p. 142.
3. A pesquisa *Canadians and Their Pasts* fez três perguntas sobre "filmes, vídeos, DVDs ou programas de TV" sobre o passado: (1) se tinham visto um nos últimos doze meses; (2) quantos tinham visto; e (3) o nome do último assistido. Ao contrário de outras atividades relacionadas ao passado, como fotografias

antigas, internet, livros, locais históricos e museus, filmes não foram incluídos em sua avaliação mais profunda de atividades relacionadas ao passado (como perguntar o quanto uma atividade relacionada ao passado os fez sentir ou quão autênticos acharam que eram). Esta omissão não é explicada. Margaret Conrad et al., *Canadians and Their Pasts*, pp. 165 -8.
4. Nesta escala, um era baixo e dez era alto. Rosenzweig e Thelen, *The Presence of the Past*, p. 248.
5. As classificações completas eram: Museus: 8,4; Narrativas pessoais de avós ou familiares: 8,0; conversa com alguém que estava lá: 7,8; professores de História da faculdade: 7,3; professores de História do ensino médio: 6,6; Livros de não ficção: 6,4; Filmes ou programas de televisão sobre o passado: 5,0. Ibid., p. 244.
6. Há uma variedade de trabalhos importantes que introduzem o conceito de público ativo em vez de passivo, mas os dois melhores neste tópico são: Stuart Hall, "Encoding/decoding", em Stuart Hall (ed.), *Culture, Media, Language: Working Papers in Cultural Studies*, 1972-79 (Londres: Hutchinson em associação com o Centre for Contemporary Cultural Studies, Universidade de Birmingham, 1980), pp. 128 -38; John Fiske, *Television Culture* (Abingdon: Taylor & Francis, 2011).
7. Sam Wineburg e Daisy Martin, "Reading and rewriting history", *Educational Leadership* 62/1 (2004): 42-5, p. 44.
8. Rosenzweig e Thelen, *The Presence of the Past*, p. 98.
9. Ibid.
10. Ibid.
11. Ibid.
12. Assistir filmes no cinema e TV só foi superado no inquérito na frequência com que as pessoas sentem que participam numa atividade histórica, fotografando e olhando para fotografias. Ibid., p. 234.
13. Ibid., pp. 100-1.
14. Ibid., p. 101.

15. Scott Alan Metzger, "Pedagogy and the historical feature film: Toward historical literacy", *Film & History: An Interdisciplinary Journal of Film and Television Studies* 37/2 (2007): 67-75, p. 68.
16. Peter L. Berger e Thomas Luckmann, *The Social Construction of Reality: A Treatise in the Sociology of Knowledge* (Harmondsworth: Pinguim, 1991).
17. Ibid., p. 15.
18. Ibid., p. 27.
19. Ibid., p. 15.
20. John Fiske, *Understanding Popular Culture*, Segunda Edição (Londres: Routledge, 2010).
21. Berger e Luckmann, *The Social Construction of Reality*, p. 48.
22. David E. Morrison, *The Search for a Method: Focus Groups and the Development of Mass Communication Research* (Luton: University of Luton Press, 1998); David E. Morrison, *Defining Violence: The Search for Understanding* (Luton: University of Luton Press, 1999).
23. Morrison, *Defining Violence*, p. 1.
24. Ibid., p. vii.
25. Eu uso o termo "medievalidade" para descrever o grau subjetivo em que algo é entendido como parte da Idade Média. Este termo foi usado regularmente pelos participantes do meu estudo.
26. Immanuel Kant, *Critique of Pure Reason*, Norman Kemp Smith e Gary Banham (trans), Segunda Edição Revisada (Basingstoke: Palgrave Macmillan, 2007), pp. 182-3.
27. Frederic C. Bartlett, *Remembering: A Study in Experimental and Social Psychology* (Cambridge: Cambridge University Press, 1932).
28. Richard C. Anderson, Rand J. Spiro e William Edward Montague (eds), *Schooling and the Acquisition of Knowledge* (Londres: Lawrence Erlbaum, 1977); Richard C. Anderson, "The notion of schemata and the educational enterprise: General discussion of the conference", em Richard C. Anderson, Rand J. Spiro, e William Edward Montague (eds), *Schooling and the Acquisition*

of Knowledge (Londres: Lawrence Erlbaum, 1977): pp. 415-31; David E. Rumelhart e Andrew Ortony, "Representation of knowledge in memory", em Richard C. Anderson, Rand J. Spiro e William Edward Montague (eds), *Schooling and the Acquisition of Knowledge* (Londres: Lawrence Erlbaum, 1977), pp. 99-135.
29. Rumelhart e Ortony, "Representation of knowledge in memory", p. 101.
30. Ibid.
31. Ibid.
32. Ibid.
33. Ibid., p. 109.
34. William F. Brewer e Glenn V. Nakamura, "The nature and functions of schemas", em Thomas K. Srull e Robert S. Wyer (eds), *Handbook of Social Cognition* (Hillsdale, NJ: L. Erlbaum Associates, 1984), p. 123.
35. Richard C. Anderson, "The notion of schemata and the educational enterprise: General discussion of the conference", em Richard C. Anderson, Rand J. Spiro, e William Edward Montague (eds), *Schooling and the Acquisition of Knowledge* (Londres: Lawrence Erlbaum, 1977), pp. 418-19.
36. Rumelhart e Ortony, "Representation of knowledge in memory", p. 106.
37. David E. Rumelhart, "Schemata: The building blocks of cognition", em Rand J. Spiro, Bertram C. Bruce, e William F. Brewer (orgs.) *Theoretical Issues in Reading Comprehension: Perspectives from Cognitive Psychology, Linguistics, Artificial Intelligence and Education* (Hillsdale, NJ: Lawrence Erlbaum, 1980): 33-58, p. 34.
38. Robert Axelrod, "Schema theory: An information processing model of perception and cognition", *The American Political Science Review* 67/4 (Dezembro de 1973): 1248-66, p. 1248.
39. Para mais informações sobre a teoria da acomodação de Piaget, ver: Jacques Montangero e Danielle Maurice-Naville, *Piaget, or, The Advance of Knowledge* (Mahwah: Lawrence Erlbaum

Associates, 1997), pp. 63-7.
40. Jean Piaget, *The Origin of Intelligence in the Child* (Londres: Routledge, 1998), p. 416.
41. Para mais informações sobre a teoria da assimilação de Piaget, ver: Montangero e Maurice Naville, *Piaget*, pp. 73-7.
42. Ron Briley, "Teaching film and history", *OAH Magazine of History* 16/4 (Summer, 2002): 3-4, p. 3.
43. Metzger, "Pedagogy and the historical feature film", p. 70. 44. Ibid., p. 70.
44. Ibid., pp. 70-1.
45. Ibid p. 71.
46. Ibid.
47. Scott Alan Metzger, "Maximizing the educational power of history movies in the classroom", *The Social Studies* 101 (2010): 127-36, p. 135.
48. Briley, "Teaching film and history", p. 4.
49. Andrew C. Butler, Franklin M. Zaromb, Keith B. Lyle e Henry L. Roediger, III, "*Using popular films to enhance classroom learning: The good, the bad, and the interesting*", *Psychological Science* 20/9 (Setembro de 2009): pp. 1161-8.
50. Ibid., p. 1161.
51. Ibid., pp. 1164-5.
52. Alan S. Marcus e Jeremy D. Stoddard, "*Tinsel town as teacher: Hollywood film in the high school classroom*", *The History Teacher* 40/3 (Maio de 2007): pp. 303-30.
53. Ibid., pp. 314 -17.
54. Ibid., pp. 318 -19.
55. Alan S. Marcus, "'It is as it was': Feature film in the history classroom", *The Social Studies* 96/2 (2005): 61-7, p. 61.
56. Melvyn Stokes, *D.W. Griffith's* The Birth of a Nation: *A History of 'The Most Controversial Motion Picture of All Time* (Oxford: Oxford University Press, 2007), pp. 111-12.
57. Peter Seixas, "Confronting the moral frames of popular film: Young people respond to historical revisionism", *American*

Journal of Education 102/3 (Maio de 1994): pp. 261-85.
58. Alan S. Marcus, Richard J. Paxton e Peter Meyerson, "'The reality of it all': History students read the movies", *Theory and Research in Social Education* 34/3 (Outono de 2006): 516-52, p. 517.

Capítulo 4: O filme medieval
1. Kevin J. Harty, *The Reel Middle Age: American, Western and Eastern European, Middle Eastern, and Asian Films About Medieval Europe* (Jefferson, NC: McFarland, 1999).
2. Ibid., pp. 265-6.
3. Para uma exploração da renascença no século XXI dos filmes épicos, ver: Andrew B. R. Elliott, *The Return of the Epic Film: Genre, Aesthetics and History in the 21st Century* (Edimburgo: Edimburgo University Press, 2014).
4. Williams, "Medieval movies", p. 1.
5. Revistas famosas de estudos sobre o cinema como *Cineaste, Cinema Journal* e *Film History* ocasionalmente publicam artigos sobre filmes medievais. Exemplos disso são o estudo comparativo de Tony Pipolo sobre a estética de filmes sobre Joana d'Arc e a polêmica de Greta Austin sobre a típica falta de precisão histórica dos filmes sobre a Idade Média. Tony Pipolo, "Joan of Arc: The cinema's immortal maid", *Cineaste: America's Leading Magazine on the Art and Politics of the Cinema* 25/4 (Setembro de 2000), pp. 16-21; Greta Austin, "Was the camasants really so clean? The Middle Age in film", *Film History* 14/2 (2002): pp. 136-41.
6. Rick Altman, *Film/Genre* (Londres: BFI Publishing, 1999), p. 14.
7. Mel Gibson, *Braveheart* (Paramount, 1995); Zack Snyder, *300* (Warner Brothers, 2007); Jean-Jacques Annaud, *The Name of The Rose* (20th Century Fox, 1986); Gil Junger, *Black Knight* (20th Century Fox, 2001).
8. John Aberth, *A Knight at the Movies: Medieval History on Film* (Londres: Routledge, 2003).
9. A produção destes historiadores (e outros na mesma linha) tem

sido considerável. O texto fundamental deste estudo é o fórum especial publicado na *American Historical Review* em 1988. Este fórum especial apresenta cinco artigos que introduziram muitas questões críticas ao estudar filmes históricos, assim como serviram para validar os filmes de ficção histórica como um objeto de séria consideração pelos historiadores acadêmicos. Grande parte do trabalho subsequente feito neste campo concentrou-se em definir o que faz um "filme histórico" — o que deve ou não ser incluído nessa categoria. Emergiu um consenso do que seja um "mau" filme, ridicularizado como filmes de "nostalgia", "traje" ou "herança" (por Frederick Jameson, Pierre Sorlin e Andrew Higson, respectivamente). Fredric Jameson, *Signatures of the Visible* (Nova York: Routledge, 1992), p. 137; Pierre Sorlin, *The Film in History: Restaging the Past* (Oxford: Blackwell, 1980), p. 116; Andrew Higson, *Waving the Flag: Constructing a National Cinema in Britain* (Oxford: Clarendon Press, 1995), p. 113. Para esses estudiosos, verdadeiros filmes "históricos", ao contrário, são aqueles que se envolvem seriamente com a História ou adotam abordagens inovadoras para (re)apresentá-la. Rosenstone limita estritamente a sua classificação a "História pós-moderna". Sua classificação exclui filmes "*mainstream*" e "padrão", e foca apenas em filmes "experimentais" ou "pós-modernos", ou filmes chamados "inovadores" durante seu tempo como objetos de estudo, como *Reds* (1981), *JFK* (1991), *Walker* (1987), ou *October* (1928). Robert A. Rosenstone, *Visions of the Past: The Challenge of Film to Our Idea of History* (Cambridge, MA: Harvard University Press, 1995), pp. 83-151; Robert A. Rosenstone, *History on Film/Film on History* (Harlow: Longman/Pearson, 2006), pp. 50-69; Robert Brent Toplin, *History by Hollywood: The Use and Abuse of the American Past* (Urbana: University of Illinois Press, 1996); Robert Brent Toplin, *Reel History: In Defense of Hollywood* (Lawrence: University Press of Kansas, 2002).

10. Como exemplo de trabalho neste sentido, Susan Aronstein

examina a americanização da lenda arthuriana no cinema em *Hollywood Knights*, e Kevin Harty publicou recentemente três coleções de ensaios que também exploram as adaptações da era arthuriana. Susan Aronstein, *Hollywood Knights: Arthurian Cinema and the Politics of Nostalgia* (Nova York: Palgrave Macmillan, 2005). Kevin J. Harty, *King Arthur on Film: New Essays on Arthurian Cinema* (Jefferson, NC: McFarland, 1999); Kevin J. Harty, *Cinema Arthuriana: Twenty Essays*, Segunda Edição Revisada (Jefferson, NC: McFarland, 2002); Kevin J. Harty (ed.), *The Holy Grail on Film: Essays on the Cinematic Quest* (Jefferson, NC: McFarland, 2015).

11. Por exemplo, a Teoria Queer fornece um foco em *Queer Movie Medievalisms. Race, Class and Gender in "Medieval" Cinema*, que implementa diálogos pós-coloniais, marxistas e feministas. *Movie Medievalism*, de Nickolas Haydock, utiliza a psicanálise lacaniana e a teoria da imagem temporal de Deleuze para analisar sete imagens de filmes medievais. Grande parte de *Hollywood in the Holy Land* se envolve com discursos pós-coloniais (especialmente usando o *Orientalism* de Edward Said e seus antecedentes). E *Cinematic Illuminations* traz uma série de teorias políticas para um grande corpus de filmes medievais. Kathleen Coyne Kelly e Tison Pugh (eds), *Queer Movie Medievalisms* (Farnham: Ashgate, 2009); Lynn Tarte Ramey e Tison Pugh (eds), *Race, Class, and Gender in "Medieval" Cinema* (Nova York: Palgrave Macmillan, 2007); Nickolas Haydock, *Movie Medievalism* (Jefferson, NC: McFarland, 2008); Nickolas Haydock e Edward L. Risden (eds), *Hollywood in the Holy Land: Essays on Film Depictions of the Crusades and Christian-Muslim Clashes* (Jefferson, NC: McFarland, 2009); Laurie A. Finke e Martin B. Shichtman, *Cinematic Illuminations: The Middle Age on Film* (Baltimore: The Johns Hopkins University Press, 2010).

12. Por exemplo, muitos estudiosos consideram a trilogia original de *Star Wars* como um romance neoarthuriano. *The Medieval Hero on Screen: Representations from Beowulf to Buffy* inclui

capítulos que descobrem o medieval em *E.T.*, *Buffy the Vampire Slayer* [*Buffy a Caçadora de Vampiros*], e *Dirty Harry* [*Perseguidor Implacável*]. Um artigo recente no Congresso Internacional de Estudos Medievais em Kalamazoo encontrou o medieval até mesmo em *Sex in the City* [*Sexo e a Cidade*], e sessões lá ocorrem regularmente com *O Senhor dos Anéis* (ambos livros e filmes). Robert G. Collins, "'Star Wars: The pastiche of myth and the yearning for a past future'", *Journal of Popular Culture* XI/1 (1977), pp. 1-10; Kathryn Hume, "Medieval romance and science fiction: The anatomy of a resemblance", *Journal of Popular Culture* XVI/1 (1982), pp. 15-26; Martha W. Driver and Sid Ray (eds), *The Medieval Hero on Screen: Representations from Beowulf to Buffy* (Jefferson, NC: McFarland, 2004), p. 240; Driver and Ray, *The Medieval Hero on Screen*, p. 240; pp. 73-90; pp. 133-44; pp. 156-64; Julie Nelson Couch, "'I couldn't help but wonder…': Sex and the City a Medieval Romance?". (apresentado no International Congress on Medieval Studies, Kalamazoo, MI, 2010).
13. Abraham H. Maslow, *The Psychology of Science: A Reconnaissance*, The John Dewey Society Lectureship Series no. 8 (Nova York: Harper & Row, 1966), p. 15.
14. Anke Bernau e Bettina Bildhauer (eds), *Medieval Film* (Manchester: Manchester University Press, 2009), p. 2.
15. Depois de fazerem esta afirmação, afastam-se da linha astuta de questionamento para um exame crítico-teórico da "temporalidade", que forma o núcleo do seu livro. Ibid., p. 2.
16. Ibid.
17. O livro de Andrew B.R. Elliott, *Remaking the Middle Ages*, inicia uma séria exploração do *topoi* dos filmes medievais; nele, Elliott analisa a representação imagética do cavaleiro, rei, padre e camponês. Isso, obviamente, não compreende tudo, mas é um começo muito produtivo para esta linha de investigação. Elliott, *Remaking the Middle Ages*.
18. Rosenstone, *Revisioning History*, p. 3.

19. O medievalismo do século XIX é um assunto complexo que tem sido estudado por estudiosos muito numerosos para listar aqui. Para obter uma visão geral recente do campo, consulte: Clare A. Simmons, "Romantic medievalism", in Louise D'Arcens (ed.), *The Cambridge Companion to Medievalism* (Cambridge: Cambridge University Press, 2016), pp. 103 -18.
20. Durante esse período, as versões em filme da ópera *Fausto* de Gounod de 1859 foram os filmes medievais em ópera mais comuns, talvez devido à extrema popularidade de *Fausto* na América durante o final do século XIX. Filmes medievais em ópera durante a era do cinema mudo incluem: *Parsifal* (1904), *Fausto e Margarida* (1904), *Fausto* (1909), *Mefisto e a Donzela* (1909) e *Tannhauser* (1913).
21. Michael Curtiz e William Keighley, *The Adventures of Robin Hood* (Warner Brothers, 1938); Henry Hathaway, *Prince Valiant* (20th Century Fox, 1954); Melvin Frank e Norman Panama, *The Court Jester* (Paramount, 1956); Joshua Logan, *Camelot* (Warner Brothers, 1967).
22. Clyde Geronimi, *Sleeping Beauty* (Walt Disney Studios, 1959); Wolfgang Reitherman, *The Sword In The Stone* (Walt Disney Studios, 1963); Wolfgang Reitherman, *Robin Hood* (Walt Disney Studios, 1973). O quarto que não segue esta fórmula é: Gary Trousdale e Kirk Wise, *The Hunchback of Notre Dame* (Walt Disney Studios, 1996) — que é notável pelo seu tom sombrio. Ao listar apenas três filmes medievais da Disney, estou apenas contando aqueles que são explicitamente medievais, na medida em que são adaptações de lendas medievais, ou são explicitamente definidas na Idade Média. Outro conto de fadas da Disney, embora em alguns aspectos reconhecida ou implicitamente medieval, não são explicitamente assim e, portanto, não são contados aqui. Para mais informações sobre os medievalismos da Disney, ver: Tison Pugh e Susan Aronstein (orgs), *The Disney Middle Ages: A Fairy-Tale and Fantasy Past* (Basingstoke: Palgrave Macmillan, 2012).

23. Peter Glenville, *Becket* (Paramount, 1964); Franklin J. Schaffner, *The War Lord* (Universal Pictures, 1965); Anthony Harvey, *The Lion in Winter* (Avco Embassy Pictures, 1968).
24. Robert Bresson, *Lancelot du Lac* (Artificial Eye, 1974); John Boorman, *Excalibur* (Warner Brothers, 1981); Kenneth Branagh, *Henry V* (MGM, 1989); Sam Raimi, *Army of Darkness: Evil Dead 3* (Universal Pictures, 1993); Mel Gibson, *Braveheart* (Paramount, 1995); John McTiernan e Michael Crichton, *The 13th Warrior* (Touchstone Pictures, 1999); Trousdale and Wise, *The Hunchback of Notre Dame* (Walt Disney Studios, 1996).
25. Terry Gilliam e Terry Jones, *Monty Python and the Holy Grail* (EMI Films, 1974).
26. Brian Helgeland, *A Knight's Tale* (Sony Pictures, 2001).
27. Snyder, *300*; ver também: Jesse Warn, Michael Hurst, e Rick Jacobson, *Spartacus: Blood and Sand* (Starz, 2010) e uma série de iterações subsequentes do mundo clássico, incluindo mais recentemente: W. S. Anderson, *Pompeii* (TriStar Pictures, 2014).
28. Atualmente, o hipermedievalismo é muito mais comum do que o hiperclassicismo, o hipervitorianismo ou qualquer outro. Dito isso, os hipervitorianismos, como o gótico ou os movimentos pop/subcultura de *steampunk*, tornaram-se cada vez mais populares ao longo do século XX.
29. Frank Frazetta, Testament: *A Celebration of the Life & Art of Frank Frazetta*, Arnie Fenner e Cathy Fenner (eds) (Nevada City, CA: Underwood Books, 2008); Mark Kidwell et al., *The Fantastic Worlds of Frank Frazetta, Volume 1* (Portland, OR: Image Comics, 2008); Boris Vallejo e Julie Bell, The Ultimate Collection (Londres: Paper Tiger, 2005).
30. Mesmo não aderindo às grotescas distorções das figuras humanas ou à estética "sombria" comumente vista na obra de Frazetta e Vallejo, o gênero da arte da fantasia segue muitos dos modelos que eles estabelecem. Isso inclui o uso de detalhes extremos e cores vividamente saturadas — ironicamente transformando essas cenas de fantasia de uma forma "hiper-real". Para exem-

plos, ver: Dick Jude, *Fantasy Art Masters: The Best Fantasy and Science Fiction Artists Show How They Work* (Nova York, NY: Watson-Guptill, 1999), pp. 12-60; Bruce Robertson, *Techniques of Fantasy Art* (Londres: Macdonald Orbis, 1988); Jane Frank e Howard Frank, *Great Fantasy Art: Themes from the Frank Collection* (Londres: Paper Tiger, 2003).

31. "Bárbaro" não é um termo incontroverso num contexto acadêmico. Embora num contexto acadêmico, "bárbaro" só denota os grupos que invadiram o Império Romano Ocidental em direção à sua morte, a cultura popular medievalista contemporânea amalgama muitas vezes muitos grupos distintos (separados por séculos) sob esse título abrangente, incluindo: vikings, anglo-saxões, hunos, vândalos, godos e mais. O termo foi originalmente usado por romanos para descrever pejorativamente aqueles que se encontravam nas bordas do seu império, mas tornou-se posteriormente uma generalização, referindo-se a uma espécie de pessoa "incivilizada" (outro termo problemático).

32. Kevin Reynolds, *Robin Hood: Prince of Thieves* (Warner Brothers, 1991); Gibson, *Braveheart*; McTiernan e Crichton, *The 13th Warrior*; Antoine Fuqua, *King Arthur* (Buena Vista, 2004).

33. Philip Vilas Bohlman, *The Music of European Nationalism: Cultural Identity and Modern History* (Santa Barbara, CA: ABC-CLIO, 2004), pp. 183-6; Hans A. Pohlsander, *National Monuments and Nationalism in 19th Century Germany* (Peter Lang, 2008), pp. 32-5; Paul Robinson, *Opera & Ideas, from Mozart to Strauss* (Ithaca, NY: Cornell University Press, 1986), pp. 155-74.

34. Clare A. Simmons, *Reversing the Conquest: History and Myth in Nineteenth- Century British Literature* (New Brunswick: Rutgers University Press, 1990), p. 11.

35. Exemplos incluem *The Crusades* [*As Cruzadas*] (1935), *The Seventh Seal* [*O Sétimo Selo*] (1957), *Braveheart* [*Coração Valente*] (1995) e *Kingdom of Heaven* [*Cruzada*] (2005).

36. Essa homogeneização tem sido argumentada como sendo o subproduto dos muitos protestos e boicotes aos filmes de Hollywood criados nos anos 1980 e 1990 por grupos de interesse particulares. Francis G. Couvares, "The paradox of protest: American film, 1980–1992", in Frances G. Couvares (ed.), *Movie Censorship and American Culture*, Segunda Edição (Boston, MA: University of Massachusetts Press, 2006), pp. 277-318.

Capítulo 5: A Idade Média que eles assistiram

1. David L. Hamilton, *Cognitive Processes in Stereotyping and Intergroup Behavior* (Hillsdale, NJ: L. Erlbaum Associates, 1981), p. 137.
2. Kevin Harty (ed.), *The Vikings on Film: Essays on Depictions of the Nordic Middle Ages* (Jefferson, NC: McFarland, 2011), p. 3.
3. A "Era Viking" é geralmente datada entre os séculos VIII e XI. Para datas da "Idade Viking" na História escandinava (e a invenção da expressão), ver: Eric Christiansen, *The Norsemen in the Viking Age* (Malden, Mass: Blackwell Publishers, 2001), pp. 4-9; Peter Sawyer, "The age of the Vikings, and before", in Peter Sawyer (ed.), *The Oxford Illustrated History of the Vikings* (Oxford: Oxford University Press, 1997), pp. 1-18.
4. Uma estratégia empregada por esses três participantes em sua tomada de decisão sobre o dragão foi me questionar (como uma autoridade percebida sobre o assunto), perguntando: "Você sabe, conhece o poema original?" Eu só respondi: "Um pouco, sim." O que eles interpretaram, corretamente, foi uma forma de comunicar que eu não poderia participar da discussão e que eles teriam que decidir por si mesmos.
5. Para dragões na literatura clássica, ver: Daniel Ogden, *Drakon: Dragon Myth and Serpent Cult in the Greek and Roman Worlds* (Oxford: Oxford University Press, 2013). Para a figura do dragão em *Beowulf*, ver: R.D. Fulk, Robert E. Bjork, e John D. Niles, "Beowulf's fight with the dragon" em R. D. Fulk, Robert E. Bjork, e John D. Niles (eds), *Klaeber's Beowulf and the Fight at*

Finnsburg, Quarta Edição (Toronto, University of Toronto Press, 2008), pp. xlv-xlviii; Christine Rauer, *Beowulf and the Dragon: Parallels and Analogues* (Cambridge: D.S. Brewer, 2000).
6. Rauer, *Beowulf and the Dragon*, p. 4.
7. Os participantes muitas vezes usaram os termos "mitologia" e "fantasia" de forma intercambiável. Nesse caso, Erica usou a mitologia para se referir às relações familiares e sociais entre as criaturas sobrenaturais (todas ligadas à narrativa dos "pecados do pai" no filme).
8. Martha Carlin, "Feast", em Elizabeth Emery e Richard Utz (eds), *Medievalism: Key Critical Terms* (Woodbridge: D.S. Brewer, 2014): 63-9, pp. 63-4.
9. Gwendolyn Morgan, "Beowulf and the Middle Age in Film", *The Year's Work in Medievalism XXIII* (2009): 3-15, p. 10.
10. Hugh M. Thomas, *The Norman Conquest: England After William the Conqueror* (Lanham: Rowman & Littlefield Publishers, Inc., 2008), p. 64.
11. Ibid., p. 129.
12. Morgan, "*Beowulf and the Middle Age in Film*", pp. 10, 13.
13. Neil Gaiman, "The monarch of the glen" em *Fragile Things: Short Fictions and Wonders* (Nova York: Harper, 2006), pp. 284-340; Graham Baker, *Beowulf* (Miramax Films, 1999); Les Landau (dir), 'Heroes and demons', *Star Trek: Voyager*. (Paramount Network Television, 24 de Abril de 1995).
14. Robert Zemezckis, *A Hero's Journey: The Making of Beowulf* (Paramount Pictures, 2008); William Brown, "Beowulf: The digital monster movie", *Animation* 4/2 (1º de julho de 2009): pp. 153 -5.
15. O crédito a sr. Stephens pelo papel de "Beowulf Physique" foi retirado de sua página no IMDB e da lista IMDB do filme por razões desconhecidas, embora provavelmente para encobrir a verdade potencialmente inquietante de que a cabeça e o corpo de Beowulf não foram fornecidos pela mesma pessoa. No entanto, esse crédito (e o de sr. Ritchson) pode ser visto

acessando uma página IMDB arquivada usando o Internet Archive. Todos os créditos relevantes completos podem ser encontrados em: "Internet Archive: IMDB Beowulf (2007)", 10 de fevereiro de 2007. Disponível em http://web.archive.org/web/20070905003741/www.imdb.com/title/tt0442933 (acessado em 1º de maio de 2010).

16. Neil Gaiman e Roger Avary, *Beowulf: The Script Book* (Nova York: Harper Collins, 2009), p. 140.
17. John H. Fisher, *The Emergence of Standard English* (Lexington: The University Press of Kentucky, 1996), p. 145.
18. M.J. Toswell, "Lingua", em Elizabeth Emery e Richard Utz (orgs), *Medievalism: Key Critical Terms* (Woodbridge: D.S. Brewer, 2014): 117-24, p. 118.
19. Roland Barthes, "The reality effect", in Richard Howard (trans), *The Rustle of Language* (Oxford: Blackwell, 1986), pp. 141-8.
20. Ibid., p. 141.
21. Roland Barthes, "The Romans in films", in Annette Lavers (trans), *Mythologies* (Londres: Vintage, 1993), pp. 26-8.
22. Vivian Sobchack, "Surge and Splendor: A phenomenology of the Hollywood historical epic", *Representations* 0/29 (Winter, 1990): 24-49, pp. 26-7.
23. A única exceção é uma participação especial do rei Ricardo I — e até mesmo ele deveria estar falando francês. Ricardo I, apesar de sua reputação duradoura na cultura popular inglesa, passou a maior parte de seu tempo na França, falou francês e parece ter tido pouco afinidade para a terra sobre a qual governou. A melhor biografia e avaliação recente do seu reinado é: John Gillingham, *Richard I, English Monarchs* (New Haven, Londres: Yale University Press, 1999).
24. Enquanto filmes medievais de Hollywood tendem a exagerar a eficácia das espadas (e a desvalorizar a dureza da armadura), eles nunca foram o que Mark parece acreditar que foram. Essa ideia se encaixa como parte de sua ideia maior de que a Idade Média não era tecnológica e era bárbara.

25. Steven Spielberg, *Saving Private Ryan* (DreamWorks, 1998); Doug Liman, *The Bourne Identity* (Universal Studios, 2002); Christopher Nolan, *Batman Begins* (Warner Brothers, 2005); Martin Campbell, *Casino Royale* (Columbia Pictures, 2006); Miguel Sapochnik (dir), "*Battle of the bastards*", *Game of Thrones* (HBO, 19 de junho de 2016).
26. Roger Ebert, "Movie reviews: The Hurricane", *The Chicago Sun-Times*, 7 de janeiro de 2000. Disponível em http://rogerebert.suntimes.com/apps/pbcs.dll/article?AID¼/20000107/REVIEWS/1070302/1023 (acessado em 14 de novembro de 2016).
27. Para um exame completo das mudanças na narrativa histórica feita em *Cruzada*, ver: Jeffrey Richards, "Sir Ridley Scott and the rebirth of the historical epic", em Andrew B.R. Elliott (ed.), *The Return of the Epic Film: Genre, Aesthetics and History in the Twenty-first Century* (Edimburgo: Edinburgh University Press, 2014), pp. 25 -9.
28. Ambroise, *The History of the Holy War: Ambroise's Estoire de la Guerre Sainte*, Marianne Ailes (trans) e Malcolm Barber (ed.) (Woodbridge: The Boydell Press, 2003), p. 149.
29. Para fontes medievais sobre Balian de Ibelin, ver: William of Tyre, *A History of Deeds Done Beyond the Sea*, Records of Civilization, Sources and Studies 35 (Nova York: Columbia University Press, 1943); *La Continuation De Guillaume* De Tyr, 1184-1197, Documents Relatifs à l'Histoire Des Croisades 14 (Paris: Librairie Orientaliste P. Geuthner, 1982); William of Tyre, *The Conquest of Jerusalem and the Third Crusade: Sources in Translation*, P. W. Edbury (ed.) (Brookfield, VT: Scholar Press, 1996).
30. Na versão ampliada de "corte de diretor" do filme, na França, Balian é mostrado como sendo um mestre do cerco e um ferreiro. O guia de acompanhamento da "história por detrás do filme" o chama de "um artífice", como Scott o descreve, "que numa outra época seria um engenheiro talentoso". Isso torna mais plausível o uso de sofisticadas táticas anticerco (como

marcadores de alcance e balísticas contrabalanceadas) durante o cerco de Jerusalém. No entanto, os participantes assistiram à versão do filme lançada nos cinemas em que a sua experiência anterior com a tecnologia do cerco nunca foi esclarecida. Isso pode ter contribuído para o sentimento de que o arco do herói era irrealista. Ridley Scott, Diana Landau e Nancy Friedman, *Kingdom of Heaven: The Ridley Scott Film and the History Behind the Story* (Londres: Newmarket Press, 2005), p. 17.
31. Finke and Shichtman, *Cinematic Illuminations*, p. 233.
32. Frank Capra, *Mr. Smith Goes to Washington* (Columbia Pictures, 1939).
33. O fenômeno do "menino bonito" na cultura popular também tem uma longa história na cultura japonesa como a imagem do *Bishonen* (literalmente "menino bonito"), um belo, andrógino, jovem homem altamente sexualizado. No entanto, ao contrário da percepção ocidental comum do tipo "menino bonito" ser ineficaz, inefetivo e fraco, *Bishonen* são comumente retratados como intrépidos em esportes extremistas ou nas artes marciais Sandra Buckley (ed.), *Encyclopedia of Contemporary Japanese Culture* (Londres: Routledge, 2001), pp. 45-6.
34. Harry M. Benshoff e Sean Griffin, *America on Film: Representing Race, Class, Gender, and Sexuality at the Movies*, Segunda Edição (Malden, MA: Wiley- Blackwell, 2009), p. 255.
35. L.M. DeBruine et al., "'The health of a nation predicts their mate preferences: Cross-cultural variation in women's preferences for masculinized male faces'", *Proceedings of the Royal Society B: Biological Sciences* 277/7 de agosto (março de 2010): 2405-10, p. 2405.
36. Finke and Shichtman, *Cinematic Illuminations*, p. 182; Susan Jeffords, *Hard Bodies: Hollywood Masculinity in the Reagan Era* (New Brunswick: Rutgers University Press, 1994).
37. Susan Aronstein, *Hollywood Knights: Arthurian Cinema and the Politics of Nostalgia* (Nova York: Palgrave McMillan, 2005).
38. Esta referência está relacionada a uma afirmação de Justin e

Stephen de que Richard Gere, embora de cabelos grisalhos, não teria a seriedade adequada para desempenhar um papel de herói medieval. Stephen postulou que isto é "porque não o vimos [Gere] num papel adequado". Obviamente, estes participantes não tinham visto *First Knight* [*O Primeiro Cavaleiro*], no qual Gere interpreta Lancelot. Não se sabe se eles iriam reformular a sua opinião depois de terem assistido ao filme. Jerry Zucker, *First Knight* (Sony Pictures, 1997).

39. Scott, Landau e Friedman, *Kingdom of Heaven: The Ridley Scott Film*, p. 68.
40. Finke and Shichtman, *Cinematic Illuminations*, p. 197.
41. Stephen está errado em sua rotulagem de Saladino retratado como alguém que era um "vilão" e que "queria fazer a guerra". Imediatamente depois, tanto Sean como Justin questionaram a declaração. Stephen então se retratou, dizendo que Saladino "era um pouco misterioso". A interpretação original de Stephen (ou lapso momentâneo) o coloca de acordo com algumas representações de Saladino, como *The Crusades*, de DeMille (1935). Para uma análise mais aprofundada do personagem de Saladino, tal como retratada no cinema e na televisão, ver: Lorraine K. Stock, "Now starring in the Third Crusade: Depictions of Richard I and Saladin in films and television series", em Nickolas Haydock e Edward L. Risden (eds), *Hollywood in the Holy Land: Essays on Film Depictions of the Crusades and Christian-Muslim Clashes* (Jefferson, NC: McFarland, 2009), pp. 93-122.
42. Para uma exploração de por que Azeem é uma descrição tão problemática dos muçulmanos, ver: Lorraine K. Stock, "Now starring in the Third Crusade", pp. 117-19.
43. Jack Shaheen, Reel Bad Arabs: *How Hollywood Vilifies a People* (Northampton, MA: Olive Branch Press, 2009), p. 4.
44. Para mais informações sobre a historiografia moderna das Cruzadas e a contribuição de Riley-Smith, ver: Christopher Tyerman, *The Debate on the Crusades* (Manchester: Manchester University Press, 2011), pp. 224-32.

45. Jonathan Riley-Smith, "Crusading as an act of love", History 65/214: pp. 177-92. Disponível em http://dx.doi.org/10.1111/j.1468-229X.1980.tb01939.x (acessado em 7 de novembro de 2016).
46. Evelyn Alsultany, *Arabs and Muslims in the Media: Race and Representation after 9/11* (Nova York: New York University Press, 2012), pp. 10-11.
47. Pronunciar o nome de Saladino dessa forma foi uma tática, por parte de Mark, de afirmar-se como uma autoridade sobre o assunto dentro do grupo.
48. Jonathan Riley-Smith, *The Crusades, Christianity and Islam* (Nova York: Columbia University Press, 2011), pp. 63-9.
49. Thomas F. Madden, *The Concise History of the Crusades* (Lanham: Rowman & Littlefield, 2014), pp. 200-4.
50. Para mais informações sobre o imperialismo britânico e as origens da frase "make the desert bloom" [fazer o deserto florescer], ver: Robert S. G. Fletcher, *British Imperialism & The Tribal Question': Desert Administration & Nomadic Societies in the Middle East, 1919-1936* (Oxford: Oxford University Press, 2015), p. 184.
51. Para ilustrar com precisão o quão desconfortável esta conversa se tornou, esta seção foi transcrita literalmente sem edição.
52. Duas coleções convincentes sobre a representação do Oriente Médio na mídia são: Peter van der Veer e Shoma Munshi (eds), *Media, War, and Terrorism: Responses from the Middle East and Asia* (Londres: Routledge, 2004); Yahya R Kamalipour (ed.), *The U.S. Media and the Middle East: Image and Perception, Contributions to the Study of Mass Media and Communications 46* (Westport, CN: Greenwood Press, 1995). De particular interesse neste contexto é a parte VI do último volume (pp. 199-230), que descreve três estudos diferentes sobre os efeitos que as representações dos árabes e do Oriente Médio têm sobre as percepções que as crianças e os alunos têm deles.
53. Por exemplo, ao longo da Idade Média, pode-se argumentar

que a Inglaterra era uma espécie de *"backwater"* cultural, em contraste com a França ou com o Sacro Império Romano. Para mais, ver: John Gillingham e Ralph A. Griffiths, *Medieval Britain, A Very Short Introduction* (Oxford: Oxford University Press, 2000), pp. 26-7.

54. Enquanto *Beowulf* seria considerado fantasia medieval (já que se baseia na fantasia de uma imaginação medieval), *O Senhor dos Anéis* é uma obra de medievalismo e, portanto, uma fantasia medievalista. Este termo parece particularmente apropriado já que o próprio Tolkien era um medievalista. Como considero os criadores de filmes históricos como historiadores (no sentido de que eles criam histórias, apenas em um meio diferente), o termo parece apropriado mesmo para aqueles sem a estirpe de Tolkien.

55. Tolkien afirmou ocasionalmente que *O Senhor dos Anéis* é uma pré-história fantástica ambientada no nosso próprio mundo: "O teatro do meu conto é esta terra, aquela em que vivemos agora, mas o período histórico é imaginário." Embora esta possa ter sido a intenção do autor, para o leitor casual (e espectador), Tolkien parece construir um mundo diferente e separado do nosso. J.R.R. Tolkien, *The Letters of J.R.R. Tolkien*, Humphrey Carpenter (ed.) (Nova York: Houghton Mifflin Company, 2000), p. 220; p. 239.

56. Nos livros (assim como nos filmes), os Rohirrim falam inglês antigo e têm uma cultura semelhante à dos anglo-saxões. No entanto, alguns estudiosos têm feito comparações adequadas entre o Rohirrim e as tribos germânicas descritas por Tácito também. Sandra Ballif Straubhaar, "Myth, Late Roman history, and multiculturalism in Tolkien's Middle-Earth", in Jane Chance (ed.), *Tolkien and the Invention of Myth* (Lexington-Fayette, KY: University Press of Kentucky, 2004), pp. 101-18.

57. Rick Lyman, "Movie marketing wizardry; 'Lord of the Rings' trilogy taps the internet to build excitement", *New York Times*, 11 de janeiro de 2001, s.t. Movies. Disponível em http://www.nytimes.com/2001/01/11/movies/movie-marketingwizardry-lor-

d-rings-trilogy-taps-internet-build-excitement.html (acessado em 15 de novembro de 2016).

Capítulo 6: Os mundos medievais que os participantes encontraram

1. Daphne Du Maurier, *Rebecca* (Londres: Arrow, 1992), p. 15.
2. Edward Morgan Forster, *A Room With a View/Where Angels Fear To Tread* (Nova York: Alfred A. Knopf, 2011), p. 44.
3. A notação de 12A do Reino Unido é aproximadamente análoga a uma notação PG-13 nos EUA. A Austrália não tem uma classificação que seja verdadeiramente equivalente — mas, para o contexto, *Beowulf* foi classificado como M, o que significa que foi apenas para audiências com mais de 15 anos.
4. Joseph M. Sullivan, "Silly Vikings: Eichinger, Hickox, and Lorenz's Anglo-Alemanha-Irish Production of Hal Foster's *Prince Valiant* (1997)", in Kevin J. Harty (ed.), *The Vikings on Film: Essays on Depictions of the Nordic Middle Ages* (Jefferson, NC: McFarland, 2011): 56-71, p. 61.
5. Em *Cruzada*, Balian assassina um padre em sua casa na França, o que precipita sua partida na Cruzada. No caminho para Jerusalém, ele e seu pai encontram e matam vários homens que tentam levar Balian à justiça. No final do filme, Balian volta para sua casa na França (embora rapidamente), aparentemente sem consequências.
6. Mark então suportou a provocação do resto do grupo porque a hera venenosa em um copo não seria letal.
7. Embora a aplicação da lei medieval tenha diferido nos seus métodos dos de hoje, o período não foi praticamente sem lei: ver John Briggs, Christopher Harrison, Agnus McInnes e David Vincent, "The medieval origins of the English criminal justice system", in *Crime and Punishment in England: An Introductory History* (Londres: UCL Press, 1996), pp. 1-14; Anthony Musson e Edward Powell (eds), *Crime, Law and Society in the Later Middle Age: Selected Sources* (Manchester: Manchester Univer-

sity Press, 2009); Barbara A. Hanawalt e David Wallace (eds), *Medieval Crime and Social Control* (Minneapolis: University of Minnesota Press, 1999).

8. A escravidão era comum no lugar e no tempo em que Beowulf é definido, e é posteriormente registrada pelos contemporâneos na Inglaterra do século VII ao XI. O potencial mal-entendido de Stephen da escravidão nórdica medieval encaixa-se com a afirmação de Ruth Karras no seu livro *Slavery and Society in Medieval Scandinavia*: "a existência da escravidão na Escandinávia medieval vem como uma surpresa a muitos historiadores que não são medievalistas e a muitos escandinavos que não são historiadores [...] a instituição não aparece em nenhum detalhe nas discussões da história social europeia medieval". Ruth Mazo Karras, *Slavery and Society in Medieval Scandinavia*, Yale Historical Publications 135 (New Haven, CT: Yale University Press, 1988), p. 1. Para a escravatura na Inglaterra anglo-saxônica, ver: David A. E. Pelteret, *Slavery in Early Mediaeval England: From the Reign of Alfred Until the Twelfth Century* 7 (Woodbridge: Boydell, 1995).

9. O teste de Bechdel é um teste inventado em 1985 por Alison Bechdel (autora dos quadrinhos "Dykes to Watch Out For") para destacar os problemas institucionais na representação das mulheres pela indústria do cinema. Para passar no teste de Bechdel, um filme deve ter três coisas simples: "**Um**, deve haver pelo menos duas mulheres que, **dois**, falam uma com a outra sobre, **três**, algo mais do que um homem. [sic]" O teste não é uma avaliação da qualidade de um filme, ou mesmo um julgamento sobre se pode ser considerado feminista (embora fosse difícil para um filme ser considerado feminista sem passar nesse teste). No entanto, é uma forma simples de destacar como a representação de mulheres e histórias de mulheres no cinema é relativamente insignificante. Alison Bechdel, "The rule", *Dykes to Watch Out For*, 16 de agosto de 2005. Disponível em http://dykestowatchoutfor.com/the-rule (acessado em 22 de

dezembro de 2016).
10. As mulheres do poema *Beowulf* foram reavaliadas por Jane Chance, Dorothy Carr Porter e outras. Foram apresentados argumentos que interpretam as mulheres de *Beowulf* como centrais para o poema, quer como anfitriãs, tecelãs da paz ou belicistas. Wealtheow e Hyrd representam o ideal feminino anglo-saxão de anfitriã e apaziguadoras, a mãe de Grendel e Thryth representa a monstruosa inversão desse ideal. No entanto, isso não diminui a questão deque o papel desempenhado pelas mulheres no poema *Beowulf* é limitado. Para ver mais: Jane Chance, *Woman as Hero in Old English Literature* (Nova York: Syracuse University Press, 1986); Gillian R. Overing, "The women of *Beowulf*: A context for interpretation" in Peter S. Baker (ed.), *The Beowulf Reader, Basic Readings in Anglo-Saxon England* 1 (Londres: Garland, 2000), pp. 219-60; Dorothy Carr Porter, "The Social Centrality of Women in *Beowulf*: A New Context", *The Heroic Age* 5 (Verão/Outono de 2001). Disponível em http://www.heroicage.org/issues/5/porter1.html (acessado em 22 de dezembro de 2016).
11. A personagem de Sibylla está muito mais expandida na edição "Director's Cut" do filme: Ridley Scott, *Kingdom Of Heaven — Definitive Edition DVD* (20th Century Fox, 2005). Para mais informações sobre a verdadeira Sibylla de Jerusalém, ver: Bernard Hamilton, "Women in the crusader states: The queens of Jerusalem (1100–1190)", em Derek Baker (ed.), *Medieval Women, Studies in Church History* 1 (Oxford: B. Blackwell, 1978), pp. 143-74; Bernard Hamilton, *The Leper King and His Heirs: Baldwin IV and the Crusader Kingdom of Jerusalem* (Cambridge: Cambridge University Press, 2000).
12. Em *Cruzada*, Balian não é um escravo, mas um ferreiro livre. A falsa memória de Erica de sua escravidão pode implicar que ela vê todos os pobres medievais como escravos, ou pode ter havido algo na cena de ferreiro que implicava escravidão para ela.
13. Katie Stevenson e Barbara Gribling, em "Introduction: Chivalry and the medieval past", em Katie Stevenson e Barbara Gribling

(eds.), *Chivalry and the Medieval Past* (Woodbridge: Boydell Press, 2016), 1-14, pp. 2-3.
14. O interesse do filme em definir a fidalguia poderia surgir do fato de que este era o primeiro filme de Ridley Scott depois que ele próprio foi nomeado cavaleiro em 2003.
15. Este é outro exemplo da atitude insular de alguns dos participantes. Quase todos os cristãos nesse filme — incluindo o protagonista — são explicitamente franceses. Escolher o antagonista como "o francês" implica que eles viram instintivamente o protagonista — e talvez por associação, todos os personagens virtuosos, como, se não necessariamente inglês, então não francês.
16. Karl Marx, *Capital: A Critique of Political Economy*, Ben Fowkes e David Fernbach (trans) (Harmondsworth: Penguin, 1976), p. 90.
17. Embora as colônias existissem durante a Idade Média, era fundamentalmente diferente do colonialismo europeu testemunhado nos séculos XVII a XIX. É difícil saber a partir dessa breve menção como John vê o colonialismo, mas parece provável que ele tenha projetado o tipo de colonialismo testemunhado no período posterior até a Idade Média. Talvez ele tenha pensado que era um fenômeno historicamente universal, que pode causar uma série de erros no pensamento — mas é complicado dizer apenas a partir dessa evidência. Para mais informações sobre a colonização medieval e as diferenças entre ela e a de outros períodos, ver especificamente Robert Bartlett, *The Making of Europe: Conquest, Colonization and Cultural Change, 950-1350* (Harmondsworth: Penguin, 1994), pp. 292-315.
18. Richard W. Barber, *The Holy Grail: Imagination and Belief* (Cambridge, MA: Harvard University Press, 2004), p. 332.
19. Georges Vigarello, *The Metamorphoses of Fat: A History of Obesity* (Nova York: Columbia University Press, 2013), pp. 3-6.
20. Ibid., p. 8.
21. Ibid., p. 21.
22. Edward Long, *The History of Jamaica*, vol. 2 (Londres: T. Lown-

des, 1774): 351-65, pp. 364-5.
23. David Hume, *Of national characters*, in *Essays: Moral, Political and Literary* (Nova York: Cosimo, 2007), p. 213.
24. Referência ao Corsário em *O retorno do rei*.
25. Claire Valente, *The Theory and Practice of Revolt in Medieval England* (Aldershot: Ashgate, 2003), pp. 1-14.
26. Rei Baldwin IV e Hrothgar são os únicos reis que são fisicamente diferentes dos outros nos filmes. Notavelmente, isso pode ser porque ambos são vistos como prejudicados de alguma forma — Hrothgar é velho e gordo, e Baldwin IV é tão deformado por sua lepra que usa uma máscara.
27. Tony Brown, "Clearances e Clearings": Deforestation in Mesolithic/Neolithic Britain", Oxford Journal of Archaeology 16/2 (Julho de 1997), pp. 133-46. cf. Christopher Taylor, *Village and Farmstead: A History of Rural Settlement in England* (Londres: George Philip, 1984).
28. Leonard Cantor, "Forests, Chases, Parks and Warrens", in Leonard Cantor (ed.), *The English Medieval Landscape* (Londres: Croom Helm, 1982): 56-85, pp. 56-65; Oliver Rackham, *Trees and Woodland in the British Landscape*, edição revista (Londres: Phoenix Giant, 1996).
29. Carenza Lewis, Patrick Mitchell-Fox e Christopher Dyer, *Village, Hamlet and Field: Changing Medieval Settlements in Central England* (Manchester: Manchester University Press, 1997), pp. 77-118; Brian K. Roberts e Stuart Wrathmell, *Region and Place: A Study of English Rural Settlement* (Londres: English Heritage, 2002).
30. Muitas dessas estradas antigas ainda existem hoje. Francis Pryor, *The Making of the British Landscape: How We Have Transformed the Land, from Prehistory to Today*, Primeira Edição (Londres: Allen Lane, 2010), pp. 170-4.
31. J.C. Russell, "Late Ancient and Medieval population", *Transactions of the American Philosophical Society* 48/3 (1º de janeiro de 1958): 1-152, p. 105.

32. A França era ainda mais populosa e densa que a Inglaterra — com cerca de 17,6 milhões de habitantes em 1346 (pouco antes da peste negra) — sua densidade seria de 83,8 pessoas por milha quadrada, um pouco abaixo da densidade média dos EUA em 2010 (88,08 pessoas por milha quadrada). Ibid.; Censo dos Estados Unidos, "Resident population data – 2010 Census". Disponível em http://www.census.gov/2010census/data/apportionment-dens-text.php (acessado em 22 de dezembro de 2016).
33. As dificuldades ao voltar da missão é uma metáfora comum em muitas tradições mitológicas, exploradas por folcloristas como Joseph Campbell. Joseph Campbell, "Return", in *The Hero with a Thousand Faces*, Bollingen Series XVII Third Edition (Novato: New World Library, 2008), pp. 167-210.
34. Andrea Kann (ed.), *The Art, Science, and Technology of Medieval Travel* (Aldershot: Ashgate, 2008), pp. 115-26.
35. Ibid., pp. 1-15.
36. Lloyd Alexander, *The Book of Three* (Londres: Holt, Rinehart and Winston, 1964). Este tipo de herói parece surgir sempre que um cenário é visto como difícil ou complicado de se transpor. Veja como exemplos em outra literatura, TV e cinema: Lawrence da Arábia ou Paul Atreides de *Dune [Duna]* tornam-se especialistas do deserto. Os piratas ocupam este papel nos mares pré-modernos — embora o grau em que são meio civilizados e/ou heroicos dependa da história. Nativos americanos (ou seus aliados brancos) tendem a desempenhar esse papel nas narrativas americanas ou ocidentais antigas, como John Dunbar em *Dances with Wolves [Dança com Lobos]* (1990) ou Nathaniel Hawkeye em *Last of the Mohicans [O Último dos Moicanos]* (1992). Frank Herbert, *Dune* (Londres: New English Library, 1965).
37. Christopher Tyerman, *God's War: A New History of the Crusades* (Cambridge, MA: The Belknap Press, 2006), pp. 400-1.
38. David Watkins Waters, *The Iberian Bases of the English Art of Navigation in the Sixteenth Century* (Coimbra: Biblioteca Geral da Universidade de Coimbra, 1970), p. 5.

39. Alan Lee e David Day, *Castles*, David Larkin (ed.) (Nova York: McGraw-Hill, 1984), pp. 26-9; Gary Russell, *The Art of The Lord of the Rings* (Nova York: HarperCollins, 2004), p. 85.
40. A.J. Taylor, *The Welsh Castles of Edward I* (Londres: Hambledon, 1986); D.J. Cathcart King, *The Castle in England and Wales: An Interpretive History* (Londres: Routledge, 1991).
41. William Morris, *A Dream of John Ball* (Oxford: Kelmscott Press, 1892). Disponível em http://morrisedition.lib.uiowa. edu/dream.html (acessado em 20 de dezembro de 2016). Para mais informações sobre o medievalismo socialista de William Morris, ver: Jennifer Harris, "William Morris and the Middle Ages", em Joanna Banham e Jennifer Harris (eds), *William Morris and the Middle Ages* (Manchester: Manchester University Press, 1984), pp. 1-16.
42. A única exceção é o rei Ricardo I de Inglaterra, que faz uma participação especial no final de *Cruzada*. No entanto, ele não desempenha outro papel além de um meio usado para mostrar que Balian não está disposto a repetir o erro da Cruzada, mesmo a pedido de um rei.
43. William C. Calin, "Christianity", in Elizabeth Emery e Richard Utz (eds), *Medievalism: Key Critical Terms* (Woodbridge: D.S. Brewer, 2014), pp. 35-41, p. 35.
44. Ibid.
45. Eva Thury e Margaret Klopfle Devinney, ntroduction to Mythology: Contemporary Approaches to Classical and World Myths (Oxford: Oxford University Press, 2005), p. 4.
46. A parte extirpada desta citação é um parênteses que lê: "(and "No women", but that does not matter, and is not true anyway)" [e "Nenhuma mulher", mas isso não importa, tampouco é verdade]. Embora *O Senhor dos Anéis* tenha alguns personagens femininos, são relativamente poucos, e apenas duas (Galadriel e Éowyn) podem ser consideradas poderosas. J.R.R. Tolkien, *The Letters of J.R.R. Tolkien*, Humphrey Carpenter (ed.) (Nova York: Houghton Mifflin, 2000), p. 220.

Capítulo 7: Debate, conclusões e perspectivas futuras
1. Anselm L. Strauss e Juliet M. Corbin, *Basics of Qualitative Research: Techniques and Procedures for Developing Grounded Theory*, Segunda Edição (Thousand Oaks: Sage Publications, 1998), pp. 266-8.
2. Richard Utz, *Medievalism: A Manifesto* (Kalamazoo e Bradford: Arc Humanities Press, 2017), p. 10.
3. Louise D'Arcens, "Presentism", in Elizabeth Emery e Richard Utz (eds), *Medievalism: Key Critical Terms* (Woodbridge: D.S. Brewer, 2014): 181-8, p. 184.
4. L.P. Hartley, *The Go-Between* (Nova York: New York Review Books, 2002), p. 17.
5. Masahiro Mori, "Bukimi no tani [*the uncanny valley*]", K. F. MacDorman e T. Minato (trans), *Energy* 7 (1970), pp. 33-5.
6. Por exemplo: Angela Tinwell, Mark Grimshaw e Andrew Williams, "Uncanny behaviour in survival horror games", *Journal of Gaming & Virtual Worlds* 2/1 (Maio de 2010): pp. 3-25; Saint John Walker, "A quick walk through Uncanny Valley", in Alison Oddey e Christine White (eds), *Modes of Spectating* (Bristol: Intellect Books, 2009), pp. 29-40.
7. Mori, "Bukimi no tani, [*the uncanny valley*]", p. 34.
8. Ferguson, "Humanist Views of the Renaissance" em Clare Simmons (ed.), *Medievalism and the Quest for the 'Real' Middle Ages*, 1[-28, p. 28.
9. John Green (apresentador), "The Crusades — pilgrimage or holy war?: Crash course world history #15", 3 de maio de 2012. Disponível em https://www.youtube.com/watch?v¼X0zudTQelzI (acessado em 6 de janeiro de 2017); John Green (apresentador), "The Dark Ages... how dark were they, really?: Crash course world history #14", 26 de abril de 2012. Disponível em https://www.youtube.com/watch?v¼QV7CanyzhZg (acessado em 6 de janeiro de 2017).
10. Três sites populares que apresentam conteúdo medieval são *Medievalists.net*, e os blogs de história colaborativa *In the Middle*,

e *The Public Medievalist*. Peter Konieczny (ed.), Medievalists. net. Disponível em http://www.medievalists.net (acessado em 30 de maio de 2017); J.J. Cohen, et al., *In the Middle: Towards a Progressive Medieval Studies*. Disponível em http://www.inthemedievalmiddle.com/ (acessado em 30 de maio de 2017); Paul B. Sturtevant (ed.), *The Public Medievalist*. Disponível em http://www.publicmedievalist.com (acessado em 30 de maio de 2017).

11. Para exemplos de historiadores que relatam suas experiências como consultores, ver: Robert A. Rosenstone, "History in images/History in words: Reflections on the possibility of really putting history onto film", *The American Historical* Review 93/5 (Dezembro de 1988): pp. 1173-85; Natalie Zemon Davis, "Any resemblance to persons living or dead: Film and the challenge of authenticity", *Historical Journal of Film, Radio and Television* 8/3 (1988): pp. 269-83; Kathleen M. Coleman, "The pedant goes to Hollywood: The role of the academic consultant", em Martin M. Winkler (ed.), *Gladiator: Film and History* (Oxford: Blackwell, 2005), pp. 45-52.

12. Utz, *Medievalism: A Manifesto*, p. 23.

13. Ibid.

14. "Medieval: Total Realism Forums", *Totalwar.org*, n.d. Disponível em http:// forums.totalwar.org/vb/forumdisplay.php?162-Medieval-Total-Realism (acessado em 20 de janeiro de 2017).

15. Helen Young, "It's the Middle Ages, yo!: Race, neo/medievalisms, and the world of Dragon Age", *The Year's Work in Medievalism* 27 (2012), pp. 1-9. Disponível em https://sites.google.com/site/theyearsworkinmedievalism/all-issues/ 27-2012 (acessado em 10 de janeiro de 2017).

16. Mike Baker, "History study needs facts first, analysis later", *Guardian* (18 de janeiro de 2011). Disponível em https://www.theguardian.com/education/2011/ jan/18/history-national-curriculum (acessado em 20 de janeiro de 2017).

17. William Woods, "Authenticating realism in medieval film", em

Martha Driver e Sid Ray (eds), *The Medieval Hero On Screen: Representations from Beowulf to Buffy* (Jefferson, NC: McFarland, 2004), 38-52, p. 47.

18. Por exemplo: Chris Berdik, "How to teach high school students to spot false news", *Slate* (21 de dezembro de 2016). Disponível em http://www.slate.com/ articles/technology/future_tense/2016/12/media_literacy_courses_help_ high_school_students_spot_fake_news.html (acessado em 13 de janeiro de 2017); Moriah Balingit, "After Comet Ping Pong and pizzagate, teachers tackle false news", *Washington Post, Education Section*, 11 de dezembro de 2016. Disponível em https://www.washingtonpost.com/local/education/after-comet-ping-pong-e-pizzagate-teacherss-tackle-fake-news/2016/12/11//11/cc19d604-bd99-11e-6-91ee-1adddfe36cbe_story.html?utm_term ¼ .c76ea9a6166f (acessado em 13 de janeiro de 2017).

Apêndice A: Usar métodos das ciências sociais para estudar a consciência histórica

1. Esta é uma simplificação excessiva e necessária. O campo de Historiografia e Filosofia da História é amplo e abrange uma variedade de maneiras pelas quais os historiadores abordam (e têm abordado) seus tópicos de estudo.
2. Por exemplo, para alcançar uma margem de erro de +/-5% com 90% de certeza de uma população total de 100 mil pessoas, um inquérito só precisa ser preenchido por 383 pessoas.
3. Thomas R. Black, *Doing Quantitative Research in the Social Sciences: An Integrated Approach to Research Design, Measurement and Statistics* (Londres: SAGE, 1999), pp. 136-7; Robert M. Groves et al., *Survey Methodology* (Hoboken, NJ: John Wiley & Sons, 2009), pp. 6-10.
4. Joseph Alex Maxwell, *Qualitative Research Design: An Interactive Approach*, Segunda Edição (Thousand Oaks, CA: Sage Publications, 2005), pp. 70-3.
5. Para mais informações sobre amostragem propostada, veja:

Sharan B. Merriam, *Qualitative Research: A Guide to Design and Implementation* (San Francisco, CA: John Wiley & Sons, 2009), pp. 76-83.
6. Para mais informações sobre o tema da generalização e da investigação qualitativa, ver: Maxwell, *Qualitative Research*, pp. 96-8.

APÊNDICE B: METODOLOGIA DA IDADE MÉDIA NO ESTUDO DA IMAGINAÇÃO POPULAR
1. A.J. Cañas e J.D. Novak, *The Theory Underlying Concept Maps and How to Construct and Use Them* (Ocala, FL: Florida Institute for Human and Machine Cognition, 2008).
2. Embora pudesse ter sido mais conveniente mostrar aos participantes apenas clipes dos filmes, ter feito isso levantaria questões importantes sobre a validade. A seleção dos clipes poderia influenciar indevidamente os resultados dos grupos. Apresentar apenas clipes, embora mais rápido, seria um ambiente artificial, que superestruturaria a entrevista e potencialmente distorceria as respostas. Como uma posição construtivista foi tomada em relação à compreensão da Idade Média, seria inadequado escolher quais partes de cada filme exemplificam certos aspectos do período ou do problema estudado e possivelmente produzir uma indevida influência do moderador. Idealmente, a visualização do filme deve ser o mais próximo possível de uma experiência "natural" de observação, tendo em conta as limitações do ambiente investigativo.
3. Há uma variedade de lançamentos de cada um desses filmes. Para efeitos dos grupos focais, mostrei aos participantes a edição lançada nos cinemas de cada um, em vez de qualquer uma das edições estendidas. Além disso, *Beowulf* era frequentemente visto em cinemas 3D. No entanto, devido às limitações tecnológicas de visualização na sala, eu só poderia mostrar aos participantes Beowulf em 2D. Isso pode ter afetado sua compreensão do filme, mas é complicado comentar sobre isso sem evidência.

4. Maxwell, *Qualitative Research Design*; Berg, *Qualitative Research Methods for the Social Sciences*.
5. David R. Thomas, "A general inductive approach for qualitative data analysis", *American Journal of Evaluation* 27/2 (2006): 237-46. Disponível em http:// journals.sagepub.com/doi/pdf/10.1177/1098214400528373748 (acessado em 1 de junho de 2017).
6. Os códigos utilizados para classificar os dados eram *"emic"* (ou seja, gerados por dados) ou *"etic"* (ou seja, gerados por investigadores). Os códigos êmicos, também chamados códigos *"in vivo"*, são códigos que empregam a verbalização real dos próprios sujeitos, enquanto os códigos éticos são baseados nas extrapolações e exames do pesquisador. Exemplos de códigos *emic* incluem palavras ou frases usadas pelos participantes, tais como "chapéus de cone medievais" e "falta de higiene", enquanto os códigos *etic* incluem códigos rotulados como "traje medieval" e "influência dos filmes da Disney". Alguns temas abrangentes que emergiram dos dados foram geografia, educação, memória da infância e coincidência ou conflito com conhecimento prévio. Para uma explicação mais completa dos códigos êmicos e éticos, ver Thomas A. Schwandt, *Dictionary of Qualitative Inquiry*, Segunda Edição (Thousand Oaks, CA: Sage Publications, 2001), pp. 65-6.
7. Para mais informações sobre as virtudes das pesquisas quantitativa e qualitativa, ver: Norman K. Denzin e Yvonna S. Lincoln (eds), *The SAGE Handbook of Qualitative Research*, Terceira Edição (Thousand Oaks, CA: Sage Publications, 2005), pp. 1-42; Richard A. Krueger e Mary Anne Casey, *Focus Groups: A Practical Guide for Applied Research*, Terceira Edição (Thousand Oaks, CA: Sage Publications, 2000), p. 11.
8. Andrea Fontana e James H. Frey, "Interviewing: The art of sciences", in *Handbook of Qualitative Research*, Norman K. Denzin e Yvonna S. Lincoln (eds) (Londres: Sage Publications, 1994), pp. 370-2.

9. David W. Stewart e Prem N. Shamdasani, *Focus Groups: Theory and Practice* (Londres: Sage Publications, 1990), p. 9.
10. Ibid., p. 10.
11. É importante notar que as respostas nos grupos focais, ao contrário das respostas obtidas a partir de métodos de pesquisa quantitativa ou métodos qualitativos fechados, são dadas nas próprias palavras dos inquiridos. Isso permite ao pesquisador um conjunto muito mais rico de dados, onde as respostas podem ser analisadas para construir uma interpretação mais matizada do que seria possível por meio de respostas a uma pesquisa ou entrevista roteirizadas.
12. Rosaline S. Barbour e Jenny Kitzinger (orgs), *Developing Focus Group Research: Politics, Theory and Practice* (Londres: Sage Publications, 1999), p. 5.
13. Esta discussão e troca pós-filme não ocorre apenas imediatamente após o filme, mas também agora via internet através de uma miríade de grupos de discussão, salas de bate-papo e páginas web de fãs. Embora essa variedade de discussão e troca pós-filme seja interessante, o anonimato oferecido pela internet tende a distorcer a discussão de maneiras que são particulares da internet; opiniões são expressas de forma mais violenta e contendas podem irromper mais facilmente do que aconteceria pessoalmente. Além disso, o uso de transcrições de salas de bate-papo na internet e dos quadros de mensagens não permite realizar perguntas subsequentes ou de esclarecimentos que seriam possíveis durante um grupo focal. Embora as reações a filmes encontrados na internet sejam um meio interessante a ser explorado, uma entrevista mediada em grupo focal pode oferecer respostas muito mais ricas dos participantes quando questionados cara a cara.
14. Stewart e Shamdasani, *Focus Groups*, p. 16.
15. Alguns dos participantes relataram ter feito exame de inglês ou de História no GCSE e no A-level, mas nenhum tinha estudado a literatura ou a história medieval naqueles cursos.

16. Um estudo comparativo dos esquemas da "Idade Média" daqueles que estão muito familiarizados com a cultura visual e daqueles que evitam a cultura visual poderia ser muito frutífero, mas está além do âmbito deste estudo.
17. Esses 22 filmes eram ou populares ou medievais de língua inglesa de grande orçamento popular ou filmes de fantasia feitos durante as vidas dos participantes (e, portanto, provavelmente já vistos por eles), ou filmes populares clássicos, tais como as adaptações Disney de *Sword in the Stone* e *Robin Hood*, ou *Monty Python and the Quest for the Holy Grail*.

TRABALHOS CITADOS

Aberth, John, *A Knight at the Movies: Medieval History on Film* (Londres: Routledge, 2003).

Age of Empires 2: Age of Kings (Microsoft, 2001).

Alexander, Lloyd, *The Book of Three* (Londres: Holt, Rinehart and Winston, 1964).

Alsultany, Evelyn, *Arabs and Muslims in the Media: Race and Representation after 9/11* (Nova York: New York University Press, 2012).

Altman, Rick, *Film/Genre* (Londres: BFI Publishing, 1999).

Ambroise, *The History of the Holy War: Ambroise's Estoire de la Guerre Sainte*, Marianne Ailes (trans) e Malcolm Barber (ed.) (Woodbridge: The Boydell Press, 2003).

Anderson, Richard C., "Role of the reader's schema in comprehension, learning, and memory", in Robert B. Ruddell, Martha Rapp, and Harry Singer (eds), *Theoretical Models and Processes of Reading, Fourth Edition* (Newark, DE: International Reading Association, 1994), pp. 469 -75.

Anderson, Richard C., Rand J. Spiro, e William Edward Montague (eds), *Schooling and the Acquisition of Knowledge* (Londres: Lawrence Erlbaum, 1977).

Anderson, W.S., *Pompeia* (TriStar Pictures, 2014).

Andrea Kann (ed.), *The Art, Science, and Technology of Medieval Travel* (Aldershot: Ashgate, 2008).

Angvik, Magne e Bodo von Borries (eds), *Youth and History: A Comparative European Survey on Historical Consciousness and Political Attitudes among Adolescents* (Hamburg: Körber-Stiftung, 1997).

Annaud, Jean-Jacques, *The Name of The Rose* (20th Century Fox, 1986).

Aronstein, Susan, *Hollywood Knights: Arthurian Cinema and the Politics of Nostalgia*
(Nova York: Palgrave Macmillan, 2005).

Austin, Greta, "Were the peasants really so clean? The Middle Ages in film", *Film History* 14/2 (2002), pp. 136-41.

Ashcroft, Lord Michael, "How much do children know about the Second World War?", *Lord Ashcroft Polls* (25 de junho de 2012). Disponível em http://lordashcroftpolls. com/2012/06/how-much-do-children-know-knout-the-second-world-war/ (acessado em 28 de agosto de 2016).

Ashton, Paul e Paula Hamilton, *History at the Crossroads: Australians and the Past* (Sydney: Halstead Press, 2010).

Axelrod, Robert, "Schema theory: An information processing model of perception and cognition", *The American Political Science Review* 67/4 (Dezembro de 1973), pp. 1248 -66.

Baker, Graham, *Beowulf* (Miramax Films, 1999).

Baker, Mike, "History study needs facts first, analysis later", *Guardian* (18 de janeiro de 2011). Disponível em https://www.theguardian.com/education/2011/jan/18/history-national-curriculum (acessado em 20 de janeiro de 2017).

Balingit, Moriah, "After Comet Ping Pong and Pizzagate, teachers tackle false news", *Washington Post*, Education Section, 11 de dezembro de 2016. Disponível em http://wapo.st/2gtyUT5?tid¼ss_mail&utm_ter-

m¼.1b11f4970419 (acessado em 13 de janeiro de 2017).

Barber, Richard W., *The Holy Grail: Imagination and Belief* (Cambridge, MA: Harvard University Press, 2004).

Barbour, Rosaline S., e Jenny Kitzinger (eds), *Developing Focus Group Research: Politics, Theory and Practice* (Londres: Sage Publications, 1999).

Barthes, Roland, "The reality effect", em Richard Howard (trans), *The Rustle of Language* (Oxford: Blackwell, 1986), pp. 141-8.

———, "The Romans in films", in Annette Lavers (trans), *Mythologies* (Londres: Vintage, 1993), pp. 26-8.

Bartlett, Frederic C., *Remembering: A Study in Experimental and Social Psychology* (Cambridge: Cambridge University Press, 1932).

Bartlett, Robert, *The Making of Europe: Conquest, Colonization and Cultural Change, 950–1350* (Harmondsworth: Penguin, 1994).

———, "Medieval and modern concepts of race and ethnicity", *Journal of Medieval and Early Modern Studies* 31/1 (2001), pp. 39-56.

BBC, "Press releases: Alexander the Great won the Battle of Hastings", *BBC Press Office*, 5 de agosto de 2004. Disponível em http://www.bbc.co.uk/pressoffice/pressreleas es/stories/2004/08_august/05/battlefield.shtml (acessado em 22 de agosto de 2016).

Beatty, Warren, *Reds* (Paramount Pictures, 1981).

Beaumont, Claudine, "Call of Duty: Modern Warfare 2: Why video games can't be ignored", *Telegraph*, 13 de novembro de 2009, s.t. Technology. Disponível em http://www.telegraph.co.uk/technology/video-games/6562828/Call-Of-DutyModern-Warfare-2-why-video--games-cant-be-ignored.html (acessado em 12 de outubro de 2016).

Bechdel, Alison, "The Rule", *Dykes to Watch Out For*, 16 de agosto de 2005. Disponível em http://dykestowatchoutfor.com/the-rule (acessado em 22 de dezembro de 2016).

Beers, Henry Augustin, *A History of English Romanticism in the Eighteenth Century* (Londres: Kegan Paul, Trench, Trübner, 1899).

Bell, J. Carleton e David F. McCollum, "A study of the attainments of pupils in United States history", *Journal of Educational Psychology* 8 (1917), pp. 257-74.

Benshoff, Harry M. e Sean Griffin, *America on Film: Representing*

Race, Class, Gender, and Sexuality at the Movies, Segunda Edição (Malden, MA: Wiley-Blackwell, 2009).

Berdik, Chris, "How to teach high school students to spot false news", *Slate* (21 de dezembro de 2016). Disponível em http://www.slate.com/articles/technology/future_tense/2016/12/media_literacy_courses_help_high_school_students_spot_fake_news.html (acessado em 13 de janeiro de 2017).

Berg, Bruce L. e Howard Lune, *Qualitative Research Methods for the Social Sciences*, Oitava Edição (Harlow: Pearson, 2014).

Berger, Peter L. e Thomas Luckmann, *The Social Construction of Reality: A Treatise in the Sociology of Knowledge* (Harmondsworth: Pinguim, 1991).

Bergman, Ingmar, *The Seventh Seal* (AB Svensk Filmindustri, 1957).

Bernau, Anke e Bettina Bildhauer (eds), *Medieval Film* (Manchester: Manchester University Press, 2009).

Biddle, Martin (ed.), *King Arthur's Round Table* (Woodbridge: Boydell & Brewer, 2000).

Biskind, Peter, *Seeing is Believing* (Nova York: Pantheon, 1983).

Black, Thomas R., *Doing Quantitative Research in the Social Sciences: An Integrated Approach to Research Design, Measurement and Statistics* (Londres: Sage Publications, 1999).

Boggs, Francis, *Mephisto and the Maiden* (Selig Polyscope Company, 1909).

Bohlman, Philip Vilas, *The Music of European Nationalism: Cultural Identity and Modern History* (Santa Bárbara, CA: ABC-CLIO, 2004).

Boorman, John, *Excalibur* (Warner Brothers, 1981).

Bradford, Claire, "Where happily ever after happen every day", In Tison Pugh e Susan Aronstein (eds), *The Disney Middle Age: A Fairy-Tale and Fantasy Past* (Nova York: Palgrave McMillan, 2012), pp. 171-88.

Branagh, Kenneth, *Henry V* (MGM, 1989).

Bresson, Robert, *Lancelot du Lac* (Artificial Eye, 1974).

Brewer, William F. e Glenn V. Nakamura, "The nature and functions of schemas", In Thomas K. Srull e Robert S. Wyer (eds), *Handbook of Social Cognition* (Hillsdale, NJ: L. Erlbaum Associates, 1984), pp. 119-60.

Briggs, John, Christopher Harrison, Agnus McInnes e David Vincent, "The medieval origins of the English criminal justice system", in *Crime and Punishment in England: An Introductory History* (Londres: UCL Press, 1996), pp. 1-14.

Briley, Ron, "Teaching film and history", *OAH Magazine of History* 16/4 (Verão, 2002), pp. 3-4.

"British Social Attitudes information system: Variable analysis, 'Do you regard yourself as belonging to any particular religion?'". Disponível em http://www.britsocat.com/BodySecure.aspx?control¼Britsocat-Marginals&var¼RELRFW&SurveyID¼346 (acessado em 26 de maio de 2011).

Brooks, Mel, *Robin Hood: Men in Tights* (20th Century Fox, 1993).

Brown, Tony, "Clearances and Clearings: Deforestation in Mesolithic/Neolithic Britain", *Oxford Journal of Archaeology* 16/2 (Julho de 1997), pp. 133-46.

Brown, William, "Beowulf: The digital monster movie", *Animation* 4/2 (1 de julho de 2009), pp. 153-68.

Brownlie, Siobhan, Memory and Myths of the Norman Conquest (Woodbridge: Boydell Press, 2013).

Bruni, Leonardo, *History of the Florentine People: Books 1-4 Volume 1*, James Hankins (ed.) (Cambridge, MA: Harvard University Press, 2001).

Buckley, Sandra (ed.), *Encyclopedia of Contemporary Japanese Culture* (Londres: Routledge, 2001).

Butler, Andrew C., Franklin M. Zaromb, Keith B. Lyle, e Henry L. Roediger III, "Using popular films to enhance classroom learning: The good, the bad, and the interesting", Psychological Science 20/9 (Setembro de 2009), pp. 1161-8.

Butler, David, *King Richard and the Crusaders* (Warner Bros., 1954).

Calin, William C., "Christianity", In Elizabeth Emery e Richard Utz (eds), *Medievalism: Key Critical Terms* (Woodbridge: D.S. Brewer, 2014), pp. 35-41.

Campbell, Joseph, *The Hero with a Thousand Faces* (Novato: New World Library, 2008).

Campbell, Martin, *Casino Royale* (Columbia Pictures, 2006).

Cañas, A.J. e J.D. Novak, *The Theory Underlying Concept Maps and How to Construct and Use Them* (Ocala: Florida Institute for Human and Machine Cognition, 2008).

Cantor, Leonard, "Forests, chases, parks and warrens", In *The English Medieval Landscape* (Londres: Croom Helm, 1982), pp. 56-85.

Capra, Frank, *Mr. Smith Goes to Washington* (Columbia Pictures, 1939).

Carlin, Martha, "Feast", In Elizabeth Emery e Richard Utz (eds), *Medievalism: Key Critical Terms* (Woodbridge: D.S. Brewer, 2014), pp. 63-9.

Carpenter, Richard, *Robin de Sherwood* (ITV, 1984-1986).

Carroll, James, *Crusade: Chronicles of an Unjust War* (Nova York: Metropolitan Books, 2004).

Carver, Martin, *Sutton Hoo: A Seventh-Century Princely Burial Ground and Its Context* (Londres: British Museum Press, 2005).

Chahine, Youssef, *El Naser Salah al-Din* (Assia, 1963).

Chance, Jane, *Woman as Hero in Old English Literature* (Nova York: Syracuse University Press, 1986).

Chang, Joseph T., "Recent common ancestors of all today individuals", *Advances in Applied Probability* 31/4 (Dezembro de 1999), pp. 1002-26.

Christiansen, Eric, *The Norsemen in the Viking Age* (Malden, Missa: Blackwell Publishers, 2001).

Clark, Anna, *Teaching the Nation: Politics and Pedagogy in Australian History* (Carlton, Vic.: Melbourne University Press, 2006).

Cohen, J.J., Karl Steel, Jonathan Hsy, Leila K. Norako, Cord Whitaker, e Mary Kate Hurley, *In the Middle: Towards a Progressive Medieval Studies*. Disponível em http://www.inthemedievalmiddle.com/ (acessado em 30 de maio de 2017).

Coleman, Kathleen M., "The pedant goes to Hollywood: The role of the academic consultant", In Martin M. Winkler (ed.), *Gladiator: Film and History* (Oxford: Blackwell, 2005), pp. 45-52.

Collins, Robert G., "Star Wars: The pastiche of myth and the desirening for a past future", *Journal of Popular Culture* XI/1 (1977), pp. 1-10.

Conrad, Margaret, Kadriye Ercikan, Gerald Friesen, Jocelyn Le´tourneau, Delphin Muise, David Northrup, Peter Seixas, *Canadians and Their Pasts* (Toronto: University of Toronto Press, 2013).

Constable, Giles, "The historiography of the Crusades", In Angeliki E. Laiou e Roy Parviz Mottahedeh (eds), *The Crusades from the Perspective of Byzantium and the Muslim World* (Washington, DC: Dumbarton Oaks, 2001), pp. 1-22. Disponível em http://www.doaks.org/resources/publications/doaks-online-publications/crusades-from-the-perspective-of-byzantium-and-the-muslim-world/cr01.pdf (acessado em 6 de outubro de 2016).

Couch, Julie Nelson, "'I couldn't help but wonder': Sex and the City a medieval romance?" (apresentado no International Congress on Medieval Studies, Kalamazoo, MI, 2010).

Couvares, Francis G., "The paradox of protest: American film, 1980-1992", in Francis G. Couvares (ed.), *Movie Censorship and American Culture*, Segunda Edição (Boston, MA: University of Massachusetts Press, 2006), pp. 277-318.

Cox, Alex, *Walker* (Universal Pictures, 1987).

Curtiz, Michael e William Keighley, *The Adventures of Robin Hood* (Warner Brothers, 1938).

D'Arcens, Louise, 'Presentism', In Elizabeth Emery e Richard Utz (orgs), *Medievalism: Key Critical Terms* (Woodbridge: D.S. Brewer, 2014), pp. 181-8.

Davis, Natalie Zemon, "'Any resemblance to persons living or dead: Film and the challenge of authenticity", *Historical Journal of Film, Radio and Television* 8/3 (1988), pp. 269-83.

Dean, Stephen, Della Hooke e Alex Jones, "The Staffordshire Hoard: The fieldwork", *The Antiquaries Journal* 90 (2010), pp. 139-52.

DeBruine, L.M., Benedict C. Jones, John R. Crawford, Lisa L.M. Welling e Anthony C. Little, "The health of a nation predicts their mate preferences: Crosscultural variation in women's preferences for masculinized male faces", *Proceedings of the Royal Society B: Biological Sciences* 277/7 August (Março de 2010). Disponível em http://rspb.royalsocietypublishing.org/content/early/2010/03/13/rspb.2009.2184

(acessado em 1 de junho de 2017).

DeMille, Cecil B., *The Crusades* (Paramount Pictures, 1935).

Denzin, Norman K. e Yvonna S. Lincoln (eds), *The SAGE Handbook of Qualitative Research*, Terceira Edição (Thousand Oaks, CA: Sage Publications, 2005).

Department for Education, "National curriculum in England: History programmes of study", *Gov.uk* (2013). Disponível em https://www.gov.uk/government/publications/national-curriculum-in-england-history-programmes-of-study (acessado em 10 de outubro de 2016).

Department of Education and Science and the Welsh Office, *National Curriculum History Working Group: Final Report* (Londres: HMSO, 1990).

Driver, Martha W. e Sid Ray (orgs), *The Medieval Hero on Screen: Representations from Beowulf to Buffy* (Jefferson, NC: McFarland, 2004).

du Maurier, Daphne, *Rebecca* (Londres: Arrow, 1992).

Dwan, Allan, *Robin Hood* (Artistas Unidos, 1922).

Ebert, Roger, "Movie reviews: The Hurricane", *The Chicago Sun-Times* (7 de janeiro de 2000). Disponível em http://rogerebert.suntimes.com/apps/pbcs.dll/article?AID¼/20000107/REVIEWS/1070302/1023 (acessado em 14 de novembro de 2016).

Eco, Umberto, "Dreaming of the Middle Ages", In William Weaver (trans), *Travels in Hyperreality: Essays* (Londres: Picador, 1987), pp. 61-72.

——, *Remaking the Middle Age: the Methods of Cinema and History in Portraying the Medieval World* (Jefferson: McFarland, 2011).

Eisenstein, Sergei e Grigori Aleksandrov, *October: Ten Days that Shook the World* (Sovkino (URSS)/Amkino Corporation (US), 1928).

Elliott, Andrew B.R., *Remaking the Middle Age: The Methods of Cinema and History in Portraying the Medieval World* (Jefferson: McFarland, 2011).

—— (ed.), *The Return of the Epic Film: Genre, Aesthetics and History in the 21st Century* (Edimburgo: Edimburgo University Press, 2014).

Emery, Elizabeth, "Medievalism and the Middle Ages", *Studies in Medievalism* XVII (2009), pp. 77-85.

Ferguson, Niall, *Civilization: The West and the Rest* (Nova York: The Penguin Press HC, 2011).

Ferguson, Wallace K., "Humanist Views of the Renaissance", *The American Historical Review* 45/1 (outubro de 1939), pp. 1-28.

Fink, Arlene, *How to Conduct Surveys: A Step-by-Step Guide, Fifth Edition* (Londres: Sage Publications, 2012).

Finke, Laurie A. e Martin B. Shichtman, *Cinematic Illuminations: The Middle Age on Film* (Baltimore: The Johns Hopkins University Press, 2010).

Fisher, John H., *The Emergence of Standard English* (Lexington: The University Press of Kentucky, 1996).

Fiske, John, *Understanding Popular Culture*, Segunda Edição (Londres: Routledge, 2010).

———, *Television Culture* (Abingdon: Taylor & Francis, 2011).

Fletcher, Robert S.G., *British Imperialism & "The Tribal Question": Desert Administration & Nomadic Societies in the Middle East, 1919–1936* (Oxford: Oxford University Press, 2015).

Flinth, Peter, *Arn: The Knight Templar* (Svensk Filmindustri, 2007).

Fontana, Andrea e James H. Frey, "Interviewing: The Art of Science", In Norman

K. Denzin e Yvonna S. Lincoln (eds), Handbook of Qualitative Research (Londres: Sage Publications, 1994), pp. 361-76.

Forster, Edward Morgan, *A Room With a View/Where Angels Fear To Tread* (Nova York: Alfred A. Knopf, 2011.

Fowler, Floyd J., *Survey Research Methods, Fourth Edition, Applied Social Research Methods Series 1* (Thousand Oaks: Sage Publications, 2009).

Frank, Jane e Howard Frank, *Great Fantasy Art: Themes from the Frank Collection* (Londres: Paper Tiger, 2003).

Frank, Melvin e Norman Panama, *The Court Jester* (Paramount, 1956).

Frazetta, Frank, *Testament: A Celebration of the Life & Art of Frank Frazetta*, Arnie Fenner e Cathy Fenner (eds) (Nevada City, CA: Underwood Books, 2008).

Fugelso, Karl (ed.), "Defining Medievalism(s)", *Studies in Medievalism* 17 (2009).

Fulk, R.D., Robert E. Bjork, e John D. Niles, "Beowulf's fight with the dragon" In R.D. Fulk, Robert E. Bjork, e John D. Niles (eds), *Klaeber's Beowulf and the Fight at Finnsburg, Fourth Edition* (Toronto, University of Toronto Press, 2008), pp. xlv-xlviii

Fuqua, Antoine, *King Arthur* (Buena Vista, 2004).

Gaiman, Neil, "The monarch of the glen" In Neil Gaiman (ed.), *Coisas Frágeis: Short Fictions and Wonders* (Nova York: Harper, 2006), pp. 284-340.

Gaiman, Neil e Roger Avary, *Beowulf: The Script Book* (Nova York: Harper Collins, 2009).

Geary, Patrick J., *The Myth of Nations: The Medieval Origins of Europe* (Princeton, NJ: Princeton University Press, 2002).

Gee, James Paul, *What Video Games Have to Teach Us about Learning and Literacy*, Segunda Edição (Basingstoke: Palgrave MacMillan, 2003).

Geronimi, Clyde, *Sleeping Beauty* (Walt Disney Studios, 1959).

Géza Gárdonyi, *Eclipse of the Crescent Moon*, George F. Cushing (trans), Sexta Edição (Budapeste: Corvina, 2002).

Gibson, Mel, *Braveheart* (Paramount, 1995).

Gilliam, Terry e Terry Jones, *Monty Python and the Holy Grail* (EMI Films, 1974).

Gillingham, John, *Richard I*, English Monarchs (New Haven, Londres: Yale University Press, 1999).

Gillingham, John e Ralph A. Griffiths, *Medieval Britain, A Very Short Introduction* (Oxford: Oxford University Press, 2000).

Glenville, Peter, *Becket* (Paramount, 1964).

"Global Middle Ages". Disponível em http://globalmiddleages.org/research-and-teaching (acessado em 29 de maio de 2017).

Gove, Michael, "I refuse to surrender to the Marxist teachers hell-bent on destroying our schools: Education Secretary berates 'the new enemies of promise'", *Daily Mail*, 23 de março de 2013. Disponível em http://www.dailymail.co.uk/debate/article-2298146/I-refuse-surren-der-Marxist-teachers-hellbent-destroying-schools-Education-Secretary-berates-new-enemies-promiseopposing-plans.html (acessado em 22 de agosto de 2016).

Green, John (apresentador), "The Dark Ages... How Dark Were They, Really? Crash Course World History #14", 26 de abril de 2012. Disponível em https://www.youtube.com/watch?v¼QV7CanyzhZg (acessado em 6 de janeiro de 2017).

———, "The Crusades – Pilgrimage or Holy War?: Crash Course World History #15", 3 de Maio de 2012. Disponível em https://www.youtube.com/watch?v¼X0zudTQelzI (acessado em 6 de janeiro de 2017).

Grossman, Dave, "Video games as "murder simulators", *Variety, Special Issue: Violence & Entertainment*. Disponível em http://variety.com/violence/ (acessado em 12 de outubro de 2016).

Groves, Robert M., Floyd J. Fowler Jr, Mick P. Couper, James M. Lepkowski e Eleanor Singer, *Survey Methodology* (Hoboken, NJ: John Wiley & Sons, 2009).

Halbwachs, Maurice, *On Collective Memory*, Lewis A. Coser (ed e trans) (Chicago: University of Chicago Press, 1992).

Hall, Stuart, "Women in the Crusader States: The queens of Jerusalem (1100–1190)", In Derek Baker (ed.), *Medieval Women, Studies in Church History 1* (Oxford: B. Blackwell, 1978), pp. 143-74.

———, "Encoding/decoding", In Stuart Hall (ed.), *Culture, Media, Language: Working Papers in Cultural Studies*, 1972-79 (Londres: Hutchinson em associação com o Centre for Contemporary Cultural Studies, Universidade de Birmingham, 1980), pp. 128-38.

Hamilton, Bernard, *The Leper King and His Heirs: Baldwin IV and the Crusader Kingdom of Jerusalem* (Cambridge: Cambridge University Press, 2000).

Hamilton, David L., *Cognitive Processes in Stereotyping and Intergroup Behavior* (Hillsdale, NJ: L. Erlbaum Associates, 1981).

Hanawalt, Barbara A., e David Wallace (eds), *Medieval Crime and Social Control* (Minneapolis: University of Minnesota Press, 1999).

Harris, Jennifer, "William Morris and the Middle Ages", In Joanna Banham e Jennifer Harris (eds), *William Morris and the Middle Ages* (Manchester: Manchester University Press, 1984), pp. 1-16.

Hartley, L.P., *The Go-Between* (Nova York: New York Review Books, 2002).

Harty, Kevin J., *The Reel Middle Age: American, Western and Eastern European, Middle Eastern, and Asian Films About Medieval Europe* (Jefferson, NC: McFarland, 1999).

Harty, Kevin J (ed.), *King Arthur on Film: New Essays on Arthurian Cinema* (Jefferson, NC: McFarland, 1999).

———, (ed.), *Cinema Arthuriana: Twenty Essays*, Segunda Edição (Jefferson, NC: McFarland, 2002).

———, (ed.), *The Vikings on Film: Essays on Depictions of the Nordic Middle Ages* (Jefferson, NC: McFarland, 2011).

———, (ed.), *The Holy Grail on Film: Essays on the Cinematic Quest* (Jefferson, NC: McFarland, 2015).

Harvey, Anthony, *The Lion In Winter* (AVCO Embassy Pictures, 1968).

Hathaway, Henry, *Prince Valiant* (20th Century Fox, 1954).

Haydock, Nickolas, *Movie Medievalism* (Jefferson, NC: McFarland, 2008).

Haydock, Nickolas e Edward L. Risden (orgs), *Hollywood in the Holy Land: Essays on Film Depictions of the Crusades and Christian–Muslim Clashes* (Jefferson, NC: McFarland, 2009).

Helgeland, Brian, *A Knight's Tale* (Sony Pictures, 2001).

Henderson, Lucius, *Tannhäuser* (Thanhouser Film Corporation, 1913).

Heng, Geraldine, "The global Middle Ages: An experiment in collaborative humanities, or imagining the world, 500–1500 C.E." *English Language Notes* 47/1 (2009), pp. 205-16.

Herbert, Frank, *Dune* (Londres: New English Library, 1965).

Heritage Lottery Fund e VisitBritain, *Investing in Success: Heritage and the UK Tourism Economy* (Londres: Heritage Lottery Fund, 2010). Disponível em http://www.hlf.org.uk/aboutus/howwework/Documents/HLF_Tourism_Impact_single.pdf (acessado em 22 de agosto de 2016).

Hern, Alex, "Michael Gove revealed to be using PR-commissioned puff-polls as 'evidence'", *The New Statesman*, 13 de maio de 2013.

Disponível em http://www.newstatesman.com/politics/2013/05/michael-gove-revealed-be-using-pr-commissioned-puff-polls-evidence (acessado em 22 de agosto de 2016).

Higson, Andrew, *Waving the Flag: Constructing a National Cinema in Britain* (Oxford: Clarendon Press, 1995).

Hirst, Michael, *The Tudors* (Showtime/BBC, 2007 -10).

Hodges, Richard e David Whitehouse, *Mohammed, Charlemagne, and the Origins of Europe* (Ithaca, NY: Cornell University Press, 1983).

Hume, David, "Of national characters, in Essays: Moral, Political and Literary" (Nova York: Cosimo, 2007).

Hume, Kathryn, "Medieval romance and science fiction: The anatomy of a resemblance", *Journal of Popular Culture* XVI/1 (1982), pp. 15-26.

Huntington, Samuel P., *The Clash of Civilizations and the Remaking of World Order* (Nova York: Simon & Schuster, 1996).

Internet Movie Database, "Internet Archive: IMDB Beowulf (2007)", 10 de fevereiro de 2007. Disponível em http://web.archive.org/web/20070905003741/www.imdb.com/title/tt0442933/ (acessado em 1 de maio de 2010).

Jackson, Peter, *The Lord of the Rings: The Fellowship of the Ring* (New Line Cinema, 2001).

———, *The Lord of the Rings: The Two Towers* (New Line Cinema, 2002).

———, *The Lord of the Rings: The Return of the King* (New Line Cinema, 2003).

Jameson, Fredric, *Signatures of the Visible* (Nova York: Routledge, 1992).

Jeffords, Susan, *Hard Bodies: Hollywood Masculinity in the Reagan Era* (New Brunswick: Rutgers University Press, 1994).

Jude, Dick, *Fantasy Art Masters: The Best Fantasy and Science Fiction Artists Show How They Work* (Nova York, NY: Watson-Guptill, 1999).

Junger, Gil, *Black Knight* (20th Century Fox, 2001).

Kamalipour, Yahya R (ed.), *The U.S. Media and the Middle East: Image and Perception, Contributions to the Study of Mass Media and*

Communications 46 (Westport, CT: Greenwood Press, 1995).

Kant, Immanuel, *Critique of Pure Reason*, Norman Kemp Smith e Gary Banham (trans), Segunda Edição Revisada (Basingstoke: Palgrave Macmillan, 2007).

Kapell, Matthew Wilhelm e Andrew B.R. Elliott (orgs), *Playing with the Past: Digital Games and the Simulation of History* (Nova York: Bloomsbury, 2013).

Karras, Ruth Mazo, *Slavery and Society in Medieval Scandinavia*, Yale Historical Publications 135 (New Haven, CT: Yale University Press, 1988).

Kelly, Amanda, "What did Hitler do in the war, miss?", *Times Education Supplement*, 19 de janeiro de 2001. Disponível em https://www.tes.com/news/tes-archive/tespublication/what-did-hitler-do-war-miss (acessado em 1 de junho de 2017).

Kelly, Kathleen Coyne e Tison Pugh (eds), *Queer Movie Medievalisms* (Farnham: Ashgate, 2009).

Kidwell, Mark et al., *The Fantastic Worlds of Frank Frazetta*, Volume 1 (Portland, OR: Image Comics, 2008).

King, D.J. Cathcart, *The Castle in England and Wales: An Interpretive History* (Londres: Routledge, 1991).

Knight, Stephen, *Robin Hood: A Mythic Biography* (Ithaca, NY: Cornell University Press, 2003).

Konieczny, Peter (ed.), *Medievalists.net*. Disponível em http://www.medievalists.net (acessado em 30 de maio de 2017).

Krueger, Richard A. e Mary Anne Casey, *Focus Groups: A Practical Guide for Applied Research*, Terceira Edição (Thousand Oaks, CA: Sage Publications, 2000).

Landau, Les, "Heroes and demons" *Star Trek: Voyager* (Paramount Network Television, 24 de Abril de 1995).

Landsberg, Alison, *Prosthetic Memory: The Transformation of American Remembrance in the Age of Mass Culture* (Nova York: Columbia University Press, 2004).

Lee, Alan e David Day, *Castles*, David Larkin (ed.) (Nova York:

McGraw-Hill, 1984).

Lewis, Carenza, Patrick Mitchell-Fox e Christopher Dyer, *Village, Hamlet and Field: Changing Medieval Settlements in Central England* (Manchester: Manchester University Press, 1997).

Liman, Doug, *The Bourne Identity* (Universal Studios, 2002).

Linenthal, Edward T., e Tom Engelhardt, *History Wars: The Enola Gay and Other Battles for the American Past* (Nova York: Henry Holt and Company, 1996).

Logan, Joshua, *Camelot* (Warner Brothers, 1967).

London Datastore, "Census 2001 key statistics 02: age structure", 2003. Disponível em http://data.london.gov.uk/dataset/census-2001-key-statistics-02-age-structure (acessado em 22 de agosto de 2016).

Long, Edward, *The History of Jamaica*, vol. 2 (Londres: T. Lowndes, 1774).

Lyman, Rick, "Movie marketing wizardry; 'Lord of the Rings' trilogy taps the internet to build excitement", *New York Times* (Nova York, 11 de janeiro de 2001), s.t. Movies. Disponível em http://www.nytimes.com/2001/01/11/movies/movie-marketing-wizardry-lord-rings-trilogy-taps-internet-build-excitement.html (acessado em 15 de novembro de 2016).

Madden, Thomas F., *The Concise History of the Crusades* (Lanham, MD: Rowman & Littlefield, 2014).

Marcus, Alan S., "'It is as it was': Feature film in the history classroom", *The Social Studies* 96/2 (2005), pp. 6-7.

Marcus, Alan S., Richard J. Paxton e Peter Meyerson, "'The reality of it all': History students read the movies", *Theory and Research in Social Education* 34/3 (Outono de 2006), pp. 516-52.

Marcus, Alan S. e Jeremy D. Stoddard, "Tinsel town as teacher: Hollywood film in the high school classroom", *The History Teacher* 40/3 (Maio 2007), pp. 303-30.

Marx, Karl, Capital: *A Critique of Political Economy*, Ben Fowkes e David Fernbach (trans) (Harmondsworth: Penguin, 1976).

Maslow, Abraham H., *The Psychology of Science: A Reconnaissance*, The John Dewey Society Lectureship Series no. 8 (Nova York: Harper

& Row, 1966).

Matthews, David, "Middle", In Elizabeth Emery e Richard Utz (eds), *Medievalism: Key Critical Terms* (Cambridge: D.S. Brewer, 2014), pp. 144-5.

Matthews, Derek, *The Strange Death of History Teaching (Fully Explained in Seven Easy-to-Follow Lessons)*, relatório não publicado, janeiro de 2009. Disponível em http://bit.ly/2bRZwKS (acessado em 22 de agosto de 2016).

Maxwell, Joseph Alex, *Qualitative Research Design: An Interactive Approach*, Segunda Edição (Thousand Oaks, CA: Sage Publications, 2005).

Mayer, Richard E., *Computer Games for Learning: An Evidence-Based Approach* (Cambridge, MA: The MIT Press, 2014).

McGovern, Chris, "The new history boys", In Robert Whelan (ed.), *The Corruption of the Curriculum* (Londres: Civitas, 2007).

McTiernan, John e Michael Crichton, *The 13th Warrior* (Touchstone Pictures, 1999).

"Medieval, adj. e n.", *OED Online* (Oxford: Oxford University Press, 1989). Disponível em http://www.oed.com/view/Entry/115638?redirectedFrom¼medieval (acessado em 24 de agosto de 2016).

Medieval II: Total War (Creative Assembly, 2008).

"Medieval: Total Realism forums", *Totalwar.org*. Disponível em http://forums.totalwar.org/vb/forumdisplay.php?162-Medieval-Total-Realism (acessado em 20 de janeiro de 2017).

Méliès, Georges, *Faust e Marguerite* (Star Film Company, 1904).

Merriam, Sharan B, *Qualitative Research: A Guide to Design and Implementation* (San Francisco, CA: John Wiley & Sons, 2009).

Metzger, Scott Alan, "Pedagogy and the historical feature film: Toward historical literacy", *Film & History: An Interdisciplinary Journal of Film and Television Studies* 37/2 (2007), pp. 67-75.

———, "Maximizing the educational power of history movies in the classroom", *The Social Studies* 101 (2010), pp. 127-36.

"Middle age, n. and adj.," *OED Online* (Oxford: Oxford University Press, 2016). Disponível em http://www.oed.com/view/Entry/118142

(acessado em 13 de outubro de 2016).

Minghella, Dominic e Foz Allan, *Robin Hood* (BBC, 2006-9).

Mommsen, Theodor E., "Petrarch's conception of the 'dark ages'", *Speculum* 17/2 (abril de 1942), pp. 226-42.

Montangero, Jacques e Danielle Maurice-Naville, *Piaget, or, The Advance of Knowledge* (Mahwah: Lawrence Erlbaum Associates, 1997).

Mori, Masahiro, "Bukimi no tani [O vale da estranheza]", K.F. MacDorman e T. Minato (trans), *Energy* 7 (1970), pp. 33-5.

Morgan, Gwendolyn, "Beowulf and the Middle Age in Film", *The Year's Work in Medievalism* XXIII (2009), pp. 3-15.

Morris, Ronald Vaughan, *History and Imagination: Reenactments for Elementary Social Studies* (Plymouth: Rowman & Littlefield Educação, 2012).

Morris, William, *A Dream of John Ball* (Oxford: Kelmscott Press, 1892). Disponível em http://morrisedition.lib.uiowa.edu/dream.html (acessado em 20 de dezembro de 2016).

Morrison, David E., *The Search for a Method: Focus Groups and the Development of Mass Communication Research* (Luton: University of Luton Press, 1998).

———, *Defining Violence: The Search for Understanding* (Luton: University of Luton Press, 1999).

Mosse, Kate, *Labyrinth* (Londres: Orion, 2005).

———, *Sepulchre* (Londres: Orion, 2007).

———, *Citadel* (Londres: Orion, 2012).

Musson, Anthony e Edward Powell (orgs.), *Crime, Law and Society in the Later Middle Ages: Selected Sources* (Manchester: Manchester University Press, 2009).

Nakou, Irene e Isabel Barca (orgs), *Contemporary Public Debates over History Education* (Charlotte, NC: Information Age Publishing, 2010).

Nash, Gary B., Charlotte Crabtree e Ross E. Dunn, *Culture Wars and the Teaching of the Past* (Nova York: Vintage Books, 2000).

National Curriculum Council, *National Curriculum Council Consultation Report: History* (York: Conselho Nacional de Currículo, 1990).

———, *History in the National Curriculum (England)* (Londres:

Department of Education and Science, 1991).

Nin, Anäis, *Seduction of the Minotaur* (Londres: A. Swallow, 1961).

Nolan, Christopher, *Batman Begins* (Warner Brothers, 2005).

Ogden, Daniel, *Drakon: Dragon Myth and Serpent Cult in the Greek and Roman Worlds* (Oxford: Oxford University Press, 2013).

Olick, Jeffrey K., Vered Vinitzky-Seroussi, e Daniel Levy (eds), *The Collective Memory Reader* (Oxford: Oxford University Press, 2011).

Olson, Steve, "The Royal We", *The Atlantic*, Maio de 2002. Disponível em http://www.theatlantic.com/magazine/archive/2002/05/the-royal-we/2497/ (acessado em 22 de agosto de 2016).

Osprey Publishing, "Essential history survey results (Internet archive)", 18 de janeiro de 2001. Disponível em http://www.ospreypublishing.com/features/5">http://web.archive.org/web/200102031935/http://www.ospreypublishing.com/features/5 (acessado em 22 de agosto de 2016).

Overing, Gillian R., "The women of Beowulf: A context for interpretation" em Pedro
S. Baker (ed.), *The Beowulf Reader*, Basic Readings in Anglo-Saxon England 1 (Londres: Garland, 2000), pp. 219-60.

Pelteret, David A.E., *Slavery in Early Mediaeval England: From the Reign of Alfred until the Twelfth Century*, Studies in Anglo-Saxon History 7 (Woodbridge: Boydell, 1995).

Peters, Edward (ed.), *The First Crusade: The Chronicle of Fulcher of Chartres and Other Source Materials*, Segunda Edição (Filadélfia, PA: University of Pennsylvania Press, 1998).

Phillips, Helen (ed.), *Robin Hood: Medieval and Post-medieval* (Four Courts Press, 2005).

Piaget, Jean, *The Origin of Intelligence in the Child* (Londres: Routledge, 1998).

Pipolo, Tony, "Joan of Arc: The cinema's immortal maid", *Cineaste: America's Leading Magazine on the Art and Politics of the Cinema* 25/4 (Setembro de 2000), pp. 16-21.

Pohlsander, Hans A., *National Monuments and Nationalism in 19th Century Germany* (Oxford: Peter Lang, 2008).

Pollard, A.J., *Imagining Robin Hood: The Late-medieval Stories in*

Historical Context (Londres: Routledge, 2004).

Porter, Dorothy Carr, "The Social Centrality of Women in Beowulf: A New Context", *The Heroic Age* 5 (Verão/Outono 2001). Disponível em http://www.heroicage. org/issues/5/porter1.html (acessado em 22 de dezembro de 2016).

Porter, Edwin, *Parsifal* (Edison Manufacturing Company, 1904).

———, *Faust* (Edison Manufacturing Company, 1909).

Press Association, "Gandalf finds a place in British history", *Guardian*, 5 de agosto de 2004. Disponível em https://www.theguardian.com/education/2004/aug/05/schools.highereducation (acessado em 1 de junho de 2017).

Pryor, Francis, *The Making of the British Landscape: How We Have Transformed the Land, from Prehistory to Today* (Londres: Allen Lane, 2010).

Pugh, Tison e Susan Aronstein (orgs), *The Disney Middle Ages: A Fairy-Tale and Fantasy Past* (Basingstoke: Palgrave Macmillan, 2012).

Rackham, Oliver, *Trees and Woodland in the British Landscape*, Edição Revisada (Londres: Phoenix Giant, 1996).

Raimi, Sam, *Army of Darkness: Evil Dead 3* (Universal Pictures, 1993).

Ramey, Lynn Tarte e Tison Pugh (eds), *Race, Class, and Gender in "Medieval" Cinema* (Nova York: Palgrave Macmillan, 2007).

Rauer, Christine, *Beowulf and the Dragon: Parallels and Analogues* (Cambridge: D.S. Brewer, 2000).

Reitherman, Wolfgang, *The Sword In The Stone* (Walt Disney Studios, 1963).

———, *Robin Hood* (Walt Disney Studios, 1973).

Reynolds, Kevin, *Robin Hood: Prince of Thieves* (Warner Brothers, 1991).

Riley-Smith, Jonathan, "Crusading as an act of love" *History* 65/214 (1980), pp. 177-92. Disponível http://dx.doi.org/10.1111/j.1468-229X.1980.tb01939.x (acessado em 7 de novembro de 2016).

———, *The Crusades, Christianity and Islam* (Nova York: Columbia University Press, 2011).

Roberts, Brian K., e Stuart Wrathmell, *Region and Place: A Study of English Rural Settlement* (Londres: English Heritage, 2002).

Robertson, Bruce, *Techniques of Fantasy Art* (Londres: Macdonald Orbis, 1988). Robinson, Fred C., "Medieval, the Middle Ages", *Speculum* 59/4 (Outubro de 1984), pp. 745-56.

Robinson, Paul, *Opera & Ideas, from Mozart to Strauss* (Ithaca, NY: Cornell University Press, 1986).

Rosenstone, Robert A., History in images/History in words: Reflections on the possibility of really put history on film", *The American Historical Review* 93/5 (Dezembro de 1988), pp. 1173-85.

———, *Visions of the Past: The Challenge of Film to Our Idea of History* (Cambridge, MA: Harvard University Press, 1995).

———, *History on Film/Film on History* (Harlow: Longman/Pearson, 2006).

Rosenstone, Robert A (ed.), *Revisioning History: Film and the Construction of a New Past* (Princeton: Princeton University Press, 1995).

Rosenzweig, Roy e David Thelen, *The Presence of the Past: Popular Uses of History in American Life* (Nova York: Columbia University Press, 1998).

———, "The Presence of the Past survey website", 1998. Disponível em http://chnm.gmu.edu/survey/ (acessado em 22 de agosto de 2016).

Rudolph, Conrad, *A Companion to Medieval Art: Romanesque and Gothic in Northern Europe* (Malden, MA: Wiley-Blackwell, 2006).

Rumelhart, David E., "Schemata: The building blocks of cognition", In Rand J. Spiro, Bertram C. Bruce, e William F. Brewer (orgs.), *Theoretical Issues in Reading Comprehension: Perspectives from Cognitive Psychology, Linguistics, Artificial Intelligence and Education* (Hillsdale, NJ: Lawrence Erlbaum, 1980), pp. 33-58.

Russell, Gary, *The Art of The Lord of the Rings* (Nova York: HarperCollins, 2004).

Russell, J.C., "Late Ancient and Medieval population", *Transactions of the American Philosophical Society* 48/3 (1º de janeiro de 1958), pp. 1-152.

Sapochnik, Miguel (dir), "Battle of the bastards", *Game of Thrones*

(HBO, 19 de junho de 2016).

Sawyer, Peter H., "The Age of the Vikings, and Before", In Peter H. Sawyer (ed.), *The Oxford Illustrated History of the Vikings* (Oxford: Oxford University Press, 1997), pp. 1-18.

Scarlett, W. George e Dennie Wolf, "When it's only make-believe: The construction of a boundary between fantasy and reality in storytelling", *New Directions for Child and Adolescent Development* 1979/6 (1979), pp. 29-40.

Schaffner, Franklin J., *The War Lord* (Universal Pictures, 1965).

Schonlau, Matthias, Ronald D. Fricker, e Marc N. Elliott, *Conducting Research Surveys via E-mail and the Web* (Santa Monica, CA: Rand, 2002).

Schwandt, Thomas A., *Dictionary of Qualitative Inquiry*, Segunda Edição (Thousand Oaks, CA: Sage Publications, 2001).

Scott, Ridley, *Kingdom Of Heaven — Definitive Edition DVD* (20th Century Fox, 2005).

———, *Kingdom of Heaven* (20th Century Fox, 2005).

———, *Robin Hood* (Universal Pictures, 2010).

Scott, Ridley, Diana Landau e Nancy Friedman, *Kingdom of Heaven: The Ridley Scott Film and the History Behind the Story* (Londres: Newmarket Press, 2005).

Seixas, Peter, C. "Confronting the moral frames of popular film: Young people respond to historical revisionism", *American Journal of Education* 102/3 (Maio de 1994), pp. 261-85.

———, "Introduction", em Peter C. Seixas (ed.), *Theorizing Historical Consciousness* (Toronto: University of Toronto Press, 2004), pp. 3-20.

Shaheen, Jack, Reel Bad Arabs: *How Hollywood Vilifies a People* (Northampton, MA: Olive Branch Press, 2009).

Shippey, Tom e Richard Utz, "Medievalism in the Modern World: Introductory Perspectives", In Tom Shippey e Richard Utz (eds), *Medievalism in the Modern World: Essays in Honour of Leslie J. Workman* (Turnhout: Brepols, 1998), pp. 1-14.

Sid Meier's Civilization IV (2K Games, 2005).

Simmons, Clare A., *Reversing the Conquest: History and Myth in*

Nineteenth-Century British Literature (New Brunswick: Rutgers University Press, 1990).

———, "Romantic medievalism", In Louise D'Arcens (ed.), *The Cambridge Companion to Medievalism* (Cambridge: Cambridge University Press, 2016), pp. 103-18.

Simmons, Claire A (ed.), *Medievalism and the Quest for the "Real" Middle Ages* (Londres: Frank Cass, 2001).

Snyder, Zack, *300* (Warner Brothers, 2007).

Sobchack, Vivian, "Surge and Splendor: A phenomenology of the Hollywood historical epic", *Representations* 0/29 (Winter, 1990), pp. 24-49.

Somerville, Angus A. e R. Andrew McDonald, *The Viking Age: A Reader* (Toronto: University of Toronto Press, 2010).

Sorlin, Pierre, *The Film in History: Restaging the Past* (Oxford: Blackwell, 1980).

Spielberg, Steven, *Saving Private Ryan* (DreamWorks, 1998).

Stallybrass, Peter, "Drunk with the cup of liberty: Robin Hood, the carnivalesque, and the rhetoric of violence in Early Modern England", *Semiotica* 54/1-2 (Janeiro de 1985), pp. 113-46.

Stearns, Peter N., "Why study history", *American Historical Association*, 1998. Disponível em https://www.historians.org/about-aha-and-membership/aha-history-and-archives/archives/why-study-history-(1998) (acessado em 21 de agosto de 2016).

Stearns, Peter N., Peter Seixas, e Sam Wineburg (orgs), *Knowing, Teaching and Learning History: National and International Perspectives* (Nova York: NYU Press, 2000).

Stevenson, Katie e Barbara Gribling, "Introduction: Chivalry and the medieval past", In Katie Stevenson e Barbara Gribling (eds), *Chivalry and the Medieval Past* (Woodbridge: The Boydell Press, 2016), pp. 1-14.

Stewart, David W. e Prem N. Shamdasani, *Focus Groups: Theory and Practice* (Londres: Sage Publications, 1990).

Stock, Lorraine K., "Now starring in the Third Crusade: Depictions of Richard I and Saladin in films and television series", In Nickolas Haydock e Edward L. Risden (orgs), *Hollywood in the Holy Land: Es-*

says on Film Depictions of the Crusades and Christian–Muslim Clashes (Jefferson, NC: McFarland, 2009), pp. 93-122.

Stokes, Melvyn, D.W. Griffith's *The Birth of a Nation: A History of "The Most Controversial Motion Picture of All Time"* (Oxford: Oxford University Press, 2007).

Stone, Oliver, *JFK* (Warner Bros., 1991).

Straubhaar, Sandra Ballif, "Myth, Late Roman history, and multiculturalism in Tolkien's Middle-Earth", In Jane Chance (ed.), *Tolkien and the Invention of Myth* (Lexington-Fayette, KY: University Press of Kentucky, 2004).

Strauss, Anselm L., e Juliet M. Corbin, *Basics of Qualitative Research: Techniques and Procedures for Developing Grounded Theory*, Segunda Edição (Thousand Oaks: Sage Publications, 1998).

Sturtevant, Paul B., "You don't learn it deliberately, but you just know it from what you've seen": British understandings of the medieval past gleaned from Disney's fairy tales", em Tison Pugh e Susan Aronstein (orgs.), *The Disney Middle Ages: A Fairy-Tale and Fantasy Past* (Nova York: Palgrave McMillan, 2012), pp. 77-96.

———, "Medievalisms of the mind: Undergraduate perceptions of the 'medieval' and the 'Middle Ages'", *Studies in Medievalism* 26 (2017) pp. 213 -37.

———, (ed.), *The Public Medievalist*. Disponível em http://www.publicmedievalist.com (acessado em 30 de maio de 2017).

Sullivan, Joseph M., "Silly Vikings: Eichinger, Hickox, and Lorenz's Anglo-GermanIrish Production of Hal Foster's *Prince Valiant* (1997)", In Kevin J. Harty (ed.), *The Vikings on Film: Essays on Depictions of the Nordic Middle Ages* (Jefferson, NC: McFarland, 2011), pp. 56-71.

Tarantino, Quentin, *Pulp Fiction* (Miramax Entertainment, 1994).

Taylor, A.J., *The Welsh Castles of Edward I* (Londres: Hambledon, 1986).

Taylor, Christopher, *Village and Farmstead: A History of Rural Settlement in England* (Londres: George Philip, 1984).

Thomas, David R., "A general inductive approach for qualitative data analysis", *American Journal of Evaluation* 27/2 (2006), pp. 237-46. Disponível em http:// journals.sagepub.com/doi/pdf/10.1177/109821400528373748 (acessado em 1 de junho de 2017).

Thomas, Hugh M., *The Norman Conquest: England After William the Conqueror* (Lanham: Rowman & Littlefield Publishers, Inc., 2008).

Thury, Eva e Margaret Klopfle Devinney, *Introduction to Mythology: Contemporary Approaches to Classical and World Myths* (Oxford: Oxford University Press, 2005).

Tinwell, Angela, Mark Grimshaw e Andrew Williams, "Uncanny behaviour in survival horror games", *Journal of Gaming & Virtual Worlds* 2/1 (Maio de 2010), pp. 3-25.

Tolkien, J.R.R., *The Letters of J.R.R. Tolkien*, Humphrey Carpenter (ed.) (Nova York: Houghton Mifflin Company, 2000).

———, *The Lord of the Rings, Fiftyeth Anniversary One-Volume Edition* (Boston: HarperCollins, 2004).

Toplin, Robert Brent, *History by Hollywood: The Use and Abuse of the American Past* (Urbana: University of Illinois Press, 1996).

———, *Reel History: In Defense of Hollywood* (Lawrence: University Press of Kansas, 2002).

Toswell, M.J., "Lingua", In Elizabeth Emery e Richard Utz (orgs), *Medievalism: Key Critical Terms* (Woodbridge: D.S. Brewer, 2014), pp. 117-24.

Trousdale, Gary e Kirk Wise, *The Hunchback of Notre Dame* (Walt Disney Studios, 1996).

Tyerman, Christopher, *England and the Crusades* (Chicago: University of Chicago Press, 1988).

———, *God's War: A New History of the Crusades* (Cambridge, MA: The Belknap Press, 2006).

———, *The Debate on the Crusades* (Manchester: Manchester University Press, 2011).

United States Census, "Resident population data 2010 Census". Disponível em http://www.census.gov/2010census/data/apportionment-dens-text.php (acessado em 22 de dezembro de 2016).

Utz, Richard, *Medievalism: A Manifesto* (Kalamazoo e Bradford: Arc

Humanities Press, 2017).

Utz, Richard e Elizabeth Emery (eds), *Medievalism: Key Critical Terms* (Cambridge: D.S. Brewer, 2014).

Valente, Claire, *The Theory and Practice of Revolt in Medieval England* (Aldershot: Ashgate, 2003).

Vallejo, Boris e Julie Bell, *Boris Vallejo and Julie Bell: The Ultimate Collection* (Londres: Paper Tiger, 2005).

van der Veer, Peter e Shoma Munshi (eds), *Media, War, and Terrorism: Responses from the Middle East and Asia* (Londres: Routledge, 2004).

Vasagar, Jeevan, "Michael Gove accuses exam system of neglecting British history", *Guardian*, 24 de novembro de 2011, s.t. Education. Disponível em http://www.guardian.co.uk/education/2011/nov/24/michael-gove-british-history-neglected (acessado em 22 de agosto de 2016).

Vigarello, Georges, *The Metamorphoses of Fat: A History of Obesity* (Nova York: Columbia University Press, 2013).

Walker, Saint John, "A quick walk through Uncanny Valley", In Alison Oddey e Christine White (eds), *Modes of Spectating* (Bristol: Intellect Books, 2009), pp. 29-40.

Warn, Jesse, Michael Hurst, e Rick Jacobson, *Spartacus: Blood and Sand* (Starz, 2010).

Waters, David Watkin, *The Iberian Bases of the English Art of Navigation in the Sixteenth Century* (Coimbra: Biblioteca Geral da Universidade de Coimbra, 1970).

Weiskott, Eric, "Feeling "British", *The Public Medievalist*, 28 de março de 2017. Disponível em http://www.publicmedievalist.com/feeling-british/ (acessado em 30 de maio de 2017).

William of Tyre, *A History of Deeds Done Beyond the Sea,* Records of Civilization, Sources and Studies 35 (Nova York: Columbia University Press, 1943).

———, *The Continuation of William of Tyre*, 1184-1197, Documents Relatifs à l'Histoire Des Croisades 14 (Paris: Librairie Orientaliste P. Geuthner, 1982).

———, The Conquest of Jerusalem and the Third Crusade: Sources in Translation, P.W. Edbury (ed.) (Brookfield, VT: Scholar Press, 1996).

Williams, David, "Medieval movies", *The Yearbook of English Studies* 20 (1990), pp. 1-32.

Wineburg, Sam, *Historical Thinking and Other Unnatural Acts: Charting the Future of Teaching the Past* (Philadelphia: Temple University Press, 2001).

Wineburg, Sam e Daisy Martin, "Reading and rewriting history", *Educational Leadership* 62/1 (2004), pp. 42-5.

Woods, William, "Authenticating realism in medieval film", In Martha Driver e Sid Ray (eds), *The Medieval Hero On Screen: Representations from Beowulf to Buffy* (Jefferson, NC: McFarland, 2004), pp. 38-52.

Workman, Leslie, "Preface", *Studies in Medievalism* 8 (1996), pp. 1-2.

Young, Helen, "Approaches to medievalism: A consideration of Taxonomy and methodology through fantasy fiction", *Parergon* 27/1 (2010), pp. 163-79.

———, *Constructing 'England' in the Fourteenth Century: A Postcolonial Interpretation of Middle English Romance* (Lewiston, Mellen Press, 2010).

———, "It's the Middle Ages, yo!: Race, neo/medievalisms, and the world of Dragon Age", *The Year's Work in Medievalism* 27 (2012), pp. 1-9. Disponível em https://sites.google.com/site/theyearsworkinmedievalism/all-issues/27-2012 (acessado em 10 de janeiro de 2017).

———, (ed.), *The Middle Ages in Popular Culture: Medievalism and Genre* (Amherst: Cambria Press, 2015).

Zemeckis, Robert, *Beowulf* (Paramount Pictures, 2007).

———, *A Hero's Journey: The Making of Beowulf* (Paramount Pictures, 2008).

Zucker, Jerry, *First Knight* (Sony Pictures, 1997).

Agradecimentos

Este livro teve uma longa gestação, com várias iterações; como tal, ao escrevê-lo, tive a ajuda de uma grande variedade de pessoas. Antes de mais nada, gostaria de agradecer aos dezenove participantes do corpo discente da Universidade de Leeds pela consideração, discernimento e pela vontade de se submeterem a horas de gentis indagações por parte de um curioso medievalista. Sem eles, este livro simplesmente não existiria.

Em seu primeiro formato, este livro foi a minha tese de doutorado, escrita na Universidade de Leeds, no Instituto de Estudos Medievais e no Centro de Cinema Mundial. A Hyde Park Picture House forneceu gratuitamente ingressos de cinema para os participantes. Nos dias em que os grupos focais que formam o núcleo deste livro se reuniram, tive a excelente assistência de Cassie e Nicholas Dupras, Michael Garcia, Steve Werronen e Joanna Phillips. Trabalhei sob a supervisão de Lúcia Nagib, Andrew Wawn, David Morrison e, especialmente, Richard K. Morris. Foi a sua abordagem prospectiva que me incentivou a empreender uma pesquisa tão inovadora e interdisciplinar como esta. Agradeço muito sua orientação especializada e paciência infinita. Os avaliadores do meu doutorado foram Alaric Hall e Jeffrey Richards, os primeiros a exigir que o meu trabalho fosse transformado em livro, e também a me mostrar o caminho para realizar tal objetivo.

Gostaria também de agradecer a Masahiro Mori, Sara Frazetta e Boris Vallejo por terem permitido a reprodução de seus trabalhos neste livro.

Nos anos que se seguiram, este manuscrito foi lido e comentado, no todo ou em parte, por um vasto leque de colegas, familiares e amigos. Nesta (sem dúvida incompleta) lista estão Andrew Elliott, Axel Müller, Betty Sturtevant, Kate Hammond, Geoffrey Humble, Meg O'Brien, Peter Seixas, Tamsin Badcoe e Victoria Cooper.

Eu também agradeço muito os comentários abrangentes oferecidos pelos meus revisores anônimos, bem como o trabalho do meu editor, Thomas Stottor, da I.B. Tauris, não apenas por suas sugestões imediatas e relevantes em todos os aspectos do meu manuscrito, mas também por acreditar verdadeiramente no projeto em primeiro lugar. E graças aos meus preparadores, Martin Locker e Parker Low, por arraigar corajosamente todos os duendes restantes do texto.

Por fim, agradeço imensamente a assistência e o apoio de minha parceira, Arielle Gingold, que acompanhou as etapas do projeto final e forneceu o tipo de visão crítica de que ele precisava. Espero que seja apenas o começo.

OUÇA ESTE E MILHARES DE OUTROS LIVROS NO UBOOK.
Conheça o app com o **voucher promocional de 30 dias**.

Para resgatar:
1. Acesse **ubook.com** e clique em **Planos** no menu superior.
2. Insira o código #UBK no campo **Voucher Promocional**.
3. Conclua o processo de assinatura.

Dúvidas? Envie um e-mail para contato@ubook.com

ACOMPANHE O UBOOK NAS REDES SOCIAIS!
ubookapp   ubookapp   ubookapp